D1752265

mdv

Hans Geisler

Gemeinwohl gestalten

Gesellschafts- und Sozialpolitik aus
christlichen Wurzeln

Reden und Beiträge
des Sächsischen Staatsministers für Soziales,
Gesundheit, Jugend und Familie
aus zehn Jahren

Inhalt

Geleitwort 7
Soziale Berufe – menschliche Zuwendung
und Dienstleistung 9
Familie ist Zukunft 15
Ein Jahr soziale Neugestaltung in Sachsen 19
Christen in der Politik 35
Die neuen Bürger und der neue Staat – Erwartungen
aus ostdeutscher Perspektive 47
Eingeladen zum Neuaufbau sind alle Menschen
guten Willens 63
Privates Krankenhausmanagement – eine Chance
für die neuen Bundesländer 69
Soziale Verpflichtung eines demokratischen
Gemeinwesens 77
Umbau des Sozialstaats 87
Die Liebe Gottes weitergeben 103
Solidaritätsverpflichtungen und Freiheitsrechte
als politische Gestaltungsaufgabe 109
Schwerter zu Pflugscharen – Seelsorge in der
Bundeswehr 119
Ossi – Wessi – Wossi? Sieben Jahre nach der Wende 131
Soziales Handeln der Bürger – soziales Handeln
für die Bürger 143
Medizinethik und christliche Verantwortung 155
Die Verantwortung des Einzelnen für die Gesellschaft –
die Verantwortung der Gesellschaft für den Einzelnen .. 169
Integration – eine Aufgabe nicht nur für Behinderte ... 185

Sachsens Gesundheitswesen ist zukunftsfest 197
Eine Gesellschaft für alle Lebensalter 207
Ein Erziehungsgehalt als Weg zu mehr Gerechtigkeit
für die Familie 213
Der 18. März 1990 – unser Tag der Freiheit 225
Die Bedeutung innovativer Bürgerarbeit für die
Wissensgesellschaft des 21. Jahrhunderts 231

Geleitwort

Die friedliche Revolution im Osten Deutschlands und der Prozess der deutschen Wiedervereinigung brachten den Wissenschaftler Dr. Hans Geisler zur Politik. Über den Demokratischen Aufbruch, die erste aus der Bürgerbewegung hervorgegangene Partei, die im Sommer 1990 in die CDU einmündete, führte sein Weg in die Volkskammer und den Bundestag sowie schließlich ins Ministeramt.

Im Raum der Evangelischen Kirche hat er intensiv die Grundwerte erfahren, die im christlichenMenschenbild wurzeln. Diese Erfahrungen halfen ihm, die großen Herausforderungen zu bewältigen, die in der Folgezeit an ihn gestellt wurden. Als Abgeordneter der ersten und letzten frei gewählten Volkskammer war er von Lothar de Maizière zum Parlamentarischen Staatssekretär berufen worden. In dieser Eigenschaft beteiligte sich Hans Geisler aktiv an den Verhandlungen über den Einigungsvertrag.

Nach meiner Wahl zum Ministerpräsidenten war Hans Geisler bereit, die Verantwortung für die Politikbereiche Soziales, Gesundheit und Familie und im Oktober 1999 auch für den Bereich Jugend zu übernehmen.

Die hier vorliegende Auswahl aus seinen Reden und Beiträgen spiegelt das in Sachsen geleistete Aufbauwerk wider. Zehn arbeitsreiche Jahre nach der Wiedervereinigung lohnt es sich, eine Zwischenbilanz der Öffentlichkeit vorzustellen. Hans Geisler hat durch sein Wirken die Entwicklung weg von den zentralstaatlichen Strukturen des überwundenen totalitären Systems der DDR hin zur offenen Gesellschaft nachhaltig beeinflusst und den Aufbau einer neuen solidarischen Gemeinschaft wesentlich mitgeprägt.

Die folgenden Beiträge, deren Themen weit über den engeren Bereich der Fachpolitik hinausgreifen, lassen den Leser teilhaben in diesem spannenden Jahrzehnt.

Hans Geisler ist eher ein Mann der leisen Töne, einer, der sich intensiv bemüht, zu einem ausgewogenem Urteil zu gelangen. Hat er dies gefunden, weiß er seine Meinung erfolgreich zu vertreten.

Mir selbst ist er ein wertvoller Kollege und Gesprächspartner und ein kompetenter und kenntnisreicher Ratgeber.

Ich wünsche dem Buch interessierte Leser in Sachsen und über die Landesgrenzen hinaus. Sie werden feststellen können, dass historisch Bedeutsames geleistet wurde für unser Land. Politik für eine menschenwürdige, zukunftssichere Gesellschaft ist nie fertig. Die Leistung der Menschen seit der friedlichen Revolution ist wertvolle Motivation, diesen Weg weiterzugehen.

Prof. Dr. Kurt H. Biedenkopf
Ministerpräsident

Dresden, den 19. Oktober 2000

SOZIALE BERUFE – MENSCHLICHE ZUWENDUNG UND DIENSTLEISTUNG

Vielleicht bin ich viel weniger Minister, als Sie es erwarten. Bis zum vergangenen Jahr um diese Zeit war ich Laborleiter im Diakonissen-Krankenhaus in Dresden. Seit fast 25 Jahren bin ich verheiratet. Wir haben vier Kinder, und meine Frau ist bewusst zuhause geblieben, weil sie für die Kinder ganz da sein wollte. Das hat sie auch nach 25 Jahren nie bereut. Nachdem sie nach dem Krieg ihre Eltern verloren hatte, wuchs sie in einem christlichen Heim auf. Sie hat ihre Kindheit als ausgesprochen schön erlebt und möchte sie nicht missen, obwohl sie ein Heimkind ist.

Ich kann von mir und meiner Frau sagen, dass wir die Familienzeit nicht als Last empfunden haben, sondern als Bereicherung. Worin liegt der eigentliche Wert des Lebens? Das ist eine ganz wesentliche Frage, der wir nachgehen müssen und die wir in unser Bewusstsein und das unserer Mitmenschen und unserer Gesellschaft hineintragen müssen.

Wertschätzung sozialer Berufe

Uns beschäftigt auf dieser Fachtagung die Frage: Wie können soziale Berufe sozial aufgewertet werden? Was ist eigentlich damit gemeint?

Unter sozialen Berufen verstehen wir jene Berufe, die für das Zusammenleben in der Gemeinschaft wichtig und für uns Menschen in den verschiedensten Lebenssituationen notwendig werden können. Sehr viele Menschen unter uns bedürfen der unterschiedlichsten Hilfen und erhalten sie auch.

Es sind Berufe, bei denen es selbstverständlich um Professionalität geht, zugleich aber auch um mitmenschliche Nähe und um Zuwendung zu einzelnen Menschen. Diese Berufe haben aufs Ganze gesehen ihren anerkannten Platz in der Gesellschaft.

Sozial aufwerten – diese Formulierung enthält eine Forderung. Sie macht nur dann Sinn, wenn der Gedanke dahinter steht, die sozialen Berufe seien gesellschaftlich zu niedrig bewertet. Sie hätten eine höhere Wertschätzung durch die Gesellschaft verdient und müssten aufgrund ihrer Bedeutung für das Gemeinwohl aufgewertet und insofern höher bewertet werden. Was bedeutet das, und welche Schwierigkeiten zeigen sich hier?

„Dienst" und „Leistung" als Spannung

Die erste Schwierigkeit zeigt sich bei der Frage nach der Dienstleistung. Hier tut sich eine Spannung auf, der wir bis jetzt noch nicht gerecht geworden sind. Denn was wird mit dem Begriff Dienstleistung versucht? Es wird der Versuch unternommen, „dienen" mit „Leistung" als eine Aufgabe zu umschreiben. Dienen – das ist etwas, was kaum jemand heute noch als Ziel seines Lebens akzeptiert. Wie kann das mit einer Kategorie in Einklang gebracht werden, die der eigentliche Maßstab der Industriegesellschaften ist – Leistung? Alles, was wir in unseren Gesellschaften erreichen wollen, wird in Leistungskategorien bemessen und danach abgerechnet. Ist das bei beruflich erbrachten sozialen Diensten möglich?

Der Gedanke, inwieweit man menschliche Zuwendung als Leistung abrechnen kann, ist mir fremd – erst recht dann, wenn die Dienstleistung an der Würde des Menschen orientiert in attraktiven Laufbahnen angemessen vergütet werden soll. Dienen, ja. Aber als Leistung abrechnen? Meine Eltern zu ehren, ob in Mark und Pfennig, in Zeit, Stunden und Minuten, ist mir nicht vorstellbar. Ich kann mir Ehrung der Eltern durchaus vorstellen – auch mit wenig Zeit, aber doch so, dass die Eltern die Würde ihres Menschseins erfahren. Umgekehrt kann ich mir auch vorstellen, dass das dauernde Zusammensein von Kindern und Eltern zur Hölle werden kann.

Angesichts der Würde des Menschen und ihrer Unantastbarkeit scheint mir eine zukünftige Aufgabe darin zu bestehen, deutlich zu machen, dass in Mark und Pfennig, in Stunde und Minute dies nicht zu leisten ist. Und damit bin ich bei der zweiten Schwierigkeit, die ich Ihnen deutlich formulieren will.

Vergüten und achten

Die angemessene Vergütung der attraktiven Laufbahn – wie kann ich Würde in Laufbahnkategorien einordnen? Ich habe das nie gelernt und finde das auch nicht tragisch. Wir brauchen die notwendige Hilfe zum Aufbau des neuen Sozialsystems. Aber wenn es Schwierigkeiten gibt, diese Aufgabe zu bewältigen, ist nicht einzusehen, dass ich als Minister nicht einverstanden sein sollte, dass jemand unabhängig von seinem Dienstrang unter Umständen Verantwortung übernehmen soll. Dann wird an dieser Stelle meiner Ansicht nach deutlich, dass man der Würde des Menschen mit Laufbahnordnung allein nicht gerecht werden kann.

Damit bin ich bei den zwei Kategorien „vergüten" und „achten", wo das Spannungsverhältnis wirklich zu bewältigen ist, wenn wir uns über Pflege von Menschen in allen Lebensaltern, die Zuwendung und Hilfe bedürfen, unterhalten. Ich muss mich als Politiker der Verpflichtung stellen, die Berufe für die sozialen Aufgaben so zu gestalten, dass wir genügend Menschen haben, die in diesen Bereichen tätig sein wollen. Sie müssen gleichwertig vergütet werden wie andere Berufe in der Gesellschaft. Sie müssen in ihrer Anerkennung, beispielsweise bezüglich Rentenwirksamkeit, gleich behandelt werden. Es muss möglich sein, dass man in diesen Berufen unterschiedliche Verantwortung nach den Gaben und Fähigkeiten des Einzelnen verteilt. Auch dort wird die Würde des Menschen, der diesen Beruf ausübt, deutlich. Vergüten müssen wir anhand jenes Maßstabes, der auch an anderen Orten in der Gesellschaft gilt. Wie bringt sich der einzelne Mitarbeiter ein? Welchen Teil Verantwortung übernimmt er? Welche Aufgaben erfüllt er?

Die Mitarbeiter in den sozialen Berufen müssen selbstverständlich entsprechend ihrem beruflichen Verantwortungs- und Einsatzbereich angemessen vergütet werden. Das ist aber erst die eine Seite. Die zweite Seite ist die des Achtens. Das Bemühen um eine angemessene Vergütung allein reicht nämlich nicht aus, das Problem wirklich zu bewältigen. Es wird davon gesprochen, eine neue Kultur der Pflege müsse erreicht werden, ohne dass damit hinreichend deutlich wird, was damit gemeint sein kann.

Wirkliches Menschsein

Wir spüren: Vieles von dem, was wir vor Augen haben und was teilweise schon diskutiert wird, auch im Zusammenhang mit der Pflegeversicherung, muss noch weiter entwickelt werden. Unsere bisherigen Bemühungen reichen noch nicht aus, das eigentliche Problem der menschlichen Zuwendung, des sozialen Verhaltens, des Verhaltens als Menschen in einer Gemeinschaft bei dieser Aufgabe zu realisieren. Hier wird ein Problem unserer gegenwärtigen Gesellschaft deutlich, das sich nicht nur auf Pflege bezieht. In den letzten Jahrzehnten haben wir die Individualität und das Recht eines jeden, sich selbst zu verwirklichen, in einer Weise betont, dass die zweite Hälfte des Person-Seins in Vergessenheit geraten ist: Die volle Menschlichkeit, die volle Entfaltung eines menschlichen Lebens gelingt erst, wenn ich mich auch anderen Menschen zuwende, wenn ich sehe, dass das Ich sich im Du spiegelt; und ich denke, dass Sie alle das selber schon erfahren haben. Wo ich wirklich glücklich bin, wo ich erfahre, dass mein Leben Sinn hat, wo ich erfahre, dass es wertvoll ist, dass ich da bin: Das erfahre ich weniger in den Momenten, in denen ich meinen Gehaltsstreifen bekomme, als vielmehr in den Augenblicken, wo ich von einem Menschen verstanden worden bin, wo ich merke, dass ich umgekehrt einem Menschen geholfen habe, über eine für ihn in diesem Moment schwierige Situation hinwegzukommen, wo ich erfahren habe, dass ich Streit zwischen Menschen habe schlichten können oder wo ich einem Menschen geholfen habe, wieder Boden unter die Füße zu bekommen.

Ich denke, diese Erfahrungen sind uns allen überhaupt nicht fern. Aber sie werden immer wieder in die zweite oder dritte Reihe gestellt. Wir wollen die Situation dahingehend verbessern, dass wir berechnen und vergüten können, in Maßstäbe einordnen können und Ordnungen für Hilfe schaffen.

Leid und Tod nicht ausgrenzen

Damit ich nicht missverstanden werde: Vergüten ist notwendig. Aber ich denke, wir haben es gegenwärtig 1991 und sicher auch 1992 und 1993 notwendiger, in unserer Umgebung, dort wo wir leben, wo wir Einfluss haben, die Gedanken weiterzutragen, dass das soziale Verhalten darin besteht, mit anderen Menschen eine Gemeinschaft zu bilden und nicht nur als Individuum zu leben. Ich möchte dies an einem Missverständnis der Moderne deutlich machen. Es besteht darin, dass man Leid und Tod ausgrenzen will – das gibt es in unserer Gesellschaft. Noch stärker als hier in den neuen Ländern gibt es dies in den alten Ländern, wo doch Christ sein und Kirche noch weithin zum allgemeinen gesellschaftlichen Umfeld gehören. Leid und Tod werden als „Pannen" im menschlichen Leben angesehen, die man ausgrenzen müsse.

Im Diakonissen-Krankenhaus in Dresden war eine Schulklasse mit sechzehn- und siebzehnjährigen Schülern im Krankenhaus zu Gast. Die Schüler sind an der Tatsache, dass Menschen gestorben sind und die Ärzte bei all ihrem guten Willen und trotz all ihrer Anstrengungen den Tod nicht verhindern konnten, fast zerbrochen. Sie haben kapituliert, weil sie bis zum 16. Lebensjahr kein anderes Weltbild hatten, als dass man als Mensch alles bewältigen kann: Jedes Problem kann gelöst werden, wenn man es nur will.

Leid und Tod sind keine „Pannen", die man ausgrenzen muss. Leid und Tod sind Teile menschlichen Lebens, durch die es Tiefe und Verantwortung bekommt. Leid und Tod sind nichts, was ich irgend jemandem wünsche, aber ich denke, dass ein Mensch, der nicht gelitten hat, viele andere Menschen nicht verstehen kann. Ein Mensch, der keine Schwierigkeiten überwinden musste, der nur auf glatten Straßen gegangen ist, wird vielleicht bei der ersten Schwierigkeit resignieren. Es ist die Verpflichtung jedes Einzelnen, dies deutlich zu machen und Wege miteinander zu bedenken und zu besprechen, Leid und Tod in das Leben zu integrieren und damit zu leben. Dies entspricht der Würde des Menschen. Wir müssen bemüht sein, diese Würde in der Fülle zu erfassen und ihr dann gerecht werden.

Nicht alles ist bezahlbar

Wir müssen anerkennen: Nicht alles Lebensnotwendige ist abrechenbar und kann bezahlt werden. Man kann durch Geld nicht alles abgelten, im Gegenteil. Geld kann in den Situationen, wo die Würde des Menschen gefragt und wo eine besondere Verantwortung herausgefordert ist, sogar verhindern, sich dem Menschen zuzuwenden. Geld kann in diesem Moment den Menschen, die sich einem anderen zugewendet haben, die Brücke zerschlagen und die Verbindung zerstören.

Gemeinsam auf dem Weg

Hier möchte ich deutlich machen: Wir sind im Lebensvollzug noch nicht ein Deutschland. In unserer Gesellschaft in Ostdeutschland hat es die Möglichkeit, verantwortlich zu leben, nur begrenzt gegeben. Deshalb liegt die große Erwartung bei uns, Verantwortung übernehmen zu können. Aber Sie wissen, dass man dies nicht an einem Tage lernen kann. Von daher bitte ich Sie aus den alten Ländern, zu uns zu kommen, uns zuzuhören und mit uns zu sprechen. Dann werden wir die Chance haben, nach der politischen und wirtschaftlichen Einheit auch die menschliche, die soziale Einheit zu erreichen. Das Miteinander zwischen den Generationen beinhaltet im Grunde die gleichen Aufgaben wie das Miteinander zwischen Ost und West. Ich freue mich über jede Gelegenheit, mich mit Ihnen auszutauschen.

FAMILIE IST ZUKUNFT

Familie ist Zukunft: Unter dieses Leitwort ist Ihr Kongress gestellt. Dieses Leitwort sollte auch ein politisches Programm sein. Der überwiegende Teil von Ihnen kommt aus dem Gebiet der ehemaligen DDR, einige von Ihnen kommen aus Ländern Ost- und Südosteuropas, die auf unterschiedlichen und beschwerlichen Wegen in eine demokratische Zukunft gehen. Manche von Ihnen kommen aus den alten Ländern der Bundesrepublik, manche von Ihnen aus westlichen europäischen Staaten. Einige haben den Weg von anderen Kontinenten nach Dresden gefunden.

Es ist eine Freude, es ist aber auch fast ein Wunder, dass der Kongress in dieser Form und mit dieser Beteiligung hier in Dresden stattfinden kann. Dass dies möglich wurde, setzte die Veränderung unserer Gesellschaft, die Befreiung von der Einparteienherrschaft voraus, die wir hier im Herbst 1989 erstritten haben. Seitdem sind wir auf dem Weg in eine Zukunft voller neuer Möglichkeiten und Chancen. Für die meisten von uns ist der Weg beschwerlich und ungewohnt, das Neue muss erst mühsam erlernt und begriffen werden. Auch neue Gedanken in der Familienpolitik stoßen vorerst auf Unsicherheit und Distanz.

Familie im sozialistischen System

Die Bedeutung der Familie als kleinster und wichtigster Bestandteil, gleichsam als Lebenszelle der Gesellschaft, wurde in den ehemals sozialistischen Staaten verkannt. Der Staat hat sich als Übervater in das Leben und den Lebensentwurf jedes Einzelnen eingemischt. Diese Einmischung war teilweise vielleicht sogar gut gemeint. Viele haben die Abnahme von Entscheidungen durch den Staat für sich akzeptiert oder sogar als angenehme Entlastung empfunden. Das konnte dem alten Regime nur recht sein.

Eindeutig ideologisch festgelegte und zentralistisch vorgegebene Erziehungsziele und -methoden wurden regelrecht durchexerziert. Am Ende dieses Prozesses sollte dann die sozialistische Persönlichkeit stehen. Da die Erziehung der Kleinkinder weitgehend in staatlichen Einrichtungen erfolgte, konnte diese Indoktrination schon in der Kinderkrippe beginnen.

Die Erziehungsverantwortung wurde den Eltern dadurch immer mehr abgenommen. Viele haben dies akzeptiert, manche haben es dankbar angenommen und dies als normal angesehen. Das sind Ursachen für die Unsicherheit vieler Eltern, jetzt wieder mehr Verantwortung für die Erziehung zu übernehmen.

Familien, die den sozialistischen Vorstellungen nicht entsprachen, waren unerwünscht. Sie wurden als Vertreter einer überholten Gesellschaftsordnung diffamiert und als Fremd- bzw. Störkörper des gesellschaftlichen Fortschritts eingeordnet.

Die „werktätige Frau und Mutter" galt in dieser Doppelrolle als das Ideal. Die damit verbundene Doppelbelastung wurde in Kauf genommen. Eine Mutter, die wegen der Kinder auf Berufstätigkeit verzichtete und die Kindererziehung als ihre Berufung ansah, war der werktätigen Frau gegenüber nicht gleichberechtigt und wurde teilweise sogar als „Drückebergerin" und „Schmarotzerin" verunglimpft.

Vielfach wurde die Berufstätigkeit aller im arbeitsfähigen Alter als unabdingbare Voraussetzung zum Gelingen des sozialistischen Aufbaus und zum Erreichen des materiellen Wohlstandes eingestuft. Es gab viele warnende und mahnende Worte, dass die Auflösung der Familie mit einer von Müttern und Vätern verantworteten Erziehung in Zukunft die Gesellschaft teuer zu stehen kommen werde. Teuer in doppelter Hinsicht: Zum einen in ethisch-moralischer und zum anderen in materieller Hinsicht. Aber diese Warnungen verhallten im Raum oder wurden vom Machtapparat als bewusste Angriffe auf das herrschende System angesehen und verfolgt. Ende der 70er Jahre kam es zu einer gewissen Liberalisierung, als das Babyjahr eingeführt und Freistellungsmöglichkeiten für einen Elternteil bis zum dritten Geburtstag des Kindes geschaffen wurden. Damit war wenigstens die gesellschaftliche Diffamierung der familiären Erziehung bis zum 3. Lebensjahr überwunden.

Familienpolitischer Neubeginn in den neuen Bundesländern

Um die Defizite der alten Gesellschaft zu überwinden und neue familienpolitische Horizonte zu erschließen, fühlen wir in den neuen Bundesländern uns aufgefordert, speziell in dieser Zeit der Umorientierung, des Neuaufbaus, Konzepte zu entwickeln, die der Stärkung der Familie dienen sollen. Der Staat ist herausgefordert, der Familie Schutz, Unterstützung und Entlastung zu gewähren. Die Familie muss auf dem Weg zur Solidargemeinschaft aller gefördert werden. Dies darf nicht durch neue Formen von Gängelei, durch Einmischung, Entlastung von Verantwortung und Abnahme von eigenen Entscheidungen geschehen. Hier muss Vertrauen wachsen.

Wie kann das im Einzelnen geschehen? Welche Hilfestellungen kann der Staat dafür anbieten? Der wichtigste und entscheidende Gedanke dürfte sein, eine neue, zukunftsweisende Familienpolitik durchzusetzen, die zuerst die Eigenverantwortung der Familie respektieren muss. Es ist notwendig, die Familie als grundlegende und natürliche Form menschlichen Zusammenlebens zu stärken.

Die Familie ist der Ort,
- wo soziale Fürsorge gelernt und gelebt,
- wo Konfliktbewältigung geübt,
- wo Angenommensein und Geborgenheit erfahren
- und wo Leid und Freude geteilt werden können.

Und Familie ist der Ort,
- wo Leben mit Grenzen, gerade im Zusammensein mit Behinderten, Alten und Schwachen erfahren
- und wo Anderssein nicht als Bedrohung, sondern als Erweiterung des eigenen Lebensraumes wahrgenommen werden kann.

Niemand von uns und keine Familie wird den dahinter stehenden Ansprüchen jederzeit vollständig genügen. Aber gegenseitiges Helfen und Begleiten sind notwendig und dürfen erwartet werden. Wir sollten uns darum bemühen, dass uns dies immer wieder gelingt, in allen Familien, auch in den sogenannten „unvollständigen Familien". Dass ein Platz leer ist, wenn nur die Mutter oder der Vater da ist, bestreitet sicher niemand. Trotzdem kann auch in diesen Familien all dies Wertvolle erfahren und erlebt werden.

Der Generationenvertrag darf sich nicht nur auf die materielle Absicherung der frühkindlichen Phase und der Pflege im Alter konzentrieren und beschränken. So notwendig diese Sicherungen, wie zum Beispiel Erziehungsgeld und Erziehungsurlaub auch sind: der Generationenvertrag hat auch eine immaterielle Seite, die der sozialistische Staat bewusst verdrängt hatte und die in den hochindustrialisierten Staaten heute generell gefährdet ist.

Ohne Familie ist die Wohlfahrt eines Staates überhaupt gefährdet. Generationenübergreifende Risikoabsicherung nach dem Subsidiaritätsprinzip ist ohne Familie nicht leistbar.

Ich habe die Erwartung, dass dieser Kongress gerade hier hilft, Erfahrungen auszutauschen, Mut zu machen und neue Formen zu finden. Neue Familienpolitik heißt aber auch, dass die Gesellschaft die Familie nicht allein lässt. Sie gleicht die Belastungen soweit wie möglich aus, die die Familie zum Nutzen des Gemeinwohls auf sich nimmt. Sie greift dort ein, hilft, unterstützt, fördert, wo Kraft und Möglichkeiten der Familie nicht ausreichen. Sie schafft Freiräume, Möglichkeiten zur Entfaltung in familiären Erholungsstätten und Freizeiteinrichtungen. Sie hilft, wenn Beratung oder andere konkrete Hilfe im Einzelfall erforderlich werden. Aber sie mischt sich auch ein, wenn Menschenrechte, Leben, Gesundheit und Würde von Familienmitgliedern verletzt werden, bei Gewalt in der Familie, gegen die Schwächeren, das Kind, die Frau.

In diesem Sinne wollen wir politische Verantwortung wahrnehmen und tragen, damit Familie Zukunft hat und immer wieder neu Zukunft eröffnet.

Ein Jahr soziale Neugestaltung in Sachsen

Am Anfang möchte ich zwei persönliche Erinnerungen weitergeben, die mit Ihrem Tagungsort hier, der Dreikönigskirche in Dresden, zu tun haben:

Die erste Erinnerung: Im Jahr 1981 habe ich Verantwortung in der Synode der Sächsischen Landeskirche übernommen. In der Frühjahrstagung der Synode 1981 stand die Frage an: Was wird aus diesem Haus? Wie soll es künftig genutzt werden? Die Synode war nicht direkt verantwortlich dafür, sondern das Landeskirchenamt. Aber es hat die Verantwortung nicht allein dafür tragen wollen. Man wollte die Synode demokratisch beteiligen. Wir haben damals dafür votiert, dass dieses Haus nicht nur Kirche im traditionellen gottesdienstlichen Sinne sein sollte. Vielmehr sollte es auch Kirche im diakonischen Sinne sein und insofern auch Tagungsmöglichkeiten bieten und zu Gesprächen einladen. Deshalb gibt es hier auch ein „Café". Und wir hatten damals beschlossen: Es soll auch eine Werkstatt für Behinderte einbezogen werden. Nur dann geben wir als Synode unser Ja, dass diese Kirche wieder aufgebaut wird.

Die zweite Erinnerung: Sie wissen, in diesem Raum ist das Plenum des Sächsischen Landtags regelmäßig zu Gast, solange wir keinen eigenen Plenarsaal haben. Meistens sitze ich so, dass ich während der Plenarsitzungen diesem großen Wandbild von *Werner Juza* den Rücken zuwende. Aber jetzt hatte ich wieder die Gelegenheit, dieses Bild ein wenig zu betrachten. Im Frühsommer des Jahres 1989, kurz vor der Wende, ist es fertiggestellt worden. Schauen Sie links oben – diese fünf Männer, deren Köpfe nicht mehr zu sehen sind. Wir können gut deuten, wer es sein soll.

Mich bewegt heute mehr der Gitarrenspieler direkt unter dem Kreuz. Er rief in mir eine Erinnerung aus dem Sommer 1989 wach. Es war Kirchentag in Leipzig. Wir saßen im sogenannten Krisenstab in einer Messehalle, um die Nachricht zu verarbeiten, in der Nähe der Thomaskirche braue sich eine unerlaubte Menschenansammlung zusammen, ausgehend von Straßenmusikanten. Deshalb der Bezug zu dem Gitarristen.

Wir waren etwa 20 Personen in unserem erweiterten Landesausschuss. Herr Stolpe, jetziger Ministerpräsident, damals Kirchentagspräsidiumsmitglied, war dabei, auch unser Bischof und auch Herr Schnur. Heute wissen wir, dass diese ganze Nachricht nur die Probe darauf war, wie wir reagieren würden. Als Landesbischof Hempel dorthin fuhr, gab es nämlich gar keine Menschenansammlung. Dies ist die Realität unseres Lebens gewesen, und sie ist noch nicht zu Ende. Sicher gibt es nicht mehr den Staatssicherheitsdienst im eigentlichen Sinne. Aber ich muss Ihnen leider sagen: Es gibt keinen Tag, an dem ich durch Personalakten nicht damit befasst bin. Insofern ist ein scheinbar harmloser Gitarrenspieler unterm Kreuz ein Stückchen DDR-Erinnerung für mich.

Wir sind heute froh, dass wir unabhängig von dem, was uns noch belastet, die Chance haben, jetzt in den neuen Ländern Neues zu gestalten. Jetzt wollen wir die Aufgabe annehmen, wie sie die 11 Bundesländer in den letzten 40 Jahren angenommen haben. Ich möchte allen danken, die sich täglich vor Ort der Aufgabe stellen, die sozialen Dienste aufzubauen.

Viele Sorgen und Unsicherheiten

Ich weiß, wie mühsam der Aufbau ist, weil viele Grundlagen bei uns noch unbekannt sind. Wenn wir heute versuchen, Subsidiarität zu vermitteln, wird es von vielen Menschen immer wieder so ausgelegt und empfunden: Ihr, die ihr jetzt die Verantwortung habt, wollt euch auf diese Weise aus der Verantwortung stehlen. Und es wird behauptet, früher sei es doch viel besser gewesen, als die sozialen Leistungen zentral organisiert und zentral verantwortet wurden und nicht so viel der freien Entscheidung überlassen war.

Ich denke, die meisten unter Ihnen werden dem nicht zustimmen. Denn das, was uns dieser zentrale Staat als Ergebnis hinterlassen hat, ist gerade in den sozialen Leistungen nicht vorzeigbar. Es sind vor allem die Bereiche, um die Sie sich jetzt besonders kümmern: die Altenheime, Behinderteneinrichtungen, ambulanten Dienste. Auch die damaligen ambulanten Dienste der Volkssolidarität waren für mich nicht so lobenswert, wenngleich durchaus anerkennenswert. Was aber an Defiziten im stationären Bereich da ist, lässt uns leider immer wieder nur sagen: Die im Einigungsvertrag angestrebte und zugesagte Gleichheit der Lebensbedingungen wird nicht in drei oder fünf Jahren erreicht sein. Vielmehr werden wir zehn Jahre dafür benötigen.

Sicherung der Einrichtungen und Dienste des Gesundheits- und Sozialbereichs

Unsere erste Aufgabe bestand darin, die Einrichtungen und Dienste zu erhalten. Mit dem 1. Januar 1991 war eine totale Änderung der Finanzierung gegeben, vor allem im gesundheitlichen Bereich. Noch nicht so dramatisch war es in den Heimbereichen für Alte und Behinderte. Aber dennoch haben diese Veränderungen anfangs zu Irritationen geführt. Die Finanzierung über die Krankenkasse für die ambulante Versorgung, die Kassenärztliche Vereinigung und Kassenzahnärztliche Vereinigung ist inzwischen bewältigt und auf einen guten Weg gebracht.

Schwierigkeiten bei der Umstellung

Aber die Frage der Finanzierung und der totalen Umstellung war nur der eine Teil. Ich will Ihnen ein Schlaglicht auf eine Situation werfen. Die Kassenärztliche Bundesvereinigung hatte Anfang Dezember 1990 den entsprechenden Einrichtungen mitgeteilt, welche Finanzierungswege es gibt, über die Geld fließen kann und die man nutzen muss. Es waren ungefähr dreißig Wege genannt. Die meisten Einrichtungen haben erst in der ersten Januarhälfte dieses Papier in die Hand genommen und nachgeschaut, als der große Geldsegen über eine zentrale Zuweisung ausblieb. Viele Schwierigkeiten, mit denen wir bis ungefähr März zu tun hatten, waren in einem Papier vom 7. November schon erwähnt und mit Vorschlägen versehen worden, wie die Probleme bewältigt werden könnten. Aber es war noch nicht zur Kenntnis genommen worden. Das ist kein Vorwurf, aber der Vorgang zeigt, wie schwierig es ist, mit totalen Umstellungen in den Bereichen Finanzierung und Organisation umzugehen.

Diese Schwierigkeiten gab es ganz ähnlich im Privaten. Es ist für viele Menschen – und gerade für ältere oder im sozialen Randbereich Lebende – schwierig, sich auf einmal zu entscheiden, zu welcher Krankenkasse sie gehen oder bei welcher Sparkasse oder bei welchem anderen Geldinstitut sie ihre Ersparnisse gut verwahrt sehen. Dies alles hat das Leben der Menschen so sehr beunruhigt. Diese Unruhe war sehr oft existentiell, sie war keineswegs nur als schön und freiheitlich empfunden worden. Vielfach sind die Veränderungen als belastend wahrgenommen worden – zum einen, weil sie völlig unerwartet kamen, und zum anderen, weil sie oft sehr bürokratisch vermittelt wurden.

Aufbau notwendiger Verwaltungsstrukturen

Wir mussten mit allem neu beginnen. So mussten wir uns auch die Frage stellen: Welche Ämter brauchen wir: Sozialamt, Jugendamt, Landesamt für Familie und Soziales? Wir mussten uns fragen: Wie geht es mit der Sozialhilfe weiter? Die Strukturen waren nicht vorhanden und mussten neu aufgebaut werden. Die Leistungen sollten fließen, aber die Menschen mussten sich erst die nötige Gesetzeskenntnis verschaffen. An dieser Stelle gilt ein besonderes Dankeschön all denen, die aus den alten Bundesländern gekommen sind, stellvertretend Herrn Fichtner, der uns begleitet hat, und Herrn Dr. Nees in unserem Ministerium.

Unklarheiten mit der Finanzzuweisung

Die nächste Schwierigkeit, unter der wir die Arbeit begonnen haben, war das nicht vorhandene Geld. Eine Schilderung der Situation in den ersten zwei Monaten dieses Jahres möchte ich uns allen ersparen. Ich habe bei allen Stellen des Bundes, im Bundesvorstand der CDU und auch bei Tagungen in verschiedenen Bundesministerien gesagt: Sie können es sich offensichtlich in Bonn schwer vorstellen, was es heißt, zwei Monate nicht zu wissen, wie viel Geld zur Verfügung steht für die Arbeit, für die wir zwar verantwortlich sind, die aber aus dem Bundeshaushalt finanziert werden soll. Ich habe immer wieder die etwas provozierende Handbewegung gemacht: Es lebt sich wirklich ganz belastend, wenn man am ausgestreckten Arm wartet und nach der nächsten Geldspritze fragt, bevor man herunter fällt. Der Zeitraum bis zum 28. Februar war zu lang, und ich hoffe, für 1992 ist die grundsätzliche Entscheidung gefallen, so dass wir nicht diese Erfahrung wiederholt erleben müssen. Wir benötigen Finanzzuweisungen in derselben Höhe – auch wenn man sich in Bonn noch nicht ganz einig ist, wie die Summe von 1991 auch 1992 bereit gestellt werden kann.

Aber wie sollten wir Mitverantwortung übernehmen, wenn wir überhaupt nicht wussten, ob im Juni noch Geld da sein würde? Es war uns formal gesagt worden: Sie können zunächst im Zwölftelrhythmus leben. Aber was hieß denn Zwölftelrhythmus, wenn es keinen Haushalt für 1990 gegeben hat? Die meisten Einrichtungen hatten zwar ungefähr eine Vorstellung von dem, was sie verbraucht hatten, aber wir im Ministerium wussten nicht, wie viel Geld insgesamt benötigt werden würde.

Neuordnung der ambulanten medizinischen Versorgung

Auch den Bereich der ambulanten Versorgung – sprich Polikliniken – haben wir mit übernommen. Das war im ersten Vierteljahr genauso beschwerlich und belastend, wie ich es auch aus anderen Bereichen geschildert habe. Inzwischen kann ich sagen: Seit Mai gibt es keine Klagen mehr. Für Ärzte scheint es sich weithin doch zu rentieren, sich niederzulassen. Sicher sind für fünfzigjährige Existenzgründer Darlehensverpflichtungen von 100.000 DM oder 150.000 DM eine psychische Belastung, das weiß ich von Betroffenen. Aber offensichtlich wird es so eingeschätzt, dass es bewältigt werden kann. Die Jüngeren scheinen hingegen getrost den Weg voranzugehen, ohne zurückzublicken.

Sicherung des Bestandes der Kur- und Erholungseinrichtungen

Schließlich haben wir den Bestand an Kur- und Erholungseinrichtungen übernommen, ein ausgesprochen schwieriger Teil unserer Gesamtversorgung. Nur ein Drittel oder ein Viertel von dem, was da war, wurde von der Bundesversicherungsanstalt für Angestellte (BfA) als Träger 1991 erstmals anerkannt. All die Mitarbeiter, die in drei Vierteln der Einrichtungen gearbeitet hatten, waren zunächst sehr verunsichert. Sie wussten nicht, wie es weitergehen würde.

Überall Sorge um den Arbeitsplatz

Die Sorge um den Arbeitsplatz war bislang für die Menschen in den neuen Bundesländern unbekannt. Diese Sorge ist neu und hat nun einen großen Anteil der Bevölkerung betroffen, und sie bestimmt das Gesamtstimmungsbild in den Familien und Freundeskreisen. Ich bin dankbar, dass wir in den letzten drei bis vier Monaten eine gegenläufige Erfahrung haben, die noch nicht dominiert, die aber spürbar ist. Es gibt Menschen, die einen gesicherten Arbeitsplatz gefunden haben, und dies wirkt positiv.

Das neue soziale Netz hält

Als verantwortlicher Sozialpolitiker kann ich sagen: Das soziale Netz, das wir jetzt aufgebaut haben, ist besser als das alte, und zwar aus zwei grundsätzlichen Überlegungen: Die wirtschaftliche Sicherung ist jetzt vorhanden, das Netz der alten DDR war demgegenüber nicht mehr gesichert, weil die wirtschaftliche Leistungsfähigkeit und die wirtschaftlichen Verhältnisse insgesamt nicht mehr funktionierten. Es waren alles lauter ungedeckte Schecks, mit denen da gezahlt wurde. Herr Berghofer, letzter Oberbürgermeister des alten Staates hier in Dresden, hat bei seinem Amtsantritt vor acht Jahren sehr richtig gesagt, am meisten fürchte er sich vor den Gullys in der Stadt. Er wusste genau, wie unterhalb der Gullys die Kanalisation aussieht. Er wusste, dass sie wahrscheinlich keine 10 bis 15 Jahre mehr hält. Und was dann los sein würde, kann sich jeder von uns sehr drastisch vorstellen.

Der zweite Grund dafür, warum die soziale Sicherung sich heute schon verbessert hat, ist dieser: Die Grundlagen des Lebens sind für jeden gesichert und notfalls durch Hilfen erreichbar. Dass nicht jeder Hilfe annimmt und dass es emotional schwer ist, Hilfen anzunehmen, das wissen Sie in den alten Bundesländern besser als wir, die wir es jetzt langsam erfahren. Aber durch die Übernahme des Systems der sozialen Sicherung der Bundesrepublik in den fünf neuen Bundesländern sind die Menschen in Ostdeutschland in dieses soziale Netz ebenso eingebunden wie die Menschen in den alten Bundesländern.

Dazu zähle ich jetzt auch die gesundheitliche Versorgung. In der früheren Bundesrepublik war die Lebenserwartung drei bis vier Jahre höher als in der alten DDR. Dies ist das Ergebnis der sozialen und gesundheitlichen Versorgung, des Umweltschutzes und der Umweltverhältnisse. Aber es ist auch eine Frage nach der wirtschaftlichen Leistungskraft, wie viel Geld zur Verfügung steht.

Leitbild einer neuen sozialen Ordnung

Solidarität und Subsidiarität

Entscheidend für den Neuaufbau ist ein zuverlässiges Leitbild einer neuen sozialen Ordnung. Das Prinzip der Solidarität muss mit neuem Leben erfüllt werden. Der Begriff ist ja in der DDR mit ganz anderem Sinngehalt Teil des offiziellen Sprachgebrauchs gewesen. Von daher ist es nicht leicht, den humanen und personalen Grundansatz verständlich zu machen, auf den es uns so sehr ankommt. Worum geht es? Es geht darum, den Einzelnen, den verschiedenen Gruppen und der Gesellschaft insgesamt deutlich zu machen, dass wir nicht nur für uns selbst, sondern auch für die kleinen Gemeinschaften und die größeren sozialen Gebilde mit verantwortlich sind. Wir alle tragen zum Gelingen des gemeinschaftlichen Lebens bei. Wie ein solches abgestimmtes und sozial verantwortetes Zusammenleben am ehesten gelingen kann, sagt uns das Subsidiaritätsprinzip.

Für die meisten von uns stellt sich die Frage: Was ist das eigentlich? Es ist das zweite Prinzip unseres sozialen Systems. Es fördert und ergänzt die Verantwortung des Einzelnen, der Gruppe oder auch einer größeren Gemeinschaft und hilft immer dort, wo die kleinere Ebene die Verantwortung nicht mehr allein tragen kann. Subsidiarität ist ein Ausdruck der Freiheit und gibt die Möglichkeit, sich als Person einzubringen. Wir in den neuen Bundesländern haben die Verpflichtung, Subsidiarität als ein Teil der freiheitlich-demokratischen Grundordnung überall deutlich zu machen. Damit ist auch die Möglichkeit gegeben, die Gaben Gottes, die jeder bekommen hat, wirklich zu nutzen. Jeder soll in eigener Verantwortung mit entscheiden, was auf seiner jeweiligen Ebene notwendig ist – unabhängig von irgendwelchen Direktiven. Es geht um die Einsicht, dass vor Ort immer dann besser entschieden werden kann, wenn die Kenntnisse der Gesamtsituation vor Ort für die Entscheidungsfindung wichtig sind. Dann kann vor Ort besser entschieden werden als im Ministerium, das diesen direkten Zugang in die Zusammenhänge vor Ort nicht hat. Das versteht man unter Subsidiarität.

Selbstverwaltung und freie Trägerschaften

Die Selbstverwaltung der Kommunen ist für viele inzwischen das tägliche Brot. Sie wird auch selbstbewusst genutzt. Probleme, die in den alten Bundesländern täglich im Zusammenspiel mit freien Trägern auftreten, sind auch bei uns an der Tagesordnung. Wenn ich bei Kindergärten, Altersheimen oder anderen Einrichtungen immer wieder den Vorrang der freien Wohlfahrtspflege betone, werde ich durchaus kritisch hinterfragt. Das ist besonders dann der Fall, wenn ich darauf hinweise, dass die Kommunen kein Geld sparen, unabhängig davon, ob sie bestimmte Aufgaben behalten oder abgeben. Meist schwingt doch die Hoffnung mit, dass nicht mehr allzu viel Geld aufgebracht werden muss, wenn ein freier oder privater Träger gefunden wird. Ich sage immer: Die Wohlfahrtsverbände sind im Augenblick nicht in der Lage, hohe Investitionskosten aufzubringen, z. B. für Kindergärten. Aber wenn freie Träger Einrichtungen übernehmen, ersparen sich die Kommunen die Verantwortung für diese Einrichtungen, und sie ersparen sich einen Großteil an Verwaltungsleistung.

Wir wollen eine plurale Anbieterlandschaft gestalten, so dass die Menschen selber entscheiden können, in welche Einrichtung sie ihre Kinder geben. Das ist nicht überall optimal lösbar, in kleinen Gemeinden gibt es oft nur einen Kindergarten, und die meisten Menschen werden sich kaum den Luxus leisten, etliche Kilometer weiter zu fahren, nur um einen anderen Anbieter zu haben. Insgesamt jedoch besteht bereits heute eine Auswahlmöglichkeit zwischen den Anbietern bezüglich der Grundversorgung, auch im Hinblick auf den Stil der Arbeit in den verschiedenen Einrichtungen. Die Kommunen gestalten durchaus selbstbewusst ihre Arbeit. Allerdings fehlt noch die Erfahrung, dass der Vorrang der freien Träger gewährleistet werden muss. Eine meiner Aufgaben ist es – und da lasse ich mich auch gern in der Presse kritisieren –, die frei gemeinnützigen Träger besonders zu fördern.

Bilanz nach einem Jahr – Ausführung von Bundesgesetzen

Wie sieht eine erste Bilanz aus? Was haben wir im ersten Jahr erreicht? Ich denke, nach dem, was bisher sichtbar geworden ist, haben wir einen verantwortlichen und insgesamt guten Weg zurückgelegt. Ich nenne dazu einige Aufgaben, die in der Bundeskompetenz liegen, aber von uns zu vollziehen sind.

Rentenerhöhung

Durch die mehrfachen Erhöhungen sind die Renten im Schnitt so, dass gegenwärtig Leistungen gezahlt werden, die um zwei Drittel höher sind als die Renten in der alten DDR. Wir kommen mit der Erhöhung am 1. Januar 1992 auf ca. 60 % des Niveaus der westlichen Renten, das durchaus mit den Löhnen vergleichbar ist. Das ist im öffentlichen Dienst der Fall. Die Löhne liegen nicht überall bei 60 %. Die neuesten Statistiken der Industrie besagen, dass die Arbeiter 50 % und die Angestellten in der Industrie ca. 40 % der Löhne der alten Bundesrepublik erhalten, weil dort ein erheblicher Teil außertariflich geregelt ist. Es wird aber immer nur über die tariflichen Verhältnisse geredet.

Kriegsopferversorgung

Die Einführung der Kriegsopferversorgung in den neuen Bundesländern war richtig, auch wenn wir Schwierigkeiten haben, sie so schnell zu realisieren, wie die Betroffenen dies erwarten. Aber dass so etwas überhaupt eingeführt worden ist, ist nur recht und billig. Die betroffenen Menschen in Ostdeutschland haben es als schlimmes Unrecht empfunden, dass sie für den Schaden und die Erschwernisse ihres Lebens vierzig Jahre lang fast keine Entschädigung durch den Staat erhalten haben.

Erziehungsgeld und Erziehungsurlaub

Erziehungsgeld und Erziehungsurlaub sind wirkliche Errungenschaften. Es sind Verbesserungen gegenüber der alten Regelung in der DDR. Gerade in diesem Bereich wurde immer gedacht, die DDR sei sehr fortschrittlich in ihrer Sozialpolitik, im Familienbereich und bei der Förderung der Frauen in Berufstätigkeit und Familienverantwortung. Das war aber im Vergleich zu diesen neuen Regelungen seit dem 3. Oktober 1990 keineswegs der Fall. Denn nicht nur bei den dritten, vierten und fünften Kindern gibt es jetzt Arbeitsplatzsicherung, sondern bereits beim ersten und zweiten Kind. Die Leistung ist mit 600 DM im Schnitt höher als das entsprechende Lohnentgelt damals, weil die Löhne entsprechend niedriger waren.

Sozialhilfe

Mit den Regelsätzen für die Sozialhilfe haben wir ein ausgesprochen positives Ergebnis erzielt. Wir haben von Anfang an sehr hohe Vergleichszahlen angestrebt, weil es sich um die Sicherung der Existenz handelt. Wir haben jetzt 91 - 95 % des Westniveaus erreicht. Natürlich werde ich manchmal gefragt, warum wir in Sachsen fünf Mark weniger geben als die vier anderen neuen Bundesländer. Berlin hat sogar noch etwas höhere Sätze. Dies ist ein Kabinettsbeschluss, den ich mittrage. Allerdings habe ich einen höheren Satz erhofft und auch erwartet. Der Finanzminister lag mit seinem Wunsch nach 417 DM statt 440 DM noch niedriger. Wir haben uns auf 435 DM geeinigt. Das ist immerhin eine Verbesserung, wenn man die Ausgangspositionen betrachtet. Von daher verteidige ich diesen Kompromiss.

Einsicht: Abhängigkeit sozialer Leistungsmöglichkeiten von der Wirtschaftskraft der Gesellschaft

Unsere Partnerländer Baden-Württemberg und Bayern haben in den vergangenen Jahrzehnten meist weit hinter anderen Bundesländern gelegen, und doch sind sie heute an vielen Stellen die Vorreiter sozialer Leistungen. In Baden-Württemberg gibt es eine 90%ige Deckung des Platzbedarfs für Kindergärten; das ist in den alten Bundesländern einmalig. In Bayern findet man eine ganze Reihe ausgesprochen positiver Lösungen im Bereich der Beratungsdienste und ambulanten Dienste, die dort sehr stark ausgebaut sind. Von daher kann ich gut nachvollziehen, dass man entsprechend der Leistungsfähigkeit der Wirtschaft auch die sozialen Dinge regelt und zukünftige wünschenswerte Lösungen auf dem sozialen Feld dadurch ermöglicht, dass man zunächst – gerade in den Anfangsjahren – die Investitionskraft der Wirtschaft besonders stärkt.

Ich weiß, als Sozialpolitiker stelle ich mich manchmal in ein gefährliches Licht, wenn ich Verständnis für wirtschaftspolitische Bezüge habe. Aber ich komme aus einem Elternhaus, wo die Frage der Wirtschaftlichkeit täglich mit bedacht wurde. Und ich habe diese Lehre sehr bewusst nachvollzogen. Ich selber war noch vor anderthalb Jahren der Meinung, dass ein hoher Steuersatz mehr Geld für Sozialleistungen bringe, wie in Schweden oder in den Niederlanden. Ich habe die Lektion gelernt, dass in der Bundesrepublik ab 1982 Steuern gesenkt worden sind und dass gerade dadurch mehr Geld für Sozialleistungen zur Verfügung steht. Das Bundeserziehungsgeld und der Bundeserziehungsurlaub, Kindergeld und Kinderfreibeträge sind in der jetzigen Höhe erst in den 80er Jahren erreicht worden. Das Kindergeld wurde 1981/82 gekürzt, weil nicht mehr ausreichend Mittel zur Verfügung standen. Insofern gehe ich diesen Weg einer wirtschaftspolitischen Sozialpolitik bewusst mit, auch wenn ich dafür einige kritische Äußerungen erhalte.

Entwicklung sächsischer Sozialpolitik

Was haben wir in Sachsen selber gestaltet? Nach einem Jahr lässt sich nicht nur die Richtung gut erkennen, sondern wir haben schon viel erreicht.

Sozialstationen

Inzwischen arbeiten bei uns mehr als 250 Sozialstationen. Das ist eine ausreichende flächendeckende Anzahl. Ausgehend von 4,8 Millionen Einwohnern steht rein rechnerisch eine Sozialstation für weniger als 20.000 Bürgerinnen und Bürger zur Verfügung. Wir wissen, dass dies bei einer medizinischen Mitarbeiterin oder einem Mitarbeiter pro 2.500 Einwohner einer optimalen Betriebsgröße entspricht. Die Sozialstationen haben vom Bund und vom Land 1990 und 1991 eine erhebliche Anschubfinanzierung bekommen. Im Moment können wir jedoch noch keine genauen Angaben dazu machen.

Wir gehen aber davon aus, dass jede Sozialstation eine Anschubfinanzierung in Höhe von ungefähr 100.000 Mark erhalten hat. Wenn dies so ist, dann benötigten wir für den Ausbau von Sozialstationen 1992 nur noch einen kleinen Betrag im Haushalt. Ich gehe davon aus, dass die flächendeckende Errichtung der Sozialstationen mit Ende dieses Jahres im Wesentlichen abgeschlossen sein wird.

Pflege- und Altenheime, Krankenhäuser

Viel schwieriger sind die folgenden Bereiche: Mindestens im Pflege- und Altenheimbereich ist der Nachholbedarf so hoch, dass wir in den neuen Ländern 10 Milliarden DM benötigen. Das heißt, allein für Sachsen sind 3,3 Milliarden DM erforderlich. Wir hatten demgegenüber im diesjährigen Haushalt ganze 15 Millionen DM zur Verfügung. Das reicht bei weitem nicht aus, das ist völlig klar. Aber es stand von Anfang an fest, dass nicht übersehen werden darf, was über das Gemeinschaftswerk „Aufschwung Ost" gefördert wird. Leider haben nicht alle Kommunen so verantwortlich gehandelt, wie wir es gewünscht hätten. Aber in Sachsen sind es immerhin

100 Millionen DM gewesen, die der Altenheim- und Pflegebereich erhalten hat. Von den 1,5 Milliarden DM, die Sachsen aus Mitteln der kommunalen Investitionspauschale zur Verfügung hatte, sind ergänzend ungefähr 200 Millionen DM für den Krankenhausbereich aufgewendet worden, so dass reichlich 300 Millionen DM von den 1,5 Milliarden beim Staatsministerium für Soziales, Gesundheit und Familie angekommen sind. Ich hatte gehofft, dass wir 500 Millionen DM erhalten würden, aber auch mit 300 Millionen DM lässt sich einiges ausrichten.

Für das kommende Jahr haben wir schon in den Haushaltsverhandlungen einen Konsens getroffen, 95 Millionen DM für den Altenheimbereich bereitzustellen, und wir haben eine Fördergrundlage von 40 % Landesbeteiligung. Damit ist deutlich, dass im Altenheimbereich eine Investitionskraft von etwa 250 Millionen DM im nächsten Jahr vorhanden sein wird. Dieses Jahr sind die Mittel um 25 Millionen DM erhöht worden. Wir haben jetzt eher Not, diese entsprechend schnell umzusetzen. Wir wollten das Geld dieses Jahr ausschließlich für die freien Träger einsetzen, weil wir uns gesagt haben: Die Kommunen haben über die kommunale Investitionspauschale für ihre eigenen Einrichtungen alle Möglichkeiten erhalten. Es ist ihre Verantwortung, wenn sie diese nicht wahrgenommen und die Mittel für andere Dinge eingesetzt haben.

Behinderteneinrichtungen

Das Extraprogramm des Bundes und der Bundesanstalt für Arbeit in Nürnberg für die Behinderteneinrichtungen hat dazu geführt, dass wir in diesem Jahr in Sachsen ungefähr 33 Millionen DM für Bauzwecke nutzen können. Hier stellt sich die Frage, ob wir die gesamte Summe verbrauchen werden. Die Planung steht schon lange fest: In welchem Kreis sollen wie viele Einrichtungen in welchen Größen errichtet werden? Und wer soll Träger einer Einrichtung werden? Wir gehen davon aus, dass im nächsten Jahr dieselben Finanzierungsgelder des Bundes und der Bundesanstalt zur Verfügung gestellt werden. Wir wollen diese durch zusätzliche Landesmittel ergänzen. Aber gerade bei den Behinderteneinrichtungen ist meines Erachtens eher absehbar, dass dieses Problem vermutlich in relativ kurzer Zeit gelöst sein wird.

Altenheime

Anders sieht es bei den Altenheimen aus. Wenn ich die Zahlen noch einmal gegenüberstelle und die 250 Millionen DM Investitionskraft des nächsten Jahres zu den benötigten etwa 3 Milliarden in Beziehung setze, dann ergibt sich eine Zeitspanne von zwölf Jahren. Ich hoffe, dass dieser Prozess durch Privatinvestitionen verkürzt werden kann, aber ich hoffe immer noch und kämpfe um eine Beteiligung des Bundes. Doch das ist schwer. Familien- und Seniorenministerin Rönsch hat diese Verpflichtung zwar moralisch anerkannt, der Finanzminister jedoch nicht.

Berufliche Perspektiven in den sozialen Diensten

Zur Frage nach der Anerkennung der Berufsjahre sage ich nur dies: Die Tarifpartner waren mit ihrer Entscheidung schlecht beraten, 60 % vom Niveau der Westlöhne und Nichtanerkennung der Berufsjahre seien besser als 55 % mit Anerkennung. Die pauschale Anerkennung der Berufsjahre für alle ist für mich politisch indiskutabel, und wir kämpfen jetzt mit den Schwierigkeiten, die sich daraus ergeben. Ich habe in der Öffentlichkeit immer wieder gesagt: Die Anerkennung der Berufsjahre von Mitarbeitern des ehemaligen Rates des Bezirkes ist für mich sehr fragwürdig, vor allem bei all jenen, die politische Verantwortung getragen haben. Es kann nicht sein, dass Mitarbeiter, die wir aus den alten Verwaltungen übernehmen, weil sie sich persönlich nichts haben zu Schulden kommen lassen, jetzt auf diese Art und Weise finanzielle Vorteile gegenüber denjenigen erhalten, die wir als neue Mitarbeiter aus der Industrie gewinnen.

Was eine Krankenschwester, eine Heilerziehungspflegerin oder eine Fürsorgerin leistet, ist unstrittig dasselbe, was in der alten Bundesrepublik geleistet wird, und die Frage der 60 % hat bei den Mitarbeitern – und das kann ich wirklich für Sachsen sagen – nie eine Rolle gespielt. Diese 60 % werden toleriert, und es wird weitgehend eingesehen, dass nicht generell 100 % verlangt werden können.

Schon vor längerer Zeit haben wir eine gemeinsame Ordnung mit dem Kultusministerium beziehungsweise mit dem Wissenschaftsministerium für die Gleichwertigkeit von Fürsorgern und Sozialarbeitern erreicht. Die Ausbildung und Nachqualifizierung für die Erzieher wurde entsprechend geregelt. In Sachsen haben wir die Möglichkeiten des Europäischen Sozialfonds gerade für die Nach- und Umqualifizierung besonders genutzt, indem wir mit den fünf Wohlfahrtsverbänden das Forum „Soziales Sachsen e. V." gegründet haben.

Soweit ich es einschätzen kann, haben wir damit in Sachsen relativ günstige Bedingungen und nutzen intensiv die vorhandenen 400 Millionen Mark aus dem Europäischen Sozialfonds. Wir haben gegenwärtig ca. 40 Lehrgänge in ganz Sachsen eingerichtet, bei denen die unterschiedlichsten Ausbildungen und die unterschiedlichsten Ziele angestrebt werden. Eine Umschulung vom Krippenerzieher zum Erzieher, vom Erzieher zum Altenpfleger oder von der Krankenschwester zur Heilerziehungspflegerin ist immer noch recht einfach. All diese verschiedenen erbetenen Varianten werden realisiert.

Inzwischen ist auch unsere Prüfungsordnung für die Ausbildung zum Altenpfleger und Heilerziehungspfleger fertig. Wir haben jetzt eine zweijährige Ausbildung festgelegt und übernehmen später wahrscheinlich die dreijährige Ausbildungszeit der alten Bundesländer. Warum zweijährig? Zum einen betrifft es im Übergang eine Reihe von Mitarbeiterinnen und Mitarbeitern, vor allem jene, die eine Vorbildung im Sozialbereich bzw. pflegerischen Bereich haben. In Ostdeutschland gibt es im Altenheimbereich eine recht hohe Anzahl an examinierten Krankenschwestern. All diese Mitarbeiter müssen noch die Besonderheiten der Altenpflege erlernen. Zum anderen haben wir insgesamt ein Defizit an fachkompetenten Angestellten. Im Laufe von zwei Jahren können wir dann den ersten Bedarf an speziell geschultem Altenpflegepersonal decken.

Ich möchte Ihnen für heute und morgen mit auf den Weg geben, dass der Erfahrungsaustausch und das persönliche Gespräch vielleicht der wichtigste Teil Ihrer Zusammenkunft sein werden, um die Einheit im Innern wirklich vollziehen zu können. Es wird berechtigterweise darüber geklagt, dies sei am schwierigsten. Insofern müssen wir uns die größte Mühe dabei geben, dass die deutsche Einheit im Innern wächst – neben der Einheit im wirtschaftlichen und politischen Bereich. Meine zwei persönlichen Eingangsschilderungen sollten dazu dienen, diesen Prozess ein Stückchen auch von meiner Seite aus mitzutragen und zu fördern.

CHRISTEN IN DER POLITIK

Ich möchte das Thema „Christen in der Politik" nicht theoretisch abhandeln, sondern besonders aktuelle Bezüge herstellen, um es so mit Leben zu füllen.

Der erste Bezug zum Thema ergibt sich aus der Tatsache, dass es sich bei unserer Zusammenkunft um eine Veranstaltung des Evangelischen Arbeitskreises (EAK) der CDU handelt, der, wie Sie alle wissen, eine Sonderorganisation innerhalb unserer Partei, der Christlich- Demokratischen Union Deutschlands, ist. Das Besondere des Arbeitskreises besteht darin, dass er sowohl auf Bundesebene als auch auf der Ebene der alten Bundesländer seit nunmehr vierzig Jahren evangelische Christen in der Union umfasst, die aus ihrer spezifisch evangelisch geprägten Grundüberzeugung heraus Politik auf allen Ebenen mitgestalten. Damit ist schon angekündigt, dass die unter dem Namen EAK Zusammengeschlossenen – also auch Sie – in eine Traditionslinie eingebunden sind, über die es sich lohnt, bei dieser Gelegenheit einiges in Erinnerung zu rufen.

Der zweite Bezug für unser Thema ergibt sich aus der sehr erfreulichen Tatsache, dass wir uns hier zur Gründungsveranstaltung des Evangelischen Arbeitskreises in Sachsen zusammenfinden. Diese Neugründung, so hoffe ich, wird Konsequenzen haben, und zwar sowohl für die CDU in Sachsen als auch für den Evangelischen Arbeitskreis auf Bundesebene. Entscheidend aber kommt es auf die Konsequenzen für unser Land an. Mit dem EAK in Sachsen kommt hoffentlich ein neues und belebendes Element in die Sächsische Union und in den gesamten EAK. Es geht darum, in Sachsen „evangelische Verantwortung" in der Politik wahrzunehmen und aus dieser Grundhaltung heraus die politische Arbeit zu befruchten.

Und der dritte Bezug: Weil Politik nie Selbstzweck sein darf, darf auch die Arbeit des EAK kein Selbstzweck sein. Vielmehr entspricht es dem Selbstverständnis demokratischer Parteien und ihrer Organisationen, im Interesse des Gemeinwohls tätig zu sein. Von daher ist es auch das Ziel des EAK in Sachsen, für unser Gemeinwesen tätig zu werden, und das heißt für uns: Wir gestalten Politik um der Menschen willen und um der Zukunft der Menschen willen, die hier leben und wohnen.

Für die Union und für den EAK steht der Mensch, die einzelne Person in ihren sozialen Lebensbezügen, im Mittelpunkt des politischen Denkens und Handelns. Und hier wird es konkret. Was heißt das nun: Aus spezifisch christlicher Sicht „evangelische Verantwortung" in der Politik im Interesse des Gemeinwohls wahrzunehmen?

Besinnung auf eine vierzigjährige Traditionslinie des EAK

Sowohl aus den Erfahrungen der Weimarer Republik als auch insbesondere aus den Erfahrungen der Gräueltaten der Nationalsozialisten verbreitete sich bei vielen Menschen nach dem 2. Weltkrieg die Überzeugung, dass, wie Adenauer es formuliert hatte, „nur eine große Partei, die in der christlich-abendländischen Weltanschauung, in den Grundsätzen der christlichen Ethik ihr Fundament hatte, die notwendige erzieherische Aufgabe am deutschen Volk erfüllen" und seinen Wiederaufstieg aus dem Chaos herbeiführen könnte. Tatsächlich bildeten sich überall in Deutschland auf der Basis dieser Grundsätze spontan Gruppen und Vereinigungen. All diese Initiativen führten im Laufe der Zeit zur Gründung der Christlich-Demokratischen Union und in Bayern zur Gründung der Christlich-Sozialen Union. Das Wort „christlich" im Namen der neuen Partei war allen wichtig. Denn dadurch sollte auf die wesentlichen Ziele der neuen Bewegung hingewiesen werden. Die Gründer der Union waren davon überzeugt, dass nur eine Partei, die sich konsequent auf christliches Ideengut besinnen und zugleich aus dieser ethischen Grundrichtung heraus alle Schichten der Bevölkerung ansprechen würde, in der Lage sein könnte, Deutschland neu zu gestalten. Adenauer sagte dazu, dieser neuen Partei „sollten alle diejenigen, die den Wert der christlichen Entwicklung kannten und schätzten, angehören können."

Wenn wir uns heute als christliche Demokraten und gleichzeitig als Mitglieder, Mitarbeiter oder Interessenten des Evangelischen Arbeitskreises in der Union hier versammelt haben, geschieht das im festen Willen, uns auf diese Wurzeln christlich- demokratischer Politik zu besinnen und von dort aus Orientierungshilfe für unser politisches Handeln zu bekommen. Dies schließt ein, dass wir uns der Entwicklung der sogenannten „Ost-CDU" in der ehemaligen DDR und der Notwendigkeit zur Aufarbeitung dieses Kapitels der Parteigeschichte stellen. Mit Augenmaß, Überzeugungskraft und Beharrlichkeit hat sich die CDU Deutschland nach dem Zusammenbruch des Nationalsozialismus gebildet. Von dieser christlich-demokratischen Grundorientierung her werden wir ebenfalls die Kraft finden, die politischen Aufgaben in ganz Deutschland und insbesondere in den neuen Bundesländern wahrzunehmen und zum Wohle unseres Gemeinwesens zu erfüllen. Wir als EAK in Sachsen werden uns jedenfalls entschieden in diesen Dienst stellen.

Längst ist belegt worden, wie richtig der Gedanke zur Gründung einer über die Konfessionsgrenzen hinaus gehenden Partei war, die sich in ihren Grundlagen auf gemeinsame christlich-ethische Positionen besinnt. Aber wer sich mit der Geschichte von CDU und CSU in der alten Bundesrepublik ein wenig befasst hat, der weiß auch, wie schwierig es in der Praxis immer wieder war, das Zusammenwirken und den Zusammenhalt der Christen verschiedener Konfessionen in einer Partei zu behaupten und gegen vielfältige Gefahren zu verteidigen.

Tatsächlich war es um 1950 notwendig, dass führende evangelische Persönlichkeiten in der Union – ich nenne besonders Hermann Ehlers – öffentlich nachdrücklich den Entschluss evangelischer Christen bekräftigen mussten, in der deutschen Politik die konfessionelle Trennung weitgehend zu überwinden und nicht von der Union abzulassen.

Aus vielfältigen Gesprächen und Begegnungen evangelischer Politiker wuchs der Entschluss, eine politische Gemeinschaft zu bilden, die eine Brückenfunktion vom evangelischen Volksteil zur CDU/CSU übernehmen sollte. Dies war in einer Partei mit mehrheitlich katholischen Mitgliedern ein wichtiger Schritt. Offiziell wurde der Evangelische Arbeitskreis der CDU 1952 im protestantisch geprägten südwestfälischen Siegen gegründet. Einer der herausragenden Repräsentanten in den Anfangsjahren und sein erster Vorsitzender war der Oldenburger Oberkirchenrat Hermann Ehlers, der 1950 Präsident des Deutschen Bundestages geworden war.

In dem „Siegener Manifest" heißt es u. a.: „Wir wissen, dass wir evangelische Verantwortung in einem geteilten Deutschland nur wahrnehmen können, wenn wir es als bewusste evangelische Christen tun. Das hindert weder unsere politische Verbundenheit mit unseren katholischen Brüdern, denen wir uns in einer gemeinsamen Verantwortung für die christliche Grundlegung deutscher Politik eins wissen, noch stört es unsere Glaubensgemeinschaft mit evangelischen Brüdern, die andere politische Wege als wir gehen zu müssen meinen. Wir hoffen aber, dass unsere evangelischen Glaubensgenossen erkennen, dass wir auch in der Politik zu einer besonderen evangelischen Verantwortung gerufen sind, und erwarten, dass wir in unserer Arbeit ihre Hilfe mehr, als es oft der Fall war, finden. Wir erwarten auch, dass unsere evangelische Kirche, besonders in ihren verantwortlichen Männern und Kirchenleitungen dazu hilft, dass unser Wollen ernst genommen wird. Dazu gehört insbesondere, dass allen Versuchen gewehrt wird, die sachliche Austragung politischer Meinungsverschiedenheiten, der wir uns jederzeit gerne stellen, durch eine unsachliche Vorschiebung christlicher Argumente zu überdecken. Wir wollen, dass politische Fragen nüchtern und sachlich politisch erörtert werden. Wenn das geschieht, wollen wir uns jederzeit unter die Verantwortung vor dem lebendigen Gott rufen lassen."

Ein anderer großer Repräsentant der Gründerzeit des evangelischen Arbeitskreises, Robert Tillmanns, sagte 1955: „Es ist nicht die Aufgabe unserer Evangelischen Arbeitskreise, nach Unterschieden zu suchen, die uns von unseren katholischen Freunden trennen, sondern es ist unsere Aufgabe, aus dem uns gegebenen Verständnis der christlichen Botschaft unsere Antwort auf die politischen Fragen zu finden und uns – wie es Hermann Ehlers gesagt hat – zu besinnen auf den Glauben als den Motor unseres politischen Handelns. Und wenn sich dabei eben immer wieder eine große Gemeinsamkeit mit unseren Freunden der anderen christlichen Konfessionen herausstellt, dann muss ich sagen: Umso besser! Wo aber – und das ist sicherlich auch der Fall – Unterschiede in Erscheinung treten, da sollten wir unsere Aufgabe darin sehen, im Gespräch miteinander eine Klärung zu versuchen."

Aus den Zitaten wird zweierlei deutlich: Der EAK hat seit seiner Gründung zum einen eine wichtige innerparteiliche Aufgabe zu erfüllen. Während das „Siegener Manifest" von der Gemeinsamkeit der evangelischen Christen in der Union mit ihren katholischen Parteifreunden ausgeht, spricht Robert Tillmanns auch die Möglichkeit von Konflikten in der Union an, die auf unterschiedliche Verständnisse in politischen Grundfragen zwischen den Konfessionen hinweisen. Sein Vorschlag ist nicht die Nivellierung, sondern das engagierte Ringen um eine gemeinsam akzeptierte Lösung.

Der EAK hat zum anderen aber auch eine sehr bedeutsame Aufgabe darin zu erfüllen, dass er sowohl bei den evangelischen Kirchenleitungen als auch in der evangelischen Bevölkerung werbend und argumentierend für die gemeinsame Sache der Union eintritt. Das „Siegener Manifest" ist in dieser Hinsicht zu lesen und demzufolge wesentlich ein an die evangelische Öffentlichkeit gerichteter Text, dem konsequente Öffentlichkeitsarbeit durch den EAK, insbesondere mit seiner Zeitschrift „Evangelische Verantwortung", gefolgt ist und bis heute weiter folgt.

Diese doppelte Aufgabenstellung des EAK war damals und ist bis heute auch unvermindert notwendig, denn tatsächlich nimmt der EAK in seiner vierzigjährigen Geschichte zum einen innerparteilich die Funktion des „kritischen Spiegels" ein, indem er konsequent protestantisches Denken und protestantische Überzeugungen in die Unionsparteien einbringt. Und andererseits geht es ihm immer wieder darum, wie Albrecht Martin auf der 33. Bundestagung des EAK im September letzten Jahres in Wittenberg formulierte, sich gegenüber erheblichen Teilen der eigenen Kirche zu behaupten, die in der Zugehörigkeit zur Union eine für den evangelischen Christen unmögliche Entscheidung sahen. Da die Diskussion darüber sich im Laufe der Jahre regelrecht zu einer Auseinandersetzung mit bestimmten theologischen Strömungen entwickelte, kann Albrecht Martin im Rückblick feststellen, dass gerade in dieser theologischen Auseinandersetzung „die eigentliche Bedeutung des EAK und seiner Arbeit für unseren Staat und für unsere evangelische Kirche liegt."

Konkret ging es damals und geht es bis heute immer wieder um die Frage nach dem Verständnis des Christlichen in der Politik. Lässt sich aus der Frohen Botschaft, etwa aus der Bergpredigt, eine ganz bestimmte politische Handlungsanweisung ableiten? Von Anfang an ist sich die Union in der Beantwortung dieser Frage einig. Wir sagen dazu ein klares Nein. Das wird auch im neuen Grundsatzprogramm der CDU deutlich werden.

Reinhard Göhner, Vorsitzender der Grundsatzprogrammkommission, teilte in diesen Tagen in einer Pressemitteilung dazu folgendes mit: „Wir wissen, dass sich aus christlichem Glauben kein bestimmtes politisches Programm ableiten lässt. Aus der Berufung auf christliche Überzeugungen folgt für uns weder der Anspruch, nur innerhalb der christlich-demokratischen Union sei Politik aus christlicher Verantwortung gestaltbar, noch ein Ausschluss Andersdenkender. Vielmehr ist die CDU für jeden offen, der die Freiheit und gleiche Würde aller Menschen und die daraus abgeleiteten Grundüberzeugungen unserer Politik bejaht. Dies ist die Grundlage für das gemeinsame Handeln von Christen und Nichtchristen in der CDU. Unser Gemeinwesen lebt von geistigen Grundlagen, die nicht selbstverständlich und für alle Zeiten gesichert sind. Es ist die besondere Selbstverpflichtung der CDU, für die christlichen Wertgrundlagen unseres Landes einzutreten und auch in einer zunehmend säkularisierten Welt dieses Fundament der freiheitlichen Demokratie zu wahren und zu stärken. Grundlage dafür ist unser christliches Verständnis vom Menschen und sind die daraus abgeleiteten Grundwerte Freiheit, Solidarität und Gerechtigkeit."

Gründe und Motive für einen Evangelischen Arbeitskreis in Sachsen

Dass wir es hier in Sachsen mit einer aus christlicher Verantwortung zu gestaltenden Politik nicht nur sehr ernst nehmen, sondern diese Aufgabe auch durchaus eigenständig angehen, zeigt bereits die Diskussion um einen „Ökumenischen" statt „Evangelischen" Arbeitskreis im vergangenen Jahr. Diese Diskussion macht nicht weniger als das intensive Ringen um den besseren Weg deutlich, spezifisch christliches Gedankengut heute verstärkt in die Union und über sie als Angebot und Orientierungshilfe für richtige Politikgestaltung in unser Gemeinwesen hineinzutragen. Die Idee eines „Ökumenischen" Arbeitskreises wird ganz offensichtlich erst vor dem Hintergrund intensiver praktischer ökumenischer Zusammenarbeit von Menschen verschiedener christlicher Konfessionen hier am Ort wirklich verständlich.

Es gab und gibt gerade hier in Ostdeutschland an vielen Orten intensiv gelebte kirchlich-religiöse Gemeinschaftserfahrungen über die Konfessionsgrenzen hinweg. Wie wir alle wissen, blieben diese Ökumene-Erfahrungen nicht hinter den Türen der Kirchen, Familien und Freundeskreise verborgen. Es entwickelten sich über lange Zeit die mittlerweile sehr bekannten ökumenischen Friedensgebete, mit deren Hilfe im Laufe der Zeit mehr und mehr auch gemeinsame politische Überzeugungen artikuliert wurden. Hieraus entstand eine großartige gewaltfreie Bewegung, die gerade in den letzten Wochen vor der Wende in kraftvolle politische Demonstrationen mündete, die schließlich zum Fall der Mauer führten.

Aus all diesen zunächst kirchlich-religiösen und dann daraus erwachsenen politischen Gemeinschaftserfahrungen hätte man erwarten können, dass nach endlich erreichter rechtsstaatlicher Ordnung und in ihrem Gefolge parteipolitischer Pluralität die Christen in der ehemaligen DDR geradezu selbstverständlich die Union als ihre politische Heimat wählen würden, weil sie darin gemeinsame christlich-ethische Grundüberzeugungen aufgehoben wissen.

Genau diese Erwartung hat sich jedoch nicht erfüllt. Im Gegenteil. Fast scheint es so, als würde sich die Geschichte der Gründerzeit der Unionsparteien und die Geschichte des Evangelischen Arbeitskreises in der alten Bundesrepublik heute bei uns wiederholen. Denn die Union in den neuen Bundesländern steht heute sowohl in der innerparteilichen Diskussion um gemeinsame christliche Grundwerte, freilich vor dem Hintergrund spezifischer Ost-Erfahrungen, als auch in der Auseinandersetzung mit Repräsentanten der evangelischen Kirche sowie mit dem evangelisch geprägten Bevölkerungsteil vor ganz ähnlich gelagerten höchst drängenden Problemen wie in der West-Gründerzeit vor vierzig Jahren.

Heute kommt allerdings – vor allem in Ostdeutschland – ein zusätzliches Problem hinzu: Um eine große Volkspartei und damit mehrheitsfähig bleiben zu können, müssen wir uns entschieden mit der Frage auseinandersetzen, inwieweit die CDU auch für Nichtchristen nicht nur eine akzeptable, sondern die richtige Partei sein kann, ohne dass die Union im Gegenzug ihr spezifisch christlich geprägtes Profil nivelliert.

Für mich gibt es keinen Zweifel: Um diese Aufgaben bewältigen zu können, brauchen wir alle Kräfte. Und wir brauchen gerade hier in den traditionell protestantisch geprägten ostdeutschen Bundesländern den Evangelischen Arbeitskreis, und zwar als innerparteiliches Korrektiv, als notwendige Brücke zwischen evangelischer Kirche und CDU und als personalisierten Werbeträger der CDU für den evangelischen Bevölkerungsteil.

Mit diesem grundsätzlichen Ja zum EAK hier in Sachsen und überall in Ostdeutschland leiste ich – und das möchte ich betonen – weder einem irgendwie gearteten Konfessionalismus in der Union Vorschub noch sage ich damit auch nur das Geringste gegen die ökumenische Bewegung der Christen und der Kirchen.

Ich sehe nur vor dem Hintergrund der bedeutenden Leistungen, die der EAK in der alten Bundesrepublik in vierzig Jahren erbracht hat und die er demzufolge auch hier prinzipiell erbringen kann sowie vor dem Hintergrund beachtlicher Akzeptanzprobleme der Union in Teilen der protestantischen Kirche und Bevölkerung die unbedingte Notwendigkeit für einen Evangelischen Arbeitskreis hier bei uns.

In Bezug auf meine Haltung zur ökumenischen Bewegung der Christen und Kirchen möchte ich bei dieser Gelegenheit äußern dürfen: Ich selbst bekenne mich seit langem zum ökumenischen Gedanken und halte es für notwendig, dass die Kirchen und dass wir alle als Christen unsere Bemühungen um die Einheit der Christen in der einen von Christus gestifteten Kirche noch erheblich verstärken. Das ist aber keine politische, sondern eine kirchliche Frage.

Die Politiker jedoch dürfen mit allen Menschen dankbar feststellen, dass die ökumenische Bewegung gerade in den letzten Jahren durch den Konziliaren Prozess erheblichen Auftrieb erfahren hat. Die Leitthemen dieses Konziliaren Prozesses Gerechtigkeit, Frieden, Bewahrung der Schöpfung beinhalten Schicksalsfragen der Menschheit.

Gerade in der heutigen Welt, die von gewaltigen globalen politischen, wirtschaftlichen, gesellschaftlichen und sozialen Umbrüchen gekennzeichnet ist, wird die Politik durch den Konziliaren Prozess aufgerüttelt, Position zu beziehen und in richtiger Weise, das heißt auch unter globalen Rücksichten, zu handeln. Die bisherigen Ergebnisse des Konziliaren Prozesses müssen wir als unverzichtbare Orientierungshilfen dankbar annehmen. Hier zeigt sich, wie die ökumenische Zusammenarbeit der Christen auch auf die Politik wirken und diese verändern kann. Im neuen Grundsatzprogramm der CDU werden wir die Grundanliegen des Konziliaren Prozesses aufgegriffen finden.

Politik aus evangelischer Verantwortung im Interesse des Gemeinwohls

Wenn wir von Politik aus christlicher und speziell aus evangelischer Verantwortung sprechen, dann sagen wir zuerst damit: Wir orientieren unser Politikverständnis am christlichen Menschenbild. Aber was ist das eigentlich? Ich will versuchen, dies anhand der drei Prinzipien aus der Christlichen Gesellschaftslehre kurz skizzieren: Personalität, Verantwortung für die Gemeinschaft (im Westen spricht man stattdessen traditionell von Solidarität – ein Begriff, der durch die Erfahrungen in der DDR für die Menschen in Ostdeutschland pervertiert ist und von daher völlig falsche Assoziationen weckt) und Subsidiarität.

Personalität

Politik aus evangelischer Verantwortung geht von einem Menschenbild aus, in dem jeder Einzelne Geschöpf Gottes und von Gott ins Dasein gerufen ist. Aus diesem ursprünglichen Daseinsbezug gibt es eine Beziehung zwischen Gott und dem Menschen, zwischen Schöpfer und Geschöpf. Der Mensch weiß nämlich, dass er sich ganz und gar Gott verdankt, der gesagt hat: „Ich habe dich beim Namen gerufen, du bist mein" (Jes 43,1). Gott hat den Menschen allerdings nicht einfach neben alle anderen Geschöpfe gestellt, sondern er hat jeden von uns mit besonderer Würde ausgestattet.

Die menschliche Würde ist – wie das Grundgesetz festhält – unantastbar. Sie gründet im Personsein des Menschen, das heißt darin, dass jeder von uns unverwechselbar einmalig ist und in seiner Einmaligkeit von Gott auf immer angenommen und geliebt ist. Diese Sicht vom Menschen, diese – um mit Albert Schweitzer zu sprechen – „Ehrfurcht vor dem Leben" hat Konsequenzen für die Politikgestaltung. Denn wenn der Mensch mit einer so hohen Würde ausgestattet ist, dann muss er im Mittelpunkt stehen, nicht das Kollektiv, nicht die wirtschaftlichen Zwänge, nicht die gesellschaftlichen Erfordernisse.

Zur Würde des Menschen gehört schließlich seine Freiheit. Die Freiheit erlaubt ihm, sich zu entscheiden, abzuwägen, Position zu beziehen, sich für oder gegen etwas einzusetzen.

Verantwortung für die Gemeinschaft (Solidarität)

Nach christlichem Verständnis ist der Mensch gleichermaßen Individualwesen und Sozialwesen. Beides zusammen macht seine Personalität aus. Er erfährt sich als Individualwesen mit all seinen Stärken und Schwächen, Möglichkeiten und Grenzen, Begabungen, Fähigkeiten und Fertigkeiten. Er erfährt, dass er bestimmte Leistungen erbringen kann. Zugleich aber spürt er, dass sich sein Dasein wesentlich in Beziehungen abspielt. Er erkennt, dass er nicht allein da ist und nicht nur für sich da ist. Der Mensch erlebt sich wesentlich als Mitmensch. Er verwirklicht sein Menschsein erst dann, wenn er Verantwortung wahrnimmt, die über ihn hinausweist. Martin Buber, der jüdische Philosoph, spricht vom „Ich-Werden im Du". Eine solche Sichtweise hat ebenfalls erhebliche Konsequenzen für die praktische Politikgestaltung.

Subsidiarität

Subsidiarität ist etwas, was wir alle in Ostdeutschland erst völlig neu lernen mussten. Subsidiarität meint ganz elementar zunächst: Was der Einzelne und sein kleiner Lebenskreis, etwa die Familie, selber regeln, erledigen und verantworten kann, das soll er auch selber tun. Was der Einzelne leisten kann, soll er auch leisten dürfen. Sobald er aber an Grenzen stößt, sobald Aufgaben zu erfüllen sind, die er nicht mehr allein oder im Rahmen seines Lebenskreises erbringen kann, ist die nächstgrößere Einheit bzw. Gemeinschaft aufgerufen, dies zu tun, etwa Nachbarschaft oder Freundeskreis, je nach Aufgaben auch Vereine, Kirchengemeinden, Verbände oder öffentliche Verwaltungen.

Dasselbe Prinzip gilt auch für große strukturierte Organisationen, für die CDU etwa ebenso wie für den Evangelischen Arbeitskreis. Die Aufgaben, die eine örtliche Gruppe mit ihren Mitarbeitern in der Stadt oder im Kreis erfüllen können, sollen sie unbedingt selber erfüllen. Die Landesebene sollte den örtlichen Gruppen allerdings – soweit erforderlich – subsidiäre Hilfe leisten. Sie sollte sie auch für bestimmte Aufgaben motivieren oder heranbilden, ihnen die Erfüllung der Aufgaben selbst aber, wenn nicht aufgrund übergeordneter Notwendigkeit und unbedingt erforderlich, keineswegs abnehmen.

Die Beachtung der Prinzipien Personalität, Verantwortung für die Gemeinschaft und Subsidiarität in der Politik hat für den Evangelischen Arbeitskreis, aber auch für die gesamte Union, hohe Priorität. Wir sind der Überzeugung, dass durch diese Prinzipien ethische Wertmaßstäbe mit Hilfe der Politik in die Gesellschaft hineingetragen werden können, die für eine wirklich humane Zukunftsgestaltung unserer menschlichen Gemeinschaft unverzichtbar sind. Aber dies alles muss in die Politik und ihre Entscheidungsprozesse hineingetragen werden. Wer soll dies tun, wenn nicht wir?

Für einen Christen darf es kein „ohne mich" geben. Ich rufe alle auf, ihre Verantwortung wahrzunehmen und ihre Fähigkeiten einzubringen.

DIE NEUEN BÜRGER UND DER NEUE STAAT – ERWARTUNGEN AUS OSTDEUTSCHER PERSPEKTIVE

Ordnungspolitische Vorbemerkungen

Dass der Staat etwas von seinen Bürgern erwarten kann, erscheint den Menschen in Ostdeutschland immer noch fremd. In der DDR hatten die Bürger etwas vom Staat zu erwarten. Er hatte sie zu versorgen. Dies war die einhellige Meinung nicht nur der Verantwortlichen der DDR, sondern auch der überwiegenden Mehrheit der Menschen. Hier liegt heute ein beachtliches Umstellungsproblem: Wenn der heutige Staat aus Überzeugung sagt, er versorge an bestimmten Stellen nicht mehr wie in der DDR, dann wird nicht selten festgestellt, er komme seinen Aufgaben nicht nach.

Der Staat ist nicht für alles zuständig

Tatsächlich kommt unser heutiger Staat seinen Aufgaben nach, aber er macht nicht alle gesellschaftlich relevanten Aufgaben zu seinen Aufgaben. Insofern geht es in den neuen Bundesländern heute wesentlich darum, vom totalen Versorgungsstaat wegzukommen, der Eigeninitiative der Bürger mehr Raum zu geben und das Zusammenspiel von freien und öffentlichen Kräften zu stärken.

Gleichzeitig stelle ich aber nach einem dreieinhalbjährigen intensiven Austausch zwischen den neuen und alten Bundesländern fest: Die Erwartung des westdeutschen Bürgers an den Staat, ihn zu versorgen, hat stetig zugenommen. Versorgungsmentalitäten gibt es demnach bei den Bürgern in den alten ebenso wie in den neuen Bundesländern. Allerdings ist ihre Entstehungsgeschichte eine andere: In der DDR gab es eine staatlich verordnete Versorgung, an die sich die Bürger der DDR bald gewöhnten. Demgegenüber setzte sich im Bewusstsein der Bürger der alten Bundesrepublik aufgrund zunehmender Konsumorientierung ein individualistisch geprägter Versorgungsanspruch dem Staat gegenüber mehr und mehr durch.

Zu meinen großen persönlichen Hoffnungen nach der Wende gehörte aber, dass der Anspruch des Staates auf totale Versorgung nicht mehr überall gilt. Zu meinen Hoffnungen gehörte, dass die schleichende Entmündigung gestoppt und der freien Initiative genügend Entfaltungsmöglichkeit zurückgegeben wird. Die Verantwortung des Einzelnen, für sich selbst und für seinen kleinen Lebenskreis zu sorgen, so meinte ich damals, und dafür arbeite ich auch heute, muss gestärkt werden.

Personalität, Solidarität, Subsidiarität

Ich verstehe Demokratie als Lebensform, in besonderer Weise Menschsein zu ermöglichen und als Person in einer Gemeinschaft zu leben, zu arbeiten und sich einzubringen. Ich empfinde es als wesentlich, nicht vom Staat auf einen Platz gesetzt zu werden, den er für mich für richtig und notwendig erachtet. Vielmehr muss ich selbst in eigener Verantwortung meinen Weg gehen können.

Demokratie zeigt mir auch, dass ich meine Geschöpflichkeit gegenüber Gott verantworten muss. Insofern bin ich auch dafür verantwortlich, mit meinen Gaben möglichst Sinnvolles zu tun. Ich hoffe, nach vierzig Jahren DDR mich heute ein Stückchen mehr mit meinen Fähigkeiten einbringen zu können. Zwar habe ich es auch in der DDR versucht, aber die Möglichkeiten waren sehr begrenzt.

Subsidiarität mussten wir in den neuen Bundesländern als Begriff kennen- und seinen Sinngehalt langsam erschließen lernen. Solidarität kannten wir. Sie war hochgepriesen und wurde abgefordert; dazu gab es Wettbewerbe. Solidarität im Verständnis des DDR-Regimes hatte nichts gemeinsam mit Solidarität im Verständnis der christlichen Gesellschaftslehre, die auf der Personalität aufbaut.

Subsidiarität war und ist für die allermeisten Menschen in den neuen Bundesländern etwas völlig Neues. Subsidiarität gibt uns die Chance, in unseren kleinen Lebenskreisen das Leben zunächst selbst zu gestalten. Erst in dem Maße, wie der Einzelne oder der kleine Lebenskreis seine Aufgabe nicht allein bewältigen kann, stellt der nächst größere Kreis, die nächst größere Gemeinschaft die notwendigen Hilfen zur Verfügung.

Zwischen Eigenverantwortung und Solidarität

Die Bundesrepublik Deutschland muss heute einsehen, dass eine totale Versicherung und Versorgung nicht zu realisieren ist. In den Monaten der Wende 1989/90 habe ich viel darüber nachgedacht, wo die Grenzen der Solidarität und der Eigenverantwortung liegen. Eine wichtige Frage war für mich: Wo liegt der richtige Prozentsatz für die Einkommenssteuer, wo liegt der Spitzensteuersatz? In der ehemaligen DDR hieß er 95 %. Was daraus geworden ist, wissen wir.

In der damaligen Bundesrepublik wurde in den Jahren 1988 und 1989 über einen Spitzensteuersatz zwischen 53 % und 56 % hart diskutiert. In Schweden sind es 60 %. In den Vereinigten Staaten sind es etwa 33 %.

Mich beschäftigte die spannende Frage nach dem richtigen Maß an Eigenverantwortung. Wie kann einerseits die Eigeninitiative erhalten und gefördert und andererseits die notwendige Solidarität mit denen geübt werden, die nicht die Kraft haben, mit ihren Gaben allein das Leben menschenwürdig zu bewältigen?

Ich musste feststellen, dass das soziale Sicherungsnetz der alten Bundesrepublik nicht schlecht ist. Gleichzeitig musste ich erkennen, dass die Hoffnungen, die in hoch entwickelten Industriestaaten auf noch mehr soziale Sicherung geweckt worden sind, nicht erfüllt werden können. Dafür geben uns Schweden und die Niederlande wichtige Beispiele.

Leistung muss sich lohnen

Aus alledem folgt: Ich muss zur Kenntnis nehmen und akzeptieren, dass die Leistungsfähigkeit von uns allen nur dann angespornt werden kann, wenn jedem ein gewisser Anreiz gelassen wird, etwas von dem Erwirtschafteten zur eigenen Lebensgestaltung zu behalten. Wenn dies nicht möglich ist, wird alles wieder daran scheitern, wie wir es in den vierzig Jahren DDR erlebt haben. Der Mensch ist nämlich nicht so gut, dass nur die Produktionsverhältnisse geändert werden müssten, damit dann die Ausbeutung des Menschen durch den Menschen beseitigt wäre und alles bereits auf der Erde in einer Art

himmlischem Paradies seine Erfüllung finden würde.
 Wegen seines falschen Menschenbildes bin ich einer der harten Kritiker des Sozialismus gewesen. Und wegen seines falschen Menschenbildes ist der Sozialismus letztlich gescheitert. Wenn wir nicht in dieses verfehlte System zurückfallen wollen, müssen wir zur Entfaltung der Wirtschaft genügend Raum geben und dürfen sie nicht durch zu hohe Steuern behindern. Denn dann kann es nicht mehr zu einer effektiven Wirtschaft kommen. Das bedeutet aber andererseits, dass der Staat auch für sozial Bedürftige nur relativ begrenzte Mittel zur Verfügung stellen kann.

Bemühen um soziale Gerechtigkeit

 Damit sage ich gleichzeitig ein eindeutiges „Ja" zu Unterschieden in der Gesellschaft, auch im Einkommen. Die Grenze ist freilich dort gesetzt, wo nicht mehr dafür gesorgt wird, dass ein menschenwürdiges Leben für jeden realisiert werden kann. Nach den Erfahrungen der alten Bundesrepublik ist diese Vorsorge und Fürsorge dort jedoch besser gelungen als bei uns in der DDR. Schon von daher bin ich der Meinung, dass die Soziale Marktwirtschaft der bisher am besten geglückte Versuch auf dem Weg zu sozialer Gerechtigkeit in der Gesellschaft ist.
 Eine andere Frage ist, inwieweit das, was wir hier derzeit schaffen, befriedigende Ergebnisse zeitigt und von der Gemeinschaft angenommen wird.

Erwartungen des neuen Staates an seine Bürger

 Was erwartet das neue, das wiedervereinigte Deutschland von seinen Bürgern? Was erwarten die Politiker als Repräsentanten des Staates von den Bürgern?

Die Bürger sollen in größtmöglicher Weise an den politischen Entscheidungsprozessen partizipieren

 Als Politiker, der in der Regierung eines neuen Bundeslandes Verantwortung mitträgt, antworte ich aus Überzeugung: Größtmögliche Partizipation der Bürger an der gesellschaftlichen Entwicklung und somit auch an den politischen Entscheidungsprozessen entspricht einer zutiefst demokratischen Grundtugend. Deshalb erwarte ich, wo immer es möglich ist, im Interesse der staatlichen Gemeinschaft die Partizipation der Bürger.

Das Prinzip der Selbstverwaltung ist eine bestimmte Form der Partizipation der Bürger. Ich bejahe und unterstütze die Selbstverwaltung in den verschiedensten Bereichen, wie zum Beispiel in der Sozialversicherung. Dieser wichtige Bereich, dessen Aufgabe es ist, den Einzelnen gegen bestimmte Risiken des Lebens abzusichern, wird wesentlich durch die Selbstverwaltung von Arbeitgebern und Arbeitnehmern gestaltet und geregelt. Selbstverwaltung ist ganz sicher der richtige Versuch des Staates, nicht alles selber zu organisieren, sondern bestimmte Bereiche des Lebens in die Verantwortung von Selbstverwaltungsorganen zu legen.

Wenn ich die Selbstverwaltung gelegentlich kritisiere, so richtet sich meine Kritik nicht gegen die prinzipielle Struktur der Selbstverwaltung. Meine Kritik richte ich vielmehr gegen die Haushaltskontrolle in weiten Selbstverwaltungsbereichen. Wir müssen uns vor Augen führen, dass die Selbstverwaltungen heute über einen jährlichen Haushalt von ungefähr 500 Milliarden DM in Deutschland verfügen. Dies ist ein größeres Volumen als das des Bundeshaushaltes. Es macht etwa das Zwanzigfache unseres sächsischen Landeshaushaltes aus.

Von der Praxis der demokratischen Kontrolle in weiten Bereichen der Selbstverwaltung bin ich enttäuscht. Ich bin skeptisch, inwieweit sie tatsächlich wirksam ist. Das Ritual ist oft eingespielt: Auf Delegiertenversammlungen gibt ein Geschäftsführer den Rechenschaftsbericht. Von den Vertretern der jeweiligen Seite wird nur selten nachgefragt, wie die 500 Milliarden verwaltet worden sind.

Diese Art von Kontrolle steht in keinem Verhältnis zu den parlamentarischen Kontrollen im Bund und in den Ländern, wo über die frei verfügbaren 10 Prozent der jeweiligen Haushalte in Ausschüssen und Parlamenten lang und intensiv beraten wird. Wegen der aus meiner Sicht oft unzureichenden Kontrolle der Selbstverwaltung erwarte ich hier eine entschiedenere

Partizipation des Bürgers. Er muss seine Kontroll- und Mitgestaltungsfunktion verantwortlich wahrnehmen.

Die Bürger sollen Demokratie leben

Demokratie kann nur dann wirklich leben, wenn die Bürger Demokratie leben. Deshalb erwarte ich und motiviere dazu, dass möglichst viele Mitbürgerinnen und Mitbürger Demokratie wirklich leben. Demokratie wird dann lebendig und wirksam, wenn sich möglichst viele Mitmenschen in die öffentlichen Angelegenheiten konstruktiv einbringen und bemüht sind, Verantwortung mit zu übernehmen. Ich erwarte von den Menschen, dass sie sich an der politischen Willensbildung beteiligen, auch zum Beispiel anlässlich der Sozialwahlen, wenn es um Mitverantwortung für die 500 Milliarden DM geht. Demokratie kann auf Dauer nicht allein davon leben, dass zwei Drittel bis drei Viertel der Bürger alle vier Jahre einmal wählen gehen. Vielmehr muss es gelingen, möglichst viele Mitbürgerinnen und Mitbürger zur Mitverantwortung in den verschiedensten politischen und gesellschaftlichen Bereichen zu motivieren.

Bei diesem Prozess kommt nach meiner Auffassung den Medien eine entscheidende Rolle zu. Sie müssen viel stärker als bisher die tatsächlichen Meinungen der Bürger und der verschiedenen gesellschaftlichen Kräfte publizieren. Die ganze Breite des Meinungsspektrums muss veröffentlicht werden und nicht vorrangig die Meinungen der Publizisten.

Meine Erwartung richtet sich auch auf eine wesentlich engagiertere kritische Begleitung der parlamentarischen Arbeit durch mündige Bürger, besonders durch betroffene Bürger und ihre Interessenvertretungen. Bei den Fragestunden in den Parlamenten, in öffentlichen Parlamentsanhörungen sowie in öffentlichen politischen Diskussionen muss in allen Bereichen eine viel stärkere Anteilnahme der Betroffenen stattfinden.

Politische Willensbildung durch Bürgerbeteiligung ist möglich und wird von den Volksvertretern und allen politisch Verantwortlichen auch gewünscht. Wir stellen jedoch weithin fest, dass die Bürger zur Zeit von dieser Möglichkeit der aktiven politischen Teilhabe insgesamt zu wenig Gebrauch machen.

Dies ist bedenklich. Ich erkläre diese Zurückhaltung jedoch mit dem Hinweis, die Bürger in den neuen Bundesländern hätten zu viele Enttäuschungen erlebt. Denn gerade in den Phasen gesellschaftlicher Umbrüche müssen wir auch mit Fehlschlägen rechnen. Aber weil der Mensch – und auch der Politiker – irren kann, muss die Macht, auch die politische Macht, kontrolliert werden. Dazu brauchen Staat und Gesellschaft die engagierten Bürger.

Die Last der Umstellung muss von allen Bürgern in den alten und neuen Bundesländern gemeinsam getragen werden

Immer wieder werde ich mit der Erwartung von Menschen aus den neuen Bundesländern konfrontiert, eine Berufschance zu erhalten und in diesem Beruf bis zur Rente gesichert zu sein. Wir alle müssen uns aber im Berufsleben auf mehr Flexibilität einstellen. Auch ich muss damit rechnen, dass ich nach vier Jahren wieder einen anderen Beruf ausübe. Als die Wende kam, habe ich geschätzt, dass in etwa fünf Jahren 80 % der Menschen in Ostdeutschland andere Berufe ausüben würden als sie es 1989 taten. Das schien damals ungeheuerlich, geradezu unmenschlich. Heute sehen wir aber: So sehr weit entfernt werden wir davon nicht sein.

Wenn wir uns aber angesichts einer neuen Wirklichkeit umstellen müssen, – und wir müssen es! – dann ist bedauerlich, dass fast die gesamte Last von den Menschen aus den neuen Bundesländern getragen wird. Ich erwarte, dass die Bürger in ganz Deutschland bereit sind, im Rahmen möglichst weitgehender sozialer Gerechtigkeit die enormen Lasten der Umstellung als eine nationale Gemeinschaftsaufgabe zu begreifen und die notwendigen Lasten solidarisch zu teilen.

Bei den Menschen in den alten Bundesländern ist die Notwendigkeit zu großen Umstellungen noch kaum ins Blickfeld gekommen. Auch die Politiker in den Landesparlamenten dort haben noch viel zu wenig begriffen, dass auch sie sich verändern müssen. Denn die Bundesrepublik Deutschland 1993 ist nicht die erweiterte Bundesrepublik von 1989.

*Die Bürger sollen die neue internationale Rolle
Deutschlands mittragen*

Außenpolitisch beginnen wir, es langsam zu begreifen: Die Bundesrepublik Deutschland 1993 erlebt auf qualitativ neue Weise ihre Unabhängigkeit. Sie versteht sich nicht länger als ein im 2. Weltkrieg besiegter Staat. Wir alle erkennen: Die Bundesrepublik Deutschland 1993 wird ganz anders gefordert. Sie muss politische Weltverantwortung viel stärker mittragen. Dies gilt nicht nur für Krisenherde, wie Jugoslawien oder Somalia. Sie ist plötzlich bei allen globalen politischen Aufgaben mit in die Verantwortung gerufen.

Die Jahrzehnte seit Ende des 2. Weltkriegs waren bis zu dem Zeitpunkt, da Gorbatschow auf die Weltbühne kam, vom Ost-West-Konflikt geprägt. Dadurch standen alle anderen Probleme im Schatten der schicksalhaften Frage Sein oder Nichtsein, Friede oder Nichtfriede. Heute, nach Überwindung des Ost-West-Konflikts, haben wir die große Chance, uns international den nicht neuen, aber nunmehr unausweichlich gewordenen globalen Herausforderungen zu stellen. Heute besteht erstmals die realistische Möglichkeit, dass die internationale Gemeinschaft die aktuellen Menschheitsprobleme schrittweise zu lösen beginnt. Wir stehen in der Verantwortung, den globalen Aufgaben nicht länger auszuweichen. Die großen Herausforderungen anzunehmen, das ist Verantwortung für die Zukunft. Die wirklichen globalen Fragen sind nach meiner Einschätzung vor allem die folgenden: Völkerwanderung, Ökologie und Überwindung der Armut in der Welt.

Wir müssen internationale Konzepte dafür entwickeln, wie wir mit der Völkerwanderung und dem Flüchtlingsstrom umgehen. Die Diskussion um die Asylgesetzgebung in Deutschland zeigt, dass es sich um ein internationales Problem handelt, das nur international gelöst werden kann. Mindestens zwei Ursachen müssen wir dabei sehen: die existenzielle Angst vor politischer Verfolgung und die oftmals nicht minder existenzielle Sorge um wirtschaftliche Verelendung.

Das Problem der heutigen Völkerwanderung muss im Weltmaßstab gelöst werden. Es kann aber nur gelöst werden, wenn die Angst vor politischer Verfolgung hinfällig wird, wenn die ungerechte Verteilung der Güter dieser Welt überwunden wird und wenn die Ausbeutung dieser Welt, der Raubbau an dieser Welt, gestoppt und ökologisches Gleichgewicht weltweit erreicht wird.

Hierzu ist notwendig, dass Europa mit einer Stimme spricht und sich dabei seiner Verantwortung als einer der reichen Kontinente der Erde stellt. Es ist unbedingt notwendig, den wahren Maßstab zur Lösung der globalen Probleme nicht länger zu verdrängen. Wir müssen die krasse Ungerechtigkeit auf dieser Erde überwinden, die nach wie vor zwischen den reichen und den armen Ländern besteht. Zur Lösung dieses Riesenproblems gehört u.a. auch, wie die Industrieländer künftig mit Abfallproduktion und Abfallbeseitigung umgehen. Lange Zeit haben wir nur produziert. Im Großen und im Kleinen haben wir uns keine Gedanken über den Abfall gemacht, der durch unsere Produktion entsteht. Als Chemiker weiß ich, wovon ich spreche. Wir müssen uns diesen Aufgaben verantwortlich stellen. Wir müssen nüchtern sagen: Die Welt wird nur die Chance des Bestehens haben, wenn wir die Natur ernst nehmen und Kreisläufe schaffen.

Auch kleine Schritte können die Welt verändern

Gleichzeitig bleibt neben dem, was die Großen dieser Welt tun oder unterlassen, ebenso wichtig, was ich als Kleiner tue oder unterlasse. Wenn nicht das, was jeder Einzelne selber tun kann, auch geschieht, ist das Große nicht in Sicht. Jeder von uns kann sich als Teil in die Gesamtmeinung einbringen. Auf diese Weise kann die Gesamtmeinung von uns allen mitgestaltet und mitgetragen werden.

Erwartungen der Bürger an den neuen Staat

Dass der demokratische Staat viel von seinen Bürgern erwartet, habe ich deutlich zu machen versucht. Insofern ist es auch selbstverständlich, dass die Bürger von den Politikern als den Repräsentanten des Staates viel erwarten.

Gerechtigkeit

Die Bürger aus den neuen Ländern erwarten in erster Linie Gerechtigkeit. Für viele war es ein bitterer Lernprozess festzustellen, dass mit der Errichtung des Rechtsstaates nicht die Gerechtigkeit herbeigeführt werden kann. Wir erinnern uns an die bekannte Formulierung von Bärbel Boley: „Wir haben die Gerechtigkeit angestrebt, aber den Rechtsstaat bekommen". Diese Gegenüberstellung wirkt bedrückend. Sie kennzeichnet aber auch das Problem. Aufgabe des Staates ist es, mit Hilfe seiner Verfassungsorgane der Gerechtigkeit immer näher zu kommen. Eine absolute Gerechtigkeit wird es allerdings auf der Erde nicht geben.

Selbstverständlich ist der Hunger nach Gerechtigkeit bei den Menschen in den neuen Bundesländern besonders groß. Nach dem Zusammenbruch der Hitler-Diktatur waren diesem Teil Deutschlands keine vier Jahrzehnte demokratischer und rechtsstaatlicher Entwicklung beschieden. Dennoch haben sich die Menschen hier im Osten ein sicheres Gespür für Menschen- und Bürgerrechte bewahrt. Und sie haben ihre Vision von einem besseren, einem gerechteren Staat behalten. Diese Visionen konnte ihnen das SED- Regime nicht nehmen.

Wir wollen nicht vergessen: Zweifellos wäre die Wende nicht ohne Gorbatschow gekommen. Sie wäre aber ganz sicher auch nicht ohne die friedliche Revolution von unten, nicht ohne die Bürger der DDR gekommen. Und das Motto „Überwindung des staatlichen Unrechts" war für die Menschen hier eines der tragenden Elemente. Insofern steht die neue Bundesrepublik und stehen wir als Politiker in der besonderen Pflicht gerade gegenüber den Menschen in den neuen Bundesländern, mit Hilfe des Rechtsstaates ein Höchstmaß an Gerechtigkeit zu verwirklichen.

Dass der Staat es sehr ernst damit meint und das in seinen Kräften Stehende zu tun bemüht ist, zeigen das Erste und das Zweite SED-Unrechtsbereinigungsgesetz. Auch hierbei gilt: Es sind Versuche, sich der Gerechtigkeit anzunähern. Absolut werden wir sie nicht verwirklichen können. Diese Wahrheit wird zu wenig offen ausgesprochen. Deshalb entsteht Frustration über den Rechtsstaat. Dabei wird nicht selten beklagt, dieser Staat sei zu umständlich, er kenne zu viele Paragraphen, Entscheidungsprozesse dauerten unendlich lang, und im übrigen gebe es so viele Formulare, die man nicht mehr verstehen könne. Das alles muss uns nachdenklich stimmen. Den Kritikern müssen wir aber sagen: Die DDR war ein „Verordnungsstaat". Es gab in sehr begrenztem Maße gesetzliche Regelungen. Vor allem aber gab es für oder gegen alles Mögliche Verordnungen, die kein unabhängiges Gericht überprüfen konnte.

Der Unrechtsstaat war und ist keine Alternative. Die große Mehrheit der Bürger hat an den Staat und an die Politiker die klare Erwartung, eine größere Gerechtigkeit herbeizuführen. Dieses Ziel liegt sowohl im Interesse der Bürger als auch im Interesse des Staates.

Der Auftrag, gerechtere Verhältnisse zu schaffen, beinhaltet auch, die gesamtstaatlichen Lasten gerechter zu verteilen. Aus der Perspektive des ostdeutschen Politikers habe ich bereits kritisch darauf hingewiesen, dass die mit der Wiedervereinigung Deutschlands verbundenen Umstellungen Lasten nach sich ziehen, die bislang fast ausnahmslos von den Bürgern in Ostdeutschland getragen werden. Ich spreche nicht von dem Finanztransfer, sondern von dem, was der einzelne „kleine Mann" und was die einzelne Familie aufgrund der deutschen Wiedervereinigung an Umstellungs- und Anpassungsprozessen zu tragen hat. In dieser Perspektive müssen wir sagen: Die Lasten sind ungerecht verteilt.

Mit Recht erwarten die Bürger in Ostdeutschland in dieser Hinsicht eine gerechtere Verteilung. Sie haben in den vergangenen zweieinhalb Jahren eine enorme Anpassungsleistung erbracht, die von nicht wenigen Menschen in den alten Bundesländern bis heute nicht hinreichend wahrgenommen wird. Der berechtigten Erwartung der ostdeutschen Bürger nach einer gerechteren Lastenverteilung darf sich die Politik nicht entziehen.

Bei der Erwartung der Bürger an die Politik, mehr Gerechtigkeit zu schaffen, dürfen wir einen weiteren Aspekt nicht außer acht lassen: Die Bürger erwarten mit Recht politische Alternativen und unterschiedliche Konzepte und Wege zu bestimmten Zielen. Sie erwarten, dass ihnen die Konzepte plausibel gemacht werden, damit sie sich wohlüberlegt und begründet für den einen und gegen den anderen Weg entscheiden und sich in die politische Meinungsbildung selber einbringen können.

Unsere Politik ist aber oft zu konturenarm. Wer hat bei der Asyldebatte wirklich Alternativen kennen und ihre Konsequenzen bewerten gelernt? Wer hat wirklich verstanden, dass der Solidarbeitrag erst eingeführt, dann wieder abgeschafft worden ist, dann erneut angekündigt und später wieder eingeführt wird?

Das schlüssige Darlegen von politischen Alternativen mit ihren Konsequenzen stellt eine unverzichtbare Antwort auf die berechtigten Fragen der Bürger nach mehr Gerechtigkeit dar. Dabei geht es auch in erheblichem Maß um die Glaubwürdigkeit der Politik.

Sicherheit

Die zweite große Erwartung der Menschen in den neuen Ländern lenkt unseren Blick auf das Bedürfnis nach Sicherheit. Die Menschen erwarten Sicherheit im persönlichen Dasein und Sicherheit hinsichtlich der künftigen Politikgestaltung in Deutschland.

Im persönlichen Dasein, im privaten Bereich erwarten die Menschen, sicher leben zu können. Hier haben die Menschen Wandlungen durchlebt. Es gibt die Angst vor einem Abendspaziergang im Dunkeln. Menschen haben Angst, weil sie meinen, nicht mehr ungehindert auf die Straße gehen zu können. Die Sorge vor Einbrüchen und Diebstählen beschäftigt unsere Mitbürger in Ostdeutschland recht intensiv. Nicht wenige fühlen sich gefährdet, bedroht und schutzlos. Die Menschen erwarten hier zu Recht vom Staat Garantien für ihre persönliche Sicherheit. Als Politiker müssen wir die Angst von Bürgern um ihre persönliche Sicherheit sehr ernst nehmen. Wenn der Staat die persönliche Sicherheit nicht hinreichend garantieren kann, verlieren die Menschen das Vertrauen in die Demokratie und in den solidarischen Staat.

Um dieses Problem in seiner Ernsthaftigkeit und Aktualität deutlich zu machen, möchte ich ein Beispiel aus der Oberlausitz nennen: Dort haben Bürger einen Graben gezogen, um zu verhindern, dass gestohlene Autos über die Grenze in die Tschechische Republik gebracht werden können, die nur 200 m entfernt liegt. Sie haben die Fenster ihrer eigenen Häuser aus Angst um ihre persönliche Sicherheit vernagelt. Das ist Realität 80 km von hier entfernt. Bürger fühlen sich bedroht. Sie nehmen den persönlichen Schutz in die eigenen Hände. Sie haben erfahren: Der Staat gibt ihnen nicht ausreichend die notwendige Sicherheit für ihr persönliches Leben. Die Gefahr liegt nahe: Wenn der Staat hier seiner Verantwortung nicht nachkommt, gerät er ins Wanken, und die Bürger nehmen eine Haltung ein, die nicht im Interesse von Demokratie und solidarischem Miteinander in der Gesellschaft liegt.

Die Menschen werden unsicher, wenn sie politische Prozesse nicht mehr durchschauen. Sie werden dann der Politik und den Parteien gegenüber misstrauisch. Tatsächlich müssen wir sehen, dass hier auch Probleme bestehen, auf die wir eine zuverlässige Antwort geben müssen. Aufgrund von Politikverdrossenheit einerseits und scheinbar vorhandener einfacher schlüssiger Antworten von extremistischen politischen Gruppierungen andererseits haben sich alle demokratischen Parteien der Aufgabe zu stellen, die zumeist komplizierten politischen Vorgänge überschaubar, aber ehrlich, den Bürgern zu vermitteln.

Viele Menschen stellen in diesem Zusammenhang die Frage nach der Stabilität und Zuverlässigkeit der deutschen Politik. Deshalb ist der Konsens der demokratischen Parteien in den wesentlichen politischen Zielen immer wieder zu verdeutlichen. Wenn dies gewährleistet ist, dann schadet es nicht der politischen Kultur, sondern baut sie auf, wenn die Parteien unterschiedliche Konzepte zur Erreichung der angestrebten Ziele verfolgen und für ihre Wege um Mehrheiten in der Bevölkerung werben.

Durch Alternativen bei den politischen Wegen gewinnen unsere Mitbürger mehr Klarheit über politische Entwicklungsmöglichkeiten und deren Folgen. Demokratische Alternativen tragen erheblich dazu bei, die Unsicherheit der Menschen in Deutschland hinsichtlich der heutigen Politikgestaltung konstruktiv zu überwinden.

Freiheit

Neben dem Bedürfnis nach Gerechtigkeit und der Sorge um die Sicherheit steht selbstverständlich die ungebrochene Sehnsucht nach Freiheit. Die Menschen erwarten vom neuen Staat Freiheit. Im Herbst 1989 haben wir für uns in der DDR vor allem Freiheit gefordert: Meinungsfreiheit, Reisefreiheit, Pressefreiheit und Wahlfreiheit. Diese Freiheiten haben wir erlangt. Es war eine äußerst bewegte Zeit im Oktober 1989. Viele von uns haben gebangt und gehofft, dass die Zeitungen wahrheitsgemäß über die uns alle bewegenden Ereignisse berichten mögen. Aber als es tatsächlich so geschah, konnten wir es kaum fassen.

Damals haben wir ganz unmittelbar erfahren, was Freiheitsrechte bedeuten. Heute erwarten die Menschen von den Politikern und vom Staat, alles zu tun, die Freiheitsrechte auch im Alltag zu schützen und sie für jeden zu garantieren. Freiheit muss in jedem Fall unangetastet bleiben. Gerade weil die Freiheit ein so hohes Gut ist, ist es unsere Pflicht, über sie nachzudenken.

Freiheit heißt immer Freiheit in Verantwortung. Die Goldene Regel sagt uns: Meine Freiheit findet da ihre Begrenzung, wo sie die Freiheit anderer einengt. Insofern ist die menschliche Freiheit immer eine relative Freiheit. So wie der Mensch wesentlich als Mit-Mensch charakterisiert werden kann, so kann die menschliche Freiheit auch als die „Freiheit des anderen" bezeichnet werden.

Bei der Ausübung von Freiheit geht es auch um Machtausübung. Auch deshalb ist es notwendig, dass Freiheit verantwortlich gestaltet wird. Am Beispiel der Pressefreiheit erlebe ich gelegentlich, wie schmal der Pfad sein kann, der zwischen dem verantwortlichen Umgang mit der Freiheit und dem Missbrauch von Freiheit liegt. Ich frage mich dann: Wird eine Meldung sachlich ausgewogen und um der Wahrheit willen gebracht? Oder ist die Zeitung vor allem auf eine Sensationsmeldung aus?

Aber trotz eines möglichen Machtmissbrauchs der Presse kann es selbstverständlich keine Alternative zur Pressefreiheit geben. Jedoch bin ich wie in allen anderen Bereichen von

Macht entschieden der Überzeugung, dass Macht demokratisch- parlamentarisch gerade um der Freiheit willen wirksam kontrolliert werden muss.

Die Freiheit darf nie zu Lasten anderer gehen. Deshalb müssen jene Menschen, die die Freiheit missbrauchen, indem sie gegen die Freiheit des anderen verstoßen, in ihrer Wirkungsweise eingeschränkt werden. Im Interesse der Freiheit müssen wir dem Missbrauch von Freiheit vorbeugen und alle die rechtsstaatlichen Mittel in Anspruch nehmen, die im gemeinsamen Konsens der demokratischen Kräfte als notwendig erkannt werden.

Aktuell erleben wir eine intensive politische Diskussion über den großen oder kleinen Lauschangriff gegen die organisierte Kriminalität. Diese Diskussion ist notwendig. Denn es ist das kontroverse, aber konstruktive Ringen über den angemessenen Weg, Freiheit und Sicherheit der Bürger zu schützen.

Einschränkung der Freiheit um der Freiheit willen kann in bestimmten Situationen notwendig sein. Wenn der Staat dieser Verantwortung nicht nachkäme, würde er letztlich zerfallen. Willkür und Anarchie können aber nicht im Interesse der Bürger liegen. Wenn der Staat versagen würde, begäben sich die Bürger ins Aus in ihrer Haltung zur Demokratie und in ihrer Haltung zur Solidarität mit dem Nächsten. Kommt der Staat seiner Verantwortung aber nach – und dafür arbeiten wir –, dann wird er gestärkt, und die Bürger erfahren, was sie erwarten: ein möglichst hohes Maß an Gerechtigkeit, Sicherheit und Freiheit.

Ich habe versucht, mit Hilfe von einigen grundlegenden ordnungspolitischen Vorgaben zur Thematik, das heißt, zur wechselseitigen Erwartungshaltung der Bürger einerseits und des Staates und der Politiker andererseits, hinzuführen. Mir war wichtig, darauf hinzuweisen, dass wir es in verschiedener Hinsicht mit widersprüchlichen Entwicklungen zu tun haben. An den Beispielen Versorgungsstaat und Versorgungsmentalität, Eigenverantwortung und Solidarität oder auch soziale Sicherung und individuelle Leistung konnte dies verdeutlicht werden.

Dem Staat kommt immer eine politische Gestaltungsfunktion zu. Dies gilt umso mehr in Zeiten enormer gesellschaftlicher Umbrüche. Für eine Demokratie ist konstitutiv, dass Staat und

Bürger in ständigem Dialog stehen, um dem Gemeinwohl zu dienen. Staat und Bürger haben der jeweils anderen Seite gegenüber bestimmte Erwartungen, mit denen eine konstruktive Politikgestaltung nachhaltig beeinflusst und eine positive Weiterentwicklung von Staat und Gesellschaft gefördert werden soll.

Meine Ausführungen sollten in diesem Sinn als Anstoß und zur Reflexion verstanden werden.

Eingeladen zum Neuaufbau sind alle Menschen guten Willens

(Drucksache 1/4339, Große Anfrage der Fraktion Linke Liste/PDS „Zur Lebenslage und zu den Lebensperspektiven der Bürgerinnen und Bürger vom 45. Lebensjahr bis zum Rentenalter im Freistaat Sachsen", mit Antwort der Staatsregierung am 28.04.1994 im Sächsischen Landtag. Nach der Einbringungsrede von Frau Zschoche, Linke Liste/PDS, folgten die Beiträge von Herrn Tempel, SPD, Herrn Dr. Hähle, CDU, Frau Köllner, Bündnis 90/DIE GRÜNEN und Frau Georgi, F.D.P. Daraufhin sprach Herr Staatsminister Geisler.)

Herr Präsident! Meine Damen und Herren!

... Die Große Anfrage der PDS enthält eine Reihe von Vorwürfen gegen die Staatsregierung, in Frageform gekleidet. Es ist immer wieder das Motto: Angriff ist die beste Verteidigung. Sie schreien: „Haltet den Dieb!", um die Aufmerksamkeit von sich abzulenken.
(Beifall bei der CDU)
Aber ehe ich mich mit dieser Argumentation auseinandersetze, möchte ich ganz deutlich all den Bürgerinnen und Bürgern in Sachsen danken für ihren Einsatz, für ihren Mut, für ihre Energie, für ihre Kreativität, mit der sie diese für sie ungewohnte und schwierige, aber auch sie als Person ernstnehmende und ihre Kräfte herausfordernde Situation bisher gemeistert haben.
(Beifall bei der CDU)
Dass die umbenannte SED den Mut hat – oder besser, die Dreistigkeit besitzt –, sich die Situation und Perspektive der Menschen analysieren zu lassen, für deren Misere eben diese Partei verantwortlich ist, das ist unglaublich!
(Bartl, Linke Liste/PDS: Wir haben sie alle abgewiesen.)
Es geht um die Menschen, denen 40 Jahre ihres Lebens als freie Bürger gestohlen wurden, die von dieser Partei wie Gefangene behandelt wurden, hinter Mauer und Stacheldraht,

umgeben von Minen, abgeschnitten von freier Information – ich sage bloß: Störfreimachung und Abgrenzung –, ohne Aussicht, je die Frankfurter Paulskirche, den Kölner Dom, die Zugspitze zu sehen.

Nach dem heutigen Befinden der Menschen dieser Altersgruppe zu fragen, zeugt nicht von Mut, sondern von einem ganz dicken Fell oder – wahrscheinlicher, richtiger – von unglaublicher Arroganz.

(Beifall bei CDU und SPD)

Dass der frühere SED-Abteilungsleiter und Staatsanwalt naiv, harmlos, unschuldig nach den Ursachen der Probleme fragt, die eben diese SED produziert hat, das ist mehr als frech.

Das sächsische und das bayerische Vogtland sind in jeder Hinsicht vergleichbar. Wenn die Menschen in Plauen und in Bad Elster Probleme haben, die es in Hof und in Bad Steben nicht gibt, dann liegt das am System, das uns im östlichen Deutschland aufgezwungen war,

(Bartl, Linke Liste/PDS: Reden wir in zehn Jahren darüber!)

das uns als Diktatur des Proletariats bis zum 8. Oktober 1989 verkündet und bis 19.00 Uhr an demselben Tag am Fetscherplatz als Diktatur auch vollzogen worden ist mit 150 Einweisungen nach Bautzen.

(Beifall bei der CDU)

Die Diktatur hatte nicht nur einen Diktator Honecker oder Ulbricht, sondern weitere Gesichter: die Politbüromitglieder, die Sekretariate der Bezirksleitungen und damit auch das Gesicht eines Abteilungsleiters Bartl.

(Dr. Friedrich, Linke Liste/PDS: Und die Blockfreunde nicht vergessen!)

Ich bin kein Blockfreund, ich bin vom Demokratischen Aufbruch! Dann müssen Sie Ihre Zwischenrufe entsprechend formulieren.

Für mich hatte die Diktatur das Gesicht meines Schulleiters in der Grundschule bzw. des Kreisschulrates und, als es um die Bildung unserer Kinder ging, des Schulinspektors des Rates des Kreises bzw. des Schulinspektors des Rates des Bezirkes Dresden.

Manches Gesicht der Diktatur des Proletariats ist erst in den letzten zwei bis drei Jahren durch das Schwert und Schild der

Partei hindurch sichtbar geworden, auch für mich, nämlich in Person des Schreibers einer noch so harmlosen zweiseitigen Personenbeschreibung über mich.

In der Begründung zur Großen Anfrage beschreibt die PDS es als ihre Sorge, die Menschen in Sachsen hätten keine Chance, ihre Fähigkeiten und Erfahrungen in die Gesellschaft einzubringen. Welche Erfahrungen meinen Sie, Herr Bartl? Meinen Sie unsere Erfahrung, ja nicht zu sagen, was wir denken, ja vorsichtig zu sein, ja niemandem zu vertrauen? Meinen Sie meine bittere, enttäuschte Erfahrung mit Wolfgang Schnur? Meinen Sie die Erfahrung von Vera Wollenberger mit ihrem Ehemann? Herr Bartl, sprechen Sie von Menschen auf der Höhe ihrer Lebenskraft, die plötzlich arbeitslos geworden sind und die nicht gelernt haben, mit dem Phänomen Arbeitslosigkeit umzugehen?

(Bartl, Linke Liste/PDS: Richtig!)

Meine Damen und Herren! Ich bedaure zutiefst, dass diese Menschen diese Erfahrung machen müssen. Ich arbeite zusammen mit unserem Ministerpräsidenten und allen Kabinettskollegen und mit allen gutwilligen Abgeordneten dieses Landtages mit ganzer Kraft, um für die Betroffenen diese Zeit der Arbeitslosigkeit so schnell wie möglich zu beenden,

(Beifall bei der CDU)

das Bedrückende dieser Situation soweit wie möglich zu mildern.

Wir wissen, Arbeitslosigkeit ist schlimm, aber sie bedeutet jedenfalls nicht materielle Armut. Dafür sorgt unser zuverlässiges System sozialer Sicherung in der Bundesrepublik. Und diese soziale Sicherung steht auf einer stabilen D-Mark sowie einer sinkenden Inflationsrate trotz des enormen Finanztransfers in die neuen Bundesländer zur Beseitigung der Altlasten der DDR. Ich bedaure, dass Menschen arbeitslos sind, aber es erfüllt mich mit Zorn, wenn sich diejenigen als potentielle Retter anbieten und als ideenreiche Opposition darstellen, die für unsere schwierige Lage verantwortlich sind.

(Beifall bei CDU, SPD, F.D.P. und Bündnis 90/DIE GRÜNEN)

Es wäre besser gewesen, die SED hätte sich 1989 nicht umbenannt, sondern aufgelöst,

(Zurufe von Linke Liste/PDS – Beifall bei der CDU)

dann hätte sie mehr Zeit gehabt, sich Rechenschaft darüber zu geben, was Menschen auf der Höhe ihrer Leistungskraft vor 1990 zu ertragen hatten und wie sich das bis heute auch ganz individuell fortsetzt.

Ich könnte Sie nach den Vierzigjährigen vom 17. Juni 1953 fragen oder nach den Vierzigjährigen zurzeit des Mauerbaues am 13. August 1961

(Zurufe von Linke Liste/PDS)

oder den Vierzigjährigen, die am 20. August 1968 in die Tschechoslowakei einmarschiert sind.

(Beifall bei der CDU)

Niemals wieder gutzumachendes Unrecht hat Ihre Vorgängerpartei einer ganzen Generation zugefügt.

(Beifall bei der CDU)

Sie von der PDS, reden Sie nicht über Arbeitslosigkeit! Jeder, der in der DDR gelebt hat, weiß, wie viel Arbeitslosigkeit wir, jedenfalls in der Produktion, hatten, wie viel Intelligenz, Kreativität, Leistungswille brach lag, wie viel ausgezeichnete Arbeitsergebnisse im Papierkorb gelandet sind.

Dass der Moloch Verwaltung, dass die Grenztruppen, dass die Stasi-Mitarbeiter arbeitslos waren, kann ich nicht behaupten, aber dass sie unproduktiv waren oder sogar antiproduktiv, das ist unbestritten.

(Beifall bei CDU und SPD)

Dass die hauptamtlichen Parteisekretäre, die Wettbewerbsorganisatoren, die 1. Mai-Komitees – die Aufzählung könnte ich fortführen – nicht beschäftigt und nicht produktiv waren, weiß jeder, der mit offenen Augen in diesem Land gelebt hat.

Ich bestreite die Kompetenz der SED/PDS zur Bewältigung des Problems Arbeitslosigkeit.

(Beifall bei CDU und SPD)

Wenn es um bloße Beschäftigung geht, haben Sie sicher viele Vorschläge. Brauchbare Vorschläge für sinnvolle Arbeit sind nicht zu erwarten.

Das Agieren der PDS im Sächsischen Landtag hatte, anders als die Arbeit anderer Fraktionen, nie aufbauenden Charakter.

(Beifall bei der CDU)

Ihr Ziel war es, den Neuaufbau, den Neuanfang zu blockieren und Privilegien Ihrer Klientel vollständig unter demokrati-

schem Rechtsstaat fortzusetzen.
(Zuruf von der SPD)
So ist das!
(Beifall bei CDU und SPD)
Ich hoffe, dass dies so ungeschminkt auch immer wieder im Lande benannt wird. Die SED hat unser Land, das Land mit dem Namen DDR, in den Dreck gefahren!

Wir, die jetzt im Freistaat Sachsen Verantwortlichen, werden unser Land gemeinsam mit den tüchtigen Bürgerinnen und Bürgern in den Städten und Dörfern wieder flott machen. Zur Mitarbeit sind alle eingeladen, auch diejenigen, die sich schuldig gemacht haben. Nur sie sollten wenigstens ihr früheres Unrecht erkennen und sich nach dem Verursacherprinzip zur Wiedergutmachung bekennen.
(Beifall bei CDU und F.D.P.)
Zum Aufbau einer neuen rechtlichen Ordnung sind alle Menschen guten Willens eingeladen.
Ich danke Ihnen.
(Beifall bei CDU, SPD, F.D.P. und Bündnis 90/DIE GRÜNEN)

PRIVATES KRANKENHAUS-MANAGEMENT – EINE CHANCE FÜR DIE NEUEN BUNDESLÄNDER

Ich möchte meinen Vortrag in fünf Punkte gliedern:
1. Das Gesundheitsstrukturgesetz (GSG) ist die Antwort des Gesetzgebers – lassen Sie es mich pointiert sagen – auf das Missmanagement vieler Krankenhäuser in der alten Bundesrepublik in den 70er und 80er Jahren. In den neuen Ländern ist das GSG eine wesentliche ordnungspolitische Hilfe zum Neuaufbau des Krankenhauswesens.
2. Alle im Krankenhauswesen Beteiligten müssen an der transparenten wirtschaftlichen Führung des Krankenhauses interessiert sein und darin übereinstimmen, was sie darunter verstehen.
3. Die Krankenhauspolitik in Sachsen hat die strukturelle Neuordnung des Krankenhauswesens langfristig gesichert. Pluralität in den Trägerschaften unter Einschluss konkurrierender Angebote gehört wesentlich zu dieser Neuordnung.
4. Private Krankenhausträger sollten in der größer werdenden Landschaft der Anbieter im Krankenhauswesen ihr Charakteristikum noch stärker verdeutlichen. Dies liegt gewiss im Eigeninteresse der Träger, aber auch im Interesse der Bürger und des Staates.
5. Jedes Krankenhaus ist für den Patienten da: Im Mittelpunkt aller medizinischen Bemühungen steht der Mensch.

Das Gesundheitsstrukturgesetz

Das Krankenhausgesetz von 1972 hat aufgrund seines dualen Finanzierungsprinzips die volle Kostendeckung der Krankenhäuser dadurch gewährleistet, dass die Länder für die Investitionen und die Krankenkassen als Kostenträger für die Betriebskosten aufkamen.

Dieses Prinzip wird nun durch ein neues ersetzt. Mit dem Wegfall der Kostenerstattung und der Einführung eines leistungsorientierten Entgeltsystems kommt eine erfreuliche Entwicklung in Gang. Plötzlich werden unterschiedliche Formen der Leistungserbringung und der Rationalisierung erörtert; vereinzelt werden neue Formen sogar schon realisiert.

Die nun durch das Gesundheitsstrukturgesetz geschaffenen, völlig neuen Rahmenbedingungen für Krankenhäuser stoßen in den alten und neuen Bundesländern auf höchst unterschiedliche Resonanz. Das liegt daran, dass die Krankenhäuser in den alten Bundesländern und mit ihnen alle am Krankenhauswesen Beteiligten ihr langjähriges Verhalten radikal verändern müssen. Das heißt: Sie müssen ihre über Jahrzehnte erstarrten Strukturen aufbrechen, ihre eingefahrenen Gleise verlassen und neue, bislang ungewohnte Wege gehen.

Demgegenüber werden die neuen rechtlichen Grundlagen in den Bundesländern wie selbstverständlich aufgenommen und umgesetzt. Nach dem Zusammenbrechen der alten Strukturen in der ehemaligen DDR war es schnell klar, dass ein neues Fundament auch für das Krankenhauswesen errichtet werden musste. Die ordnende Struktur des GSG wurde daher in den neuen Bundesländern mit großer Offenheit angenommen.

Lag der eigentliche Grund zur Schaffung des GSG in der höchst unbefriedigenden Kostenexplosion im Gesundheitswesen, speziell im Krankenhausbereich in den alten Ländern, so entspricht seine Umsetzung heute der doppelten Notwendigkeit, ausgehend von unterschiedlichen Ausgangsbasen in Ost- und Westdeutschland, einen grundlegenden Erneuerungsprozess im Krankenhauswesen in Gang zu setzen.

Mit dem Gesundheitsstrukturgesetz müssen heute alle Krankenhausträger beweisen, dass sie in der Lage sind, sich dem Leistungswettbewerb zu stellen. Ohne Zweifel liegt hier eine große Chance für die privaten Krankenhausträger. Sie haben sich in den vergangenen etwa eineinhalb Jahrzehnten in den alten Bundesländern bereits behauptet und sich unter schwierigen Verteilungskämpfen ihren festen Platz gesichert. Hier und da wurde jedoch der Vorwurf der „Rosinenpickerei" erhoben. Damit wollten Kritiker zum Ausdruck bringen, die privaten Krankenhausträger würden sich lediglich die unproblematischen und „glatten" medizinischen Fälle aussuchen. Ob dieser Vorwurf berechtigt ist oder nicht, kann hier nicht näher untersucht werden. Wichtig ist, dass heute jeder Träger seine Bereitschaft und Kompetenz unter Beweis stellen muss, den Ansprüchen an ein modernes Krankenhaus zu genügen – auch unter veränderten Rahmenbedingungen.

Wirtschaftliche Führung des Krankenhauses

Was versteht ein Vertreter des Freistaates Sachsen, der selbst nicht Betriebswirt ist, unter wirtschaftlicher Betriebsführung eines Krankenhauses? Ich verstehe darunter die kontinuierliche – möglichst tägliche – Steuerung und Überprüfung folgender fünf Bereiche eines Krankenhauses:

Steuerung und Überprüfung des gesamten medizinischen Leistungsspektrums

Hier hinein spielt all das, was am Patienten getan wird. Das ist – metaphorisch ausgedrückt – medizinische Produktion. Dies ist das Leistungsgeschehen in seiner künftigen Form von Fallpauschalen, Sonderentgelten, Abteilungspflegesätzen sowie ambulanter bzw. vor- und nachstationärer Leistungserbringer.

Steuerung und Überprüfung der baulich-funktionalen sowie der räumlich-apparativen Rahmenbedingungen

Wie in allen neuen Bundesländern haben auch wir in Sachsen in diesem Bereich einen enorm hohen Nachholbedarf. Wir haben uns zum Ziel gesetzt, innerhalb von zehn Jahren den Standard im Krankenhauswesen insgesamt zu erreichen, der heute in den alten Bundesländern bereits gegeben ist. Bis heute hat der Freistaat Sachsen im Rahmen der Einzel- und Pauschalförderung Investitionen von über 2 Milliarden DM in sächsische Krankenhäuser fließen lassen. Das diesjährige sächsische Krankenhausinvestitionsprogramm weist Projekte – Neu- und Erweiterungsbauten – von über 2,4 Milliarden DM aus, die 1994 und in den Folgejahren realisiert werden.

Gerade angesichts dieses Nachholbedarfs erkennen wir aber auch, wie wichtig es ist, die baulich-funktionalen und die räumlich-apparativen Rahmenbedingungen innerhalb einer wirtschaftlichen Betriebsführung mit zu berücksichtigen und kontinuierlich zu steuern und zu überprüfen.

Steuerung und Überprüfung der Aufbauorganisation des Krankenhauses

Hierhin gehört wesentlich die Frage nach einer angemessenen personellen Besetzung in allen ärztlichen und nichtärztlichen Bereichen. Wirtschaftliche Betriebsführung bedeutet nicht, dass möglichst preiswertes Personal gefunden wird. Vielmehr ist ein hochqualifiziertes Personalmanagement notwendig, um sicherzustellen, dass unter Beachtung des Prinzips der Wirtschaftlichkeit einerseits auf den angebotenen Arbeitsplätzen höchstmögliche Leistung erzielt wird und dass andererseits zur Erbringung bestimmter Leistungen bestmögliche Arbeitsbedingungen geschaffen werden.

Bei der Steuerung und Überprüfung der Ablauforganisation, die alle betriebsinternen Prozesse von der Aufnahme des Patienten bis zu seiner Entlassung umfasst, und der Steuerung und Überprüfung der Kosten- und Ertragsstruktur muss sich schließlich erweisen, wie wirtschaftlich das Krankenhaus unter vorgegebener Leistung tatsächlich geführt wird.

Strukturelle Neuordnung des Krankenhauswesens durch die sächsische Krankenhauspolitik

Nach der Wende haben wir ein nicht länger tragfähiges Krankenhaussystem angetroffen: Der bauliche Zustand der Krankenhäuser war in vielen Fällen unzureichend, so dass den hygienischen und organisatorischen Anforderungen nicht genügend Rechnung getragen werden konnte. Die gerätetechnische Ausrüstung der Krankenhäuser war weithin veraltet und entsprach nicht den Erfordernissen einer modernen Medizin. Die Betreuungsbedingungen für die Patienten und die Arbeitsbedingungen für das Krankenhauspersonal waren in vielen Fällen unzureichend bis unzumutbar. Vor- und Nachsorgeeinrichtungen waren nur unzureichend vorhanden. Deshalb mussten notgedrungen viele Krankenhäuser auch Pflegedienste leisten, die eigentlich nicht zum Aufgabenbereich eines Krankenhauses gehören. Schließlich muss noch gesagt werden, dass die Krankenhäuser insgesamt unwirtschaftlich gearbeitet haben.

Aus all diesen Gründen war es unbedingt erforderlich, die zügige Sanierung der Krankenhäuser, die umgehende Verbesserung ihrer Arbeitsbedingungen sowie die grundlegende Neuordnung des Krankenhauswesens als vordringliche Ziele und Aufgaben sächsischer Gesundheitspolitik zu begreifen.

Aus dieser Situationsbeschreibung wird auch ersichtlich, dass für den Betrieb sowie die bauliche Instandhaltung und Erneuerung der sächsischen Krankenhäuser ganz erhebliche Finanzmittel notwendig sind. Darüber habe ich schon einiges gesagt.

Was aber haben wir in Sachsen bis jetzt erreicht?

Ziel der Krankenhauspolitik der sächsischen Staatsregierung ist es, allen Bürgern in Sachsen das verfassungsmäßige Grundrecht auf freie Selbstbestimmung und damit auch das Recht auf freie Arzt- und Krankenhauswahl zu garantieren. Dazu gehört, jedem Patienten entsprechend dem Schweregrad seiner Erkrankung und unabhängig von gesellschaftlichem Stand, Einkommen und Vermögen sowie unabhängig von der Kostenträgerschaft Krankenhausleistungen im erforderlichen Umfang zu gewähren. Mit Stolz können wir nun sagen: Dieses Ziel haben wir erreicht.

Bereits Ende 1991 haben wir auch in Sachsen erstmals einen Krankenhausplan verabschiedet. Er soll die Voraussetzungen schaffen für die bedarfsgerechte Versorgung der Bevölkerung mit medizinisch leistungsfähigen und sparsam wirtschaftenden Krankenhäusern, die sich an den Grundsätzen medizinischer Wirksamkeit, sozialer Gerechtigkeit und Patientennähe orientieren. Das Krankenhausnetz in Sachsen baut auf den historisch gewachsenen Standorten auf. Weitergeführt werden Krankenhäuser, die dem Bedarf sowohl flächenmäßig als auch ausgehend von Größe und Leistungsfähigkeit gerecht werden.

Heute haben wir ein flächendeckendes Netz von 97 Krankenhäusern mit etwa 30.000 Betten in Sachsen. Die Verteilung nach Trägerschaften sieht bei den Krankenhäusern wie folgt aus: 69 % werden durch öffentliche Träger geführt und 19 % durch freigemeinnützige Träger. Die privaten Träger machen einen Prozentsatz von 12 % aus. Hinsichtlich der Krankenhausbetten verteilen sich die Anteile mit 83,0 % auf die öffentlichen Träger, mit 9,5 % auf freigemeinnützige Träger und 7,5 % private Träger.

Ich gehe davon aus, dass sich hier mittelfristig noch einige Veränderungen ergeben werden, die sich auch zugunsten privater Träger auswirken können.

Charakteristika der privaten Krankenhausträger unter den Anbietern im Krankenhauswesen

Es gibt vielfältige Konstruktionen der Rechtsträgerschaft eines Krankenhauses. Der aus vielen guten Gründen jeweils gefundene juristische Mantel hat für die Politik und für die Öffentlichkeit keine allzu große Bedeutung, wenn ich nach dem Trägertypus frage.

Dabei unterscheiden wir drei klassische Typen: Zum einen die Träger der öffentlichen Hand. Das sind der Staat und die Kommunen. Dann die Träger der freien Wohlfahrtspflege. Das sind die herkömmlichen, quasi natürlichen Partner des Staates. Und als drittes nenne ich die privaten oder auch privatgewerblichen Träger: Das sind Sie, die Deutschen Privatkrankenanstalten. Mein Ministerium ist daran interessiert, dass es bei dieser klaren Unterteilung bleibt.

Ich möchte dies verdeutlichen: Wenn eine Kommune Träger eines Krankenhauses ist und Gründe dafür hat, eine Krankenhaus GmbH zu errichten, in deren Trägerschaft sie ihr Krankenhaus überführt, dann ist das in unserem Verständnis nach wie vor ein kommunales Krankenhaus. Auch die Kirchen und Träger der freien Wohlfahrtspflege gehen inzwischen dazu über, ihre Krankenhäuser in die Trägerschaft einer eigens zu diesem Zweck gegründeten gemeinnützigen GmbH zu geben. Auch diese Träger bleiben nach unserem Verständnis im Bereich der freien Wohlfahrtspflege angesiedelt.

Wer also sind die privaten Träger als dritte und zunehmend wichtiger werdende Gruppe? Für uns sind dies die wirklich Privaten. Das sind diejenigen, die private Initiative, privates Kapital, privates Know-how bereitstellen, um in eigener und allgemeiner Verantwortung eine gute Dienstleistung für gutes Geld zu erbringen.

Ich wünsche mir sehr, dass Sie in Ihrem Verband mit mir hierin übereinstimmen. Wenn dies Ihre Grundlage – Ihr gemeinsamer Nenner – ist, dann wäre es gut, wenn Sie hierauf Ihr Spezifikum, die Ihren Häusern eigentümliche Prägung, der Öffentlichkeit gegenüber noch mehr verdeutlichen würden. Dies liegt gewiss im Interesse aller Beteiligten und damit auch im Interesse einer von größtmöglicher Vielfalt geprägten Krankenhauslandschaft.

Im Mittelpunkt aller medizinischen Bemühungen steht der Mensch

Heute hat sich das Krankenhaus zu einem wesentlichen Teil unserer sozialen Infrastruktur entwickelt. Dabei gehört ein hoher Leistungsstand der medizinischen Versorgung zu den wesentlichen Qualitätsmerkmalen in den alten und auch in den neuen Bundesländern. Aufgrund des medizinischen, des medizinisch-technischen und pharmakologischen Fortschritts hat sich das Krankenhaus zu einem medizinischen und pflegerischen Hochleistungszentrum entwickelt, das als Kernbestandteil der gesundheitlichen Versorgung angesehen werden muss.

Im Vordergrund steht der auf den Patienten gerichtete Hauptauftrag des Krankenhauses, durch ärztliche und pflegerische Hilfeleistung Krankheiten, Leiden und Körperschäden festzustellen, zu heilen und zu lindern, Geburtshilfe zu leisten und die zu versorgenden Personen unterzubringen und zu verpflegen, wie es das Fünfte Buch des Sozialgesetzbuches in § 39 formuliert. Gemäß ihrem Versorgungsauftrag haben alle Krankenhäuser – unabhängig von ihrer Trägerschaft – die erforderlichen Leistungen nach dem allgemein anerkannten Stand der medizinischen Erkenntnisse und unter Berücksichtigung des medizinischen Fortschritts ausreichend, zweckmäßig, wirtschaftlich und human zu erbringen. Und an diesem Auftrag beteiligen sich die Deutschen Privatkrankenanstalten in bemerkenswerter Weise.

Leistungsfähigkeit, Wirtschaftlichkeit und Humanität müssen als gleichgewichtige Krankenhausziele gelten, die bei der Leistungserbringung zu berücksichtigen sind. Aus der Gewichtung dieser Ziele ergeben sich im Krankenhausalltag zwangsläufig Zielkonflikte, die sowohl im Investitions- wie auch im Betriebskostenbereich liegen können. Das ist normal. Niemals aber darf die Humanität aus wirtschaftlichen Gründen zu kurz kommen. Wir bleiben dabei: Zur Erfüllung seines Zwecks, nämlich die Verringerung und Heilung von Gesundheitsschäden zu erreichen, muss das moderne Krankenhaus von heute notwendig nach wissenschaftlich-rationalen Gesichtspunkten organisiert werden.

Gleichzeitig – so denke ich – sind wir uns aber alle auch darin einig, dass Ausgangspunkt und Ziel dieser Arbeit der Mensch ist, und so muss es bleiben. Zu den Bemühungen um den Menschen gehören, vor aller Technik, Wissenschaft und Forschung – aber keinesfalls gegen sie – auch heute unverzichtbar und unaufgebbar menschliche Nähe und Zuwendung – eben Nächstenliebe.

Nicht der Patient ist für das Krankenhaus da, sondern das Krankenhaus für den Patienten. Im Mittelpunkt steht der Mensch, jeder einzelne Patient mit seiner einmaligen, unverwechselbaren und unveräußerlichen Würde. Diesem Menschen um seiner selbst willen zu helfen, ist und bleibt Aufgabe des Krankenhauses.

Ganz zum Schluss darf ich noch an Folgendes erinnern: Der Blick in die Geschichte des Krankenhauswesens zeigt uns, dass private, zumeist religionsmotivierte – jedenfalls nichtstaatliche – freie Initiativen einzelner Personen, Gruppen und Gemeinden zur Errichtung von Krankenhäusern und eines Krankenhauswesens geführt haben. Private Initiative war in der Vergangenheit – aus der Not heraus – Chance und Segen für alle. Private Initiative ist auch heute angesichts der besonderen Bedarfslage der neuen Länder, angesichts unseres enormen Nachholbedarfs, Chance und Segen für uns.

SOZIALE VERPFLICHTUNG EINES DEMOKRATISCHEN GEMEINWESENS

Das Sozialstaatsgebot der Bundesrepublik Deutschland ist in den Artikeln 20 (1) und 28 (1) des Grundgesetzes verankert. Damit ist die Sozialstaatlichkeit als Staatsprinzip vorgegeben. Daraus ergibt sich die soziale Verpflichtung des Gemeinwesens, wie sie auch in die Sozialstaatsklauseln verschiedener Länderverfassungen Eingang gefunden hat.

Soziale Sicherheit in der DDR

Für mich als Politiker aus einem der neuen Bundesländer, der vierzig Jahre unter den Bedingungen eines totalitären Systems gelebt hat, bekommen diese Aussagen eine besondere Qualität. Das DDR-Regime hat ja sich und seine Diktatur damit begründet, soziale Gerechtigkeit und soziale Sicherung zu schaffen und zu gewähren. Als Versorgungsstaat – von der Wiege bis zur Bahre – wurden die Menschen auf niedrigem Niveau rund um die Uhr betreut. Viele von uns haben diese Versorgung angenommen und als Sicherheit empfunden, wenn auch die „Rund-um-Betreuung" als bedrückend erlebt wurde. Gerade diese versprochene „soziale Sicherheit" konnte der diktatorische Staat mit seiner zentralistisch gelenkten Wirtschaft nicht gewährleisten. Jeder gesunde Staat muss zuerst das Geld erwirtschaften, das er dann für soziale Leistungen ausgeben kann.

Die sozialen Zusagen der DDR waren jedoch ungedeckte Schecks, die von der maroden, zusammengebrochenen, die Umwelt zerstörenden Wirtschaft nicht gedeckt werden konnten. Von daher war es für mich klar, dass dies nicht der Staat sein konnte, den ich als Christ anstrebe. Trotzdem habe ich diesen Lebensraum als Auftrag Gottes für mich angenommen.

In welchem Staat will ich leben? Auf keinen Fall in einem Versorgungsstaat, der mir alle Probleme abnimmt und mich deshalb zu steuern versucht und mich überwacht. Ich will frei entscheiden können, was für mich gut oder schlecht ist. Für jede Frage einen Spezialisten, für jede Schwierigkeit eine Institution, für jedes Problem ein Gesetz, das wäre nicht mein Sozialstaat. Dieser Staat würde Verzicht auf Freiheit, auf Vielfalt und auf Motivation bedeuten.

Chancen der Neugestaltung

Die neue Freiheit nutzen

Im Herbst des Jahres 1989 wollten wir mit der Beseitigung der Diktatur die Freiheit in allen Lebensbereichen. Freiheit, damit jeder Mensch immer mehr seiner Ebenbildlichkeit Gottes entsprechen kann. In dieser Ebenbildlichkeit darf die Freiheit des einen Menschen nie auf Kosten der Freiheit eines anderen gehen. Damit wird Freiheit begrenzt. Es wird aber auch die Verantwortung der Politik – der Sozialpolitik – deutlich. Sie muss den Raum für die Freiheit der Menschen sichern, die selbst dazu nicht die Kraft und die Fähigkeiten besitzen. Hier bewährt sich die Sozialstaatlichkeit. Dies ist die große Herausforderung, die ich persönlich als Sozialpolitiker empfinde.

Um Raum zu schaffen für das Wachsen dieser wirklichen Freiheit, um Raum zu schaffen, dass jeder von uns seine Fähigkeiten und Gaben, die er geschenkt bekommen hat, verantwortlich einbringen kann, darum bin ich in die Politik gegangen.

Für mich besteht die wesentliche Aufgabe im Einsatz für eine Freiheit, die mit sozialer Sicherheit und sozialer Gerechtigkeit zusammengeht. Auch in Zeiten großer politischer und wirtschaftlicher Umbrüche muss das Gemeinwesen jedem Menschen verlässliche soziale Sicherheit gewähren. Was kennzeichnet die Verlässlichkeit im sozialen Netz – eine 100%ige Versorgung oder eine individuelle Fürsorge? Versorgung beinhaltet Bevormundung und führt zur Abhängigkeit – in der DDR gezielt und bewusst eingesetzt. Fürsorge nimmt den einzelnen Menschen in Blick und ihn als Persönlichkeit ernst. Sie zielt mit einem auf den Einzelfall abgestimmten Einsatz von Finanzen und Personen auf die Förderung bzw. den Erhalt einer möglichst selbständigen Lebensweise des Betroffenen. Fürsorge ist also in erster Linie Hilfe zur Selbsthilfe und damit Ausdruck sowohl von Freiheit als auch von sozialer Gerechtigkeit.

Das Ziel, für jeden Einzelnen, als Glied des Gemeinwesens, gerechte und menschenwürdige Lebensverhältnisse zu ermöglichen, darf niemals aus den Augen verloren werden. Soziale Gerechtigkeit ist deshalb Maßstab und Ziel zugleich bei der Errichtung und Festigung unserer demokratischen und sozialstaatlichen Ordnung. Es ist deutlich, dass hier ein Ideal gezeichnet wird, das nie ganz zu erreichen ist. Doch unser Bemühen muss darauf gerichtet sein, sich diesem Ziel Stück für Stück zu nähern. Das liegt im Interesse jedes einzelnen Mitglieds unseres Gemeinwesens. Zuerst betone ich das als Sozialpolitiker aus einem der neuen Länder. Denn gerade die Menschen bei uns erwarten eine glaubwürdige Politik angesichts ihrer vierzigjährigen Erfahrung mit politischem Herrschaftsmissbrauch.

Offenheit, Verständlichkeit, Transparenz und Glaubwürdigkeit praktizieren

Unsere Politik und unser Verwaltungshandeln müssen deshalb offen, verständlich, transparent und glaubwürdig sein, wenn sie von den Menschen angenommen werden sollen: „Offen", d.h. aufgeschlossen sein für Interessen, Anregungen und Meinungen der Bevölkerung. In meinem Verantwortungsbereich bemühe ich mich um eine frühzeitige Einbeziehung z.B. der Kommunen, Wohlfahrtsverbände, Vereine und Institutionen bei der Vorbereitung von Regelungen und Entscheidungen, die diese Gremien in irgend einer Weise betreffen könnten. Die vorgeschriebenen Anhörungen im Rahmen des Gesetzgebungsverfahrens nicht nur als formal erforderlich, sondern als hilfreichen Schritt zu einer reibungsarmen Umsetzung in der Praxis anzusehen, ist jedoch noch nicht selbstverständlich, sondern ein ständiger Erfahrungs- und Lernprozess.

„Verständlich" bedeutet, es muss in Politik und Verwaltung eine Sprache gesprochen werden, die klar und eindeutig ist und von den Menschen angenommen werden kann. Die immer komplizierter und differenzierter werdende Rechtsmaterie hinterlässt, wenn sie nicht in geeigneter Weise erläutert wird, bei den Bürgern ein Gefühl der Ohnmacht und der Auslieferung an Recht und Gesetz. Gerade im sozialen Bereich erreichen wir nur durch verständliche, einfühlsame Aufklärung und Beratung die notwendige Akzeptanz für einschränkende oder nicht den Erwartungen entsprechende Entscheidungen.

„Transparent" heißt: Nachvollziehbarkeit und Durchschaubarkeit von Entscheidungen. Nach vierzig Jahren sozialistischer Diktatur eröffnen diese Prinzipien den Menschen in den neuen Bundesländern ein völlig neues Verständnis von der Rechtmäßigkeit der Verwaltung und demokratisch getragener Politik. Als Beispiel aus meinem Aufgabenbereich möchte ich den Koordinierungsausschuss für Investitionen in der Altenhilfe erwähnen, wo Vertreter des Ministeriums gemeinsam mit Wohlfahrts- und Kommunalverbänden sowie mit dem überörtlichen Sozialhilfeträger einvernehmlich abgestimmte und verlässlich dokumentierte Empfehlungen zur Standort- und Investitionsplanung abgeben, die später genau nachvollzogen werden können.

Und mit „glaubwürdig" ist schließlich gemeint, den Mut aufzubringen, all das umzusetzen, was wir mit der friedlichen Revolution vom Herbst '89 erreichen wollten, unsere Zielvorstellungen von damals nicht zu verraten, den Motiven des Oktober und November '89 treu zu bleiben. Glaubwürdig, das heißt auch Ehrlichkeit im Umgang miteinander und ein eindeutiges Bekenntnis zur freiheitlichen Staatsordnung und zur Demokratie, obwohl sie manchmal unbequem sind. Die personelle Erneuerung in der Verwaltung ist Grundvoraussetzung für das Wachsen des Vertrauens in die vollziehende Gewalt. Bei der Einstellungspraxis in meinem Geschäftsbereich z. B. spielt die persönliche Eignung der Bewerber eine besondere Rolle. Fachliche Voraussetzungen und Berufserfahrungen sind wichtig – auf persönliche Integrität und eine unbelastete Vergangenheit des Personals kann und will ich jedoch ebenso wenig verzichten. Ich habe mit Mitarbeitern, die nach der Wende erstmalig Verantwortung in der Verwaltung übernehmen durften, aber aus „artfremden" Berufen kamen, gute Erfahrungen gemacht.

Dem neuen Staat vertrauen

Vertrauen wachsen zu lassen bedeutet aber auch, den Menschen nicht alle Härten zuzumuten, die einen gesellschaftlichen Umbruch begleiten. Die sozialverträgliche Gestaltung des Übergangs war Aufgabe von Anfang an und fordert auch heute noch eine besondere Phantasie, Flexibilität und Entschlossenheit der Politik.

Mit dem Rechtsanspruch auf einen Kindergartenplatz – wie er z.B. in Sachsen Gesetz ist – oder der Freistellung bei Erkrankung des Kindes wurden Sicherheiten garantiert, die den vertrauten, „in die Wiege gelegten" Bedürfnissen der Familien in den neuen Bundesländern gerecht werden.

Oft sind die Bemühungen um eine verträgliche Gestaltung des Überganges eine nicht ungefährliche Gratwanderung – die zeitweilig schnellere Lohnangleichung als es der Steigerung der Produktivität entspricht, ist ein anschauliches Beispiel dafür.

Das Vertrauen in den neuen Staat spiegelt sich auch in der Bereitschaft der Menschen, Eigenverantwortung zu übernehmen, wider.

Solidarität und Subsidiarität anwenden – auch im kleinen Kreis

Träger der sozialen Verpflichtung des demokratischen Gemeinwesens sind einerseits der Staat, also Bund und Länder, sowie die Kommunen. Andererseits haben aber gemäß dem Subsidiaritätsprinzip auch die freien Verbände und sogar mannigfaltige private Initiativen einen erheblichen Anteil an der Ausgestaltung der sozialen Verhältnisse, und sie tragen Mitverantwortung für die Erfüllung des Sozialstaatsgebots.

Diese Erkenntnis ist für die alten Bundesländer eine jahrzehnte alte Selbstverständlichkeit. Für die Menschen in den neuen Bundesländern ist sie etwas völlig Neues. Für dieses Neue musste erst der Grund gelegt werden, damit es wachsen kann. Die neue Politik suchte und fand neue Partner – einzelne Mitbürger, Gruppen, Initiativen – die sich als freie gesellschaftliche Kräfte dazu bereit fanden, für unser Gemeinwesen Mitverantwortung zu übernehmen. Die Übernahme von Eigenverantwortung erfordert einen mühsamen Lernprozess, noch immer, auch nach mehr als drei Jahren. Dabei muss sowohl die Bereitschaft zur Übernahme von Verantwortung gestärkt, aber auch die Fähigkeit, Verantwortung zu tragen, entwickelt werden. Dies geht nicht von heute auf morgen.

Trotzdem zeigt sich bereits eine wesentliche Veränderung der Lebenssituation der Menschen in den neuen Bundesländern. Trotz enormer ökonomischer und gesellschaftlicher Probleme begreifen sich immer mehr Menschen als Subjekte politischen Handelns. Das ist insgesamt ein sehr ermutigendes Zeichen.

Ohne dieses frei gewählte Engagement wären aber auch die zu bewältigenden Aufgaben nicht zu lösen. Doch bei aller positiven Würdigungen muss man sehen, dass es sich hierbei um engagierte Minderheiten handelt. Wir brauchen im Osten und im Westen noch einen langen Atem, bis sich diese Erkenntnis und Betrachtungsweise in einem größeren Anteil der Bevölkerung durchsetzt.

Die Veränderung in der Einstellung gegenüber den öffentlichen Angelegenheiten hat mit der Erfahrung zu tun, dass die Politik den Menschen Freiräume gewährt, die aus eigenen Kräften und mit eigenen Ideen gestaltet werden können. Das beginnt schon in den kleinen Lebenskreisen, in der Familie, der Nachbarschaft, dem Verein, der Kirchengemeinde. Es ist doch selbstverständlich, dass dort das Miteinander, das Zusammenleben wesentlich besser von den Beteiligten selbst zu regeln ist, als durch Vorgaben einer Institution von oben und von außerhalb.

Die Prinzipien der Solidarität und Subsidiarität sind die eigentlichen Motoren, die die soziale Verpflichtung des Gemeinwesens in Gang halten. So sicher und stabil das schwächste Glied in der Kette des Sozialsystems ist, so sicher und stabil ist das Sozialsystem als Ganzes.

Entwicklung des Sozialstaats kritisch betrachten

Im Blick auf die geschichtliche Entwicklung des Sozialstaates können wir für ganz Deutschland konstatieren: So viel Sozialstaat wie heute gab es noch nie. Mit der Vereinbarung über die Pflegeversicherung wurde die fünfte Säule im System der Sozialversicherung errichtet. Damit hat sich die Sozialpolitik einer schon lange anstehenden Herausforderung gestellt. Pflegebedürftigkeit ist ein bedeutsames Lebensrisiko, das dringend einer Absicherung bedarf.

Der Sozialstaat wurde durch die Vereinigung Deutschlands auf die neuen Bundesländer ausgeweitet. Die öffentlichen Kassen der alten Länder transferieren seitdem Jahr für Jahr rund sechs Prozent des Sozialproduktes in die neuen Länder. Das Gleichgewicht zwischen dem Bedarf an Solidarität für den Schwächeren einerseits und der Drang der Menschen nach individueller Freiheit andererseits müssen wir im Gleichgewicht halten. Wir, die „Schwächeren" in den neuen Bundesländern, sind bei 75 % Einkommen nicht mehr schwach. Wir wollen auch die gleiche wirtschaftliche Leistungsfähigkeit erreichen. Die Einheit ist die größte Chance für Ost und West, für jeden von uns, sich einzubringen zur Bewältigung der großen Aufgaben.

Qualität statt Quantität fördern

Unser Sozialstaat ist quantitativ an seine Grenzen gelangt. Die Aufgabe der politisch Verantwortlichen besteht darin, den Sozialstaat dauerhaft zu sichern. Diese Sicherung kann auch wegen der niedrigen Lebensverhältnisse jenseits unserer Grenzen nicht bedeuten, ein immer höheres Niveau anzustreben. Der Fortschritt besteht nicht im „mehr" sondern im „besser", nicht in der Erhöhung der Quantität, sondern der Qualität. Dies ist uns allen im Bereich der Umwelt (Bewahrung der Schöpfung) einsichtig und geläufig. Aber alle Lebens- bzw. Politikbereiche beeinflussen sich gegenseitig. Was nutzen uns mehr Lebensmittel, wenn sie nur durch Einsatz von Pestiziden und Fungiziden gewonnen werden, die unsere Gesundheit gefährden? Was nutzt mir ein neues Krankenhaus, wenn das Trinkwasser, das es braucht, nicht vollständig frei von Schadstoffen ist?

Der Gefahr, auf allen Ebenen immer „mehr" zu wollen ohne Rücksicht auf das „wie", gilt es mit geeigneten Maßnahmen zu begegnen. Es muss vermieden werden, die begrenzt zur Verfügung stehenden Mittel fehlzuleiten. Denn eine solche Fehlleitung würde die Gestaltungsspielräume verantwortlicher Sozialpolitik zusehends einengen. Es wären keine Mittel mehr für neue Aufgaben vorhanden.

Umbau des Sozialstaats

Was ist zu tun, damit der Sozialstaat auch angesichts knapper Kassen und angespannter Haushaltslage seiner verfassungsrechtlichen sozialen Verpflichtung weiter entsprechen kann?

Fehlentwicklungen korrigieren

Um entstehende sozialpolitische Defizite ausgleichen zu können, müssen zuerst Fehlentwicklungen erkannt und korrigiert werden. Danach gilt es, Prioritäten zu verändern und neu zu setzen sowie Reserven festzustellen und auszuschöpfen. Damit der Sozialstaat also nicht abgebaut wird, muss er umgebaut werden. Dieser Umbau ist Sache aller. Alle Glieder des Gemeinwesens sind aufgefordert, sich mit Mut und Phantasie in die Umgestaltung des Sozialstaates einzubringen. Divergierende Interessen müssen einen Ausgleich finden. Gerade in schwierigen Zeiten muss sich bei der Konfliktbewältigung und Konsensfindung die Funktionsfähigkeit und Belastbarkeit unseres Gemeinwesens beweisen. Hier führen Schuldzuweisungen sowie das Beharren auf wirklichkeitsfremden Positionen nicht weiter. Der Umbau erfordert Behutsamkeit, denn unser langjährig bewährtes System der sozialen Sicherung beruht ja nicht zuletzt auf dem Vertrauen der Menschen, die diese soziale Sicherung fest in ihre Lebensplanung einbezogen haben.

Besitzstandsdenken überwinden

Das Vertrauen der Menschen darf unter keinen Umständen enttäuscht werden. Dabei spreche ich vom Vertrauen in erworbene Anwartschaften. Und ich spreche vom Vertrauen der Bürger in die Kompetenzen der Politiker, Zukunftsfragen zu erkennen und zu beantworten. Die erforderlichen Konsequenzen, die der notwendige Umbau des Sozialstaates mit sich bringt, dürfen nicht verschwiegen werden. Hier gilt es, die Solidarität des mündigen Bürgers einzufordern.

Der Umbau des Sozialstaates wird auf vielfältige Widerstände stoßen, auf den Widerstand von Verbänden und Interessengruppen, also auf die Anwälte von Partikularinteressen, die zuerst an die Wahrung des eigenen Besitzstandes denken und kaum soziale Verpflichtung gegenüber der Allgemeinheit verspüren. Die Dynamik unserer Gesellschaft würde durch solches Besitzstandsdenken behindert.

Erfreulicherweise gibt es jedoch hoffnungsvolle Beispiele von Kompromissbereitschaft und Solidarität: Ich erwähne die Ergebnisse der diesjährigen Tarifverhandlungen – VW, Industriegewerkschaft Metall und ÖTV. Sie sind ermutigende Zeichen wahrgenommener Verantwortung der Tarifpartner. Ich erwähne den in Sachsen erreichten einvernehmlichen Verzicht auf die Dynamisierung des Landesblindengeldes, was uns jetzt in die Lage versetzt, Maßnahmen zu finanzieren, die anderen Behinderten zugute kommen.

Demokratie braucht Vertrauen!

Wenn wir den Sozialstaat im Interesse der überwiegenden Mehrheit der Bevölkerung wirkungsvoll umbauen wollen, dann ist es unabdingbar, starre und verhärtete Strukturen in Frage zu stellen und aufzubrechen. Haben wir Mut, stellen wir die richtigen Fragen zur rechten Zeit und vertrauen wir auf die Menschen, die auch schwierige Wahrheiten vertragen! Und vertrauen wir – gegen alle dem Zeitgeist entsprechende Verdrossenheit – auch denen, die den Mut haben, die Realität objektiv zu analysieren und den – nach ernsthaftem Bemühen – als richtig erkannten Weg zu gehen. Denn Demokratie braucht Vertrauen.

UMBAU DES SOZIALSTAATS

Umbau des Sozialstaats – das ist eine permanente Aufgabe in einem offenen und dynamischen Gesellschaftssystem. Aktuell hat dieses Thema allerdings eine besondere Brisanz in doppelter Hinsicht. Denn einerseits erfahren wir in den neuen Bundesländern diesen „Umbau" mit voller Wucht aufgrund des ganz neuen Sozialsystems bei uns. Andererseits stellt sich diese Aufgabe im größeren Deutschland immer noch als ein Prozess auf dem Wege zur inneren Einheit unseres Vaterlandes dar. Der Weg zu befriedigenden Lösungen ist noch nicht zu Ende und erfordert große Anstrengungen.

Woher kommen wir?

Die Sozialversicherung der DDR

Ich denke, die meisten von Ihnen kommen wie ich aus der ehemaligen DDR und haben dort Ihre ganz eigenen Erfahrungen gemacht. Wir haben damals in einem Gesellschaftssystem gelebt, das als „geschlossene Gesellschaft" bezeichnet wird. Es war ein totalitäres und vom strukturellen Aufbau her ein zentralistisches System. Dem Zentralismus lag für das Sozialsystem und seine Ordnung eine eingliedrige Struktur zugrunde, im Gegensatz zum mehrgliedrigen und differenzierten System der sozialen Sicherung der Bundesrepublik, auf das ich im zweiten Teil ausführlich zu sprechen komme.

Die Sozialversicherung war ein Bestandteil der DDR-Einheitsgewerkschaft FDGB. Unter ihrem Dach und in ihrer Trägerschaft versammelte sich das gesamte System der sozialen Sicherung. Von Anfang an war dieser Sozialversicherung die dominierende Rolle im System der sozialen Sicherung zugewiesen. Sie hatte die Aufgabe, den Schutz der gesamten Bevölkerung vor den Wechselfällen des Lebens zu gewährleisten. Das sollte mit einer umfassenden Versicherungspflicht für alle erreicht werden – in den Bereichen Krankheit Alter, Unfall. Arbeitslosigkeit wurde allgemein über Lohn finanziert. Pflege geschah auf einem sehr bescheidenen Niveau oder gar nicht, d. h. nicht sozialversichert.

Dann gab es noch einen zweiten Strang der Sozialversicherung bei der staatlichen Versicherung. Dieser Versicherungsträger, der zum einen der alleinige Träger der Sach-, Haftpflicht- und privaten Personenversicherung war, hatte auch die Aufgabe, den Personenkreis zu vertreten, der aus der Sozialversicherung ausgegliedert war. Dies waren die Bauern, Handwerker, Gewerbetreibenden, freiberuflich Tätigen. Von beiden Versicherungsträgern ist die Sozialversicherung der Arbeiter und Angestellten beim FDGB die mit Abstand größere gewesen. Auf sie entfielen 1987 ungefähr 91 % der Bevölkerung (Versicherte und Familienmitglieder), der Rest von 9 % wurde von den Pflichtmitgliedern in der Staatlichen Versicherung gestellt.

Anders als damals in den meisten sozialistischen Ländern, in denen die Sozialleistungen vollständig aus allgemeinen Steuermitteln finanziert wurden, wurden in der DDR die Versicherungsbeiträge auf das Einkommen bezogen entrichtet. Hier spielten schon Elemente der Beitragsregelung, wie wir sie heute in der Bundesrepublik wiederfinden, eine Rolle, nämlich der Beitragssatz und die Beitragsbemessungsgrenze (bis 1971 verdienstunabhängig 600 Mark, ab 1971 wurde die Freiwillige Zusatzrentenversicherung eingeführt und auf 1200 Mark begrenzt, später nach oben offen).

Bestimmte Personengruppen wurden vom Gleichbehandlungsgrundsatz ausgenommen. Für sie wurden Zusatz- und Sonderversorgungssysteme geschaffen. Dies betraf ausgewählte Wissenschaftler, Techniker und Künstler sowie Opfer des Faschismus und ausgewählte Mitarbeiter des Staatsapparates und die bewaffneten Organe.

Die Leistungen der Zusatz- und Sonderversorgungssysteme bestanden im Wesentlichen aus Renten sowie aus Einkommensersatz im Krankheitsfall. Die Leistungen wurden entweder an Stelle oder zusätzlich zu denen in der Sozialversicherung gezahlt. Von der Bevölkerung wurde diese Verletzung des Gleichbehandlungsgrundsatzes missbilligt. Die Motive für die Begünstigungen waren vielfältig. Durch Begünstigungen sollte sicher die Loyalität der staatstragenden Gruppen gestärkt werden. Man hat auch Vorzugsbehandlungen als Instrument der Arbeitskräftelenkung genutzt.

Auszahlung sozialer Leistungen in der DDR

Das soziale Sicherungssystem der DDR kannte Geld-, Sach- und Dienstleistungen. Die Geldleistungen wurden in Form von Rente, Krankengeld, Schwangerschafts- und Wochengeld u. ä. erbracht. Sach- und Dienstleistungen bestanden im Wesentlichen aus ärztlicher und zahnärztlicher Behandlung, Zahnersatz sowie Arznei-, Heil- und Hilfsmitteln, stationäre Behandlung und Entbindung sowie Kuren. Diese Leistungen waren kostenfrei und standen anders als die Geldleistungen nicht nur erwerbstätigen Versicherten, sondern auch mitversicherten Familienangehörigen, Rentnern und Sozialfürsorgeempfängern zu. Das Budget der Sozialversicherung teilte sich zu etwa zwei Dritteln in Geldleistungen und zu einem Drittel in Sach- und Dienstleistungen auf.

Die Sozialversicherung kannte Altersrente, Invalidenrente, Unfallrente, Kriegsbeschädigtenrente, Hinterbliebenenrente und Renten aus der Freiwilligen Zusatzversicherung. Gemessen am Volumen waren die Renten die mit Abstand wichtigste Leistung. Auf sie entfiel über die Hälfte aller Ausgaben.

Bei vorübergehender Arbeitsunfähigkeit wurde der Einkommensausfall zu maximal 90 % und nach 6 Wochen noch zu 50 % von der Sozialversicherung ausgeglichen. Der Krankenstand in der DDR war hoch. Etwa 6 % der Arbeitszeit ging durch Fernbleiben von der Arbeit aufgrund von Krankmeldungen verloren. Insgesamt lag der Krankenstand bei Frauen über dem Durchschnitt. Das war im Wesentlichen der Mehrfachbelastung der Frauen durch Berufstätigkeit, Haushalt und Kinder geschuldet. Freistellung bei Erkrankung der Kinder wurde zu über 90 % von den Frauen in Anspruch genommen.

Aber der hohe Krankenstand war teilweise auch auf einen eklatanten Missbrauch – „6 Wochen SV-Urlaub" – zurückzuführen. Es wurden nicht selten Krankmeldungen aus unterschiedlichen Gründen vorgeschoben, damit man bei nur geringen finanziellen Einbußen der Arbeit fernbleiben konnte. Arbeitsrechtlich war gegen diese Art Missbrauch leider nicht vorzugehen, da es dafür an gesetzlichen Grundlagen und Regelungen mangelte. Bis zum Zusammenbruch der DDR gelang es nicht, diesen hohen Krankenstand wirksam zu senken.

Im Bereich der Leistungen bei Mutterschaft und für die Familien hat die DDR eine teilweise großzügige und teilweise sehr niedrige Ausstattung mit Geldleistungen erbracht. Beispielsweise nenne ich: Kindergeld, zinslose Kredite, Mutterschaftsgeld wie bei Krankheit 90 % für 20 Wochen (das ist länger als die Zahlungsdauer für das entsprechende Mutterschaftsgeld jetzt in der Bundesrepublik). Das Kindergeld war dagegen sehr gering.

Finanzierung der Sozialleistungen in der DDR

Die Ausgaben der Sozialversicherung haben sich wesentlich schneller erhöht als die Einnahmen. Diese Ausgabenzuwächse waren zum Teil der Verbesserung und Einführung neuer Leistungen geschuldet; aber auch schon in der DDR machte sich die Kostensteigerung im Gesundheitswesen deutlich in Leistungsbegrenzungen bemerkbar. Zum Beispiel hatten von denen, die eine künstliche Niere brauchten, nur etwa 40 % eine Chance, mit einer Dialyse weiterleben zu können, die anderen sind gestorben.

Die Sozialversicherung finanzierte sich über das Umlageverfahren, das heißt, die Leistungen wurden aus dem Sozialprodukt der laufenden Periode bezahlt. Für den die Beitragseinnahmen übersteigenden Finanzbedarf hat der Staat die Garantie übernommen. Hieraus wird schon ersichtlich, dass es eine unabdingbare Konsequenz war, dass die DDR ganz besonders im Bereich ihrer Sozialleistungen an die Grenzen der Finanzierbarkeit gelangt war und mit dem zu erwartenden Konkurs die Finanzierung ganz hätte einstellen müssen.

Umgestaltung des Sozialsystems

Viele Beobachter, die beim Prozess der Umgestaltung das östliche mit dem westlichen Sozialsystem verglichen, nannten diesen Prozess dann auch treffend den Umstieg von der Holzklasse in die Polsterklasse. Das DDR-Regime hatte sich und seine Diktatur damit begründet, soziale Gerechtigkeit und soziale Sicherung zu schaffen und zu gewähren. Doch zu welchem Preis? Als Versorgungsstaat – von der Wiege bis zur Bahre – wurden die Menschen auf niedrigem Niveau rund um die Uhr betreut. Viele von uns haben die Versorgung angenommen und als Sicherheit empfunden, wenn auch die Rundumbetreuung nicht selten als bedrückend erlebt wurde. Diese versprochene soziale Sicherheit konnte der vormundschaftliche Staat mit seiner zentralistisch gelenkten Wirtschaft nicht gewährleisten.

Als wir 1990 die Regierungsverantwortung übernahmen, wurde das ganze Desaster an Altlasten langsam in seiner gesamten Breite und Tiefe offenbar. Sehr kritisch waren die Verhältnisse im Bereich des Gesundheitswesens und da speziell bei den Krankenhäusern. Jahrzehnte wurde hier aus der Substanz gewirtschaftet, ohne an eine spürbare Regenerierung zu denken. Die Bausubstanz war weithin verschlissen, die sanitären und technischen Einrichtungen meist so überaltert, dass sie sich in einem erbarmungswürdigen Zustand befanden. Unmenschlich war die Versorgung der Behinderten, insbesondere der geistig und mehrfach schwerst Behinderten.

Ähnlich verhielt es sich im Bereich der Alten- und Pflegeheime. Hier musste schleunigst etwas getan werden. Und damit begann für uns schon der erforderliche Umbau. Wir haben in Sachsen den Umbau des Sozialstaates in den zurückliegenden vier Jahren gründlich erfahren. Vergleichbar vollzog sich die Entwicklung in den anderen neuen Bundesländern.

Gemäß dem Subsidiaritätsprinzip finden sich heute die meisten Einrichtungen des Gesundheits- und Sozialwesens in kommunaler und freigemeinnütziger Trägerschaft. Nur noch wenige Einrichtungen wie die großen psychiatrischen Landeskrankenhäuser befinden sich in der Trägerschaft des Landes. Eine kleine Anzahl von Einrichtungen wird von privaten Trägern geführt. Was örtlich verantwortet werden kann, das soll das Land nicht an sich ziehen.

Wo stehen wir heute?

Das sozialstaatliche System der Bundesrepublik

Der Freistaat Sachsen nimmt schon jetzt im Kreis der Länder der Bundesrepublik Deutschland einen anerkannten Platz ein. Wir sind hier nun Teil geworden eines Systems, das sich über 40 Jahre bewährt hat. Dieses System ist nicht statisch, sondern dynamisch. Es hat sich stets den gesellschaftlichen Veränderungen angepasst. Es ist weiterentwickelt worden.
Das Sozialstaatsgebot der Bundesrepublik Deutschland ist in den Artikeln 20 Abs. 1 und 28 Abs. 1 des Grundgesetzes verankert. Damit ist die Sozialstaatlichkeit als Staatsprinzip vorgegeben. Hieraus resultiert die soziale Verpflichtung auf den einzelnen Stufen des Gemeinwesens: im Bund, in den Ländern und in den Gemeinden. Das Gemeinwesen erbringt Sozialleistungen für den einzelnen. Die Sozialleistungen des Bundes und der gesetzlichen Versicherungsträger verknüpfen sich mit Hilfen durch die Länder, die Kommunen und die freien Träger. Dies alles zusammengenommen ergibt ein imponierendes Sozialleistungssystem, das man auch als soziales Netz bezeichnet. Mit diesem Sozialleistungssystem nimmt die Bundesrepublik Deutschland international nach wie vor eine führende Position ein.

Das Netz der sozialen Sicherung

Was verstehen wir unter dem „Netz der sozialen Sicherung"? Es besteht aus drei Sicherungsformen: Wir kennen das Versicherungsprinzip, das Versorgungsprinzip und das Fürsorgeprinzip.
Zum Versicherungsprinzip gehört die Gesamtheit der Sozialversicherung mit den bislang vier Säulen: der gesetzlichen Rentenversicherung, der gesetzlichen Krankenversicherung, der gesetzlichen Unfallversicherung sowie der Arbeitslosenversicherung. Seit kurzem haben wir eine neue fünfte Säule, die soziale Pflegeversicherung, begründet. Dem Versorgungsprinzip zuzuordnen ist in der Hauptsache die Kriegsopferversorgung sowie das Kindergeld. Die Leistungen nach dem

Fürsorgeprinzip sind die Sozialhilfe, die Jugendhilfe und das Wohngeld.

Soziale Sicherung ist wesentlicher Inhalt und Ausdruck sozialstaatlichen Handelns. Das sozialstaatliche Handeln besteht zu einem großen Teil darin, mit sozialen Leistungen die materiellen Existenzbedingungen von Gesellschaftsmitgliedern zu beeinflussen. Diese Einflussnahme verfolgt zwei Ziele: zum einen die Verbesserung der wirtschaftlichen und sozialen Lage von Personen, die als wirtschaftlich bzw. sozial schwach gesehen werden und zum anderen die Absicherung des Existenzminimums von Personen für den Fall des Eintritts existenzgefährdender Risiken. Es soll für die Personen Vorsorge getroffen werden, die ohne Hilfe nicht in der Lage sind, sich in wirtschaftlicher und sozialer Hinsicht ausreichend abzusichern.

Besonders bedeutsam im Hinblick auf das Ziel der Existenzsicherung ist es, dass die meisten Sicherungsleistungen dynamisiert sind, d. h. an die Lohn- oder Preisentwicklung angepasst werden. Steigende Sozialleistungen bedeuten steigende Finanzierungslasten. Besonders deutlich zeigt sich das in der Sozialversicherung, weil die Ausgaben dort im Wesentlichen durch Beiträge gedeckt sein müssen.

Pflegeversicherung als sozialstaatliche Maßnahme

Aktuell erfahren wir den Umbau des Sozialstaates an der soeben in Kraft getretenen Pflegeversicherung. Sie ist ein sehr gutes Beispiel dafür, dass der Sozialstaat immer wieder die Fähigkeit gezeigt hat, auf neue gesellschaftliche Erfordernisse angemessene Antworten zu finden. Die Pflegeversicherung zeigt sich heute – besonders angesichts der demographischen Entwicklung und der älter werdenden Gesellschaft – als eine Notwendigkeit, das Risiko des Pflegefalls abzusichern. Nicht zu unrecht kann die gewaltige Leistung der Pflegeversicherung als ein Jahrhundertwerk bezeichnet werden. Mit ihr gibt es erstmals für alle Bürgerinnen und Bürger einen Rechtsanspruch auf Hilfe bei Pflegebedürftigkeit. Die Absicherung des Risikos der Pflegebedürftigkeit, von der nicht nur ältere Menschen betroffen sein können, wird künftig von der Solidargemeinschaft aller Versicherten getragen.

Aufgrund unseres christlichen und humanistischen Menschenbildes und nach unseren ordnungspolitischen Vorstellungen wird der häuslichen Pflege der Vorrang gegenüber der teilstationären Pflege und dieser wiederum der Vorrang vor der vollstationären Pflege eingeräumt. Ambulant vor stationär heißt hier das Motto, das wir auch in anderen Bereichen, etwa der Altenhilfe, anwenden.

Die Pflegeversicherung erleichtert die Belastungen der pflegenden Angehörigen, ohne deren aufopferungsvollen Einsatz viele Menschen längst in Heimen leben müssten. Mit der Pflegeversicherung wurde Neuland betreten. Bei jeder Art von Neuerung bleibt es naturgemäß nicht aus, dass es anfänglich auch Probleme gibt. Die kritischen und auch zweifelnden Stimmen, die die Einführung der Pflegeversicherung momentan begleiten, werden aber verstummen, sobald die Anfangsschwierigkeiten überwunden sein werden. Die Pflegeversicherung ist für alle Betroffenen ein enormer Zugewinn. So bedeutet hier „Umbau" ein deutliches „Mehr" an sozialer Sicherung.

Wohin wollen wir?

Eines der großen Probleme des Sozialstaats erwächst daraus, dass die absehbare demographische Entwicklung die Finanzierung und damit die Abgabenhöhe künftig wesentlich verschärfen wird.

Die Altersstruktur einer Bevölkerung wird oft in einem Diagramm dargestellt, das romantisch als Lebensbaum bezeichnet wird. In diesem Zusammenhang wird meist darauf hingewiesen, dass der Lebensbaum des Jahres 1910 wie eine Tanne aussah, unten breit, nach oben schmaler werdend. Im Gegensatz dazu wird die Entwicklung zum Pilz, wie sie jetzt wahrgenommen wird, als nicht normal bezeichnet. Wenn man aber betrachtet, was der Tannenbaum bedeutet, dann stellt man fest, dass sich niemand eine solche Bevölkerungsstruktur als Idealbild wünscht. Diese Form ist zustande gekommen, weil in allen Altersstufen viele Menschen starben. Der heutige Lebensbaum, also die Pilzform, müsste eigentlich Anlass zur Freude sein über das, was in den Jahren seit Kriegsende möglich war im Hinblick auf Gesundheit und Ernährung. Nun steckt in diesem Bild tatsächlich ein Dilemma. Das ist die zu niedrige Geburtenrate bei gleichzeitig zunehmender Lebenserwartung.

Wir erleben eine Strukturverschiebung im Altersaufbau der Bevölkerung bei niedrigen Geburtenzahlen. Der amerikanische Nobelpreisträger für Wirtschaftswissenschaften von 1993 Robert William Fogel prognostiziert für die Industriestaaten eine Steigerung der möglichen durchschnittlichen Lebenserwartungen bis zum Jahre 2030 auf 90 bis 95 Jahre.

Selbst wenn es nicht zu diesem drastischen Anstieg der durchschnittlichen Lebenserwartungen käme, befürchten die Rentenversicherungskassen schon für die nahe Zukunft unüberbrückbare Finanzierungsengpässe.

Tatsache für die Rentenversicherung heute ist jedenfalls, dass drei Erwerbstätige eine Altersrente finanzieren. Wenn diese Entwicklung so weitergeht wie bisher, dann müssen im Jahre 2030 drei Erwerbstätige für zwei Altersrenten aufkommen. Würden die Altersrenten weiterhin so gewährt werden wie bisher, dann müsste allein in der Rentenversicherung die Beitragslast verdoppelt werden. Würde aber die Beitragslast konstant gehalten, dann müssten die Rentenansprüche so gekürzt werden, dass zahlreiche Rentenempfänger in Not gerieten.

Grundsicherungstheorie

Dies ist das Szenario, in dem in den alten Ländern schon seit einigen Jahren eine Rentendiskussion geführt wird, in die wir nun auch mit einbezogen werden. Vor diesem Hintergrund ist Ministerpräsident Biedenkopf schon seit längerem ein Verfechter der sogenannten Grundsicherungstheorie. So muss seiner Meinung nach die Debatte entschieden auch außerhalb der gesetzlichen Rentenversicherung geführt werden. Eine entscheidende Bedingung für Stabilität und Verlässlichkeit des Systems ist die Begrenzung auf das, was es wirklich leisten kann.

Es muss nach Mitteln und Möglichkeiten gesucht werden, das ungünstige Zahlenverhältnis zwischen Erwerbstätigen und Rentenempfängern deutlich zu verbessern. Darüber hinaus lassen sich die finanziellen Auswirkungen des deutschen und europäischen Einigungsprozesses für die Sozialpolitik derzeit noch nicht ausreichend kalkulieren.

Jürgen Borchert, Richter im Hessischen Landessozialgericht, schlägt in dieser Situation Alarm: „Die staatlichen Aufgaben wachsen rasant durch die Probleme der Überalterung, die Folgen der Umweltzerstörung und die Folgen der Massenverelendung. Gleichzeitig schrumpfen die finanziellen Spielräume des Staates, und zwar allein schon durch die Zinsbelastung, immer mehr. Die astronomische Staatsverschuldung verschärft das Problem noch auf andere Weise. Die öffentlichen Hände mussten 1993 rund 170 Milliarden DM aus Steuertöpfen entnehmen und als Zinsen an die Gläubiger der Staatsschulden auszahlen, pro Kopf mehr als 2.100 DM im Jahr."

Finanzierungsgrenzen von Sozialleistungen finden

Es ist allerhöchste Zeit, sich über die Finanzierungsgrenzen von Sozialleistungen ernsthaft Gedanken zu machen. Daraus werden vermutlich neue Maßnahmen zum Umbau des Sozialstaates erwachsen. Geht es heute bereits um einen Systembruch, oder reicht eine Systemmodernisierung aus?

Man täusche sich nicht über die Unvereinbarkeit dieser Leitmotive. Gemeinsam ist beiden nur die Auffassung, dass es angebliche Effizienzprobleme, Umbau- und Deregulierungsnotwendigkeiten gibt. Alle reden mit großem Eifer vom Umbau, allzu viele verstehen darunter immer nur Abbau. Am Beispiel der Pflegeversicherung habe ich deutlich gemacht, dass dieser Umbau das Gegenteil von Abbau war. Hinter den meisten konkretisierten Deregulierungs- und Sparvorschlägen verbirgt sich nur mühsam die Absicht, im Verteilungskampf zu einem Geländegewinn für die eigene Klientel zu kommen.

Die Grenzen der Finanzierung unserer sozialen Sicherung sind längst erreicht. Die Ausgabenlasten müssen auf jeden Fall zurückgefahren werden. Ich erinnere in diesem Zusammenhang an die Diskussion um die Finanzierung der Pflegeversicherung.

Ein nicht geringer Preis ist aber der geforderte Verzicht auf Gerechtigkeitsziele und damit auf sozial motivierte Umverteilungen, die zwangsläufig zu Lasten der in sozialer und materieller Hinsicht Bessergestellten und Privilegierten gehen müssten.

Dieser Zugang zu den Problemen des Sozialstaats trägt immer ungeschminkter die Züge einer Abwehrreaktion der Reichen gegen die Armen, mindestens gegen alle, die in einer reicher gewordenen Gesellschaft tatsächlich oder vermeintlich Teilhaberwünsche anmelden. Im eigentlichen Kern geht es schlicht darum, dass alle Vermögens- und Kapitalbesitzer, alle Einkommensbezieher und Einzahler in die Steuer- und Sozialversicherungskassen den verständlichen Wunsch haben, möglichst viel des Verdienten oder des Ererbten für sich zu behalten. Wer zahlt schon gerne hohe Steuern oder Sozialversicherungsbeiträge?

Allein mit Freiwilligkeit ist jedenfalls kein Staat, schon gar nicht ein Sozialstaat zu machen. Es gehört deshalb zu den Grundgedanken des Sozialstaats, ja zum Fundament jeder Staatlichkeit, durch kollektive Regelungen sicherzustellen, dass der Egoismus der vielen Einzelnen nicht zum Schaden für das Ganze wird.

Selbst wenn sich objektive Grenzen über die Höhe von Steuer und Sozialabgaben nur schlecht festlegen lassen, müssen Politiker mit subjektiven Grenzen kalkulieren. Genau diese Grenzen scheinen erreicht. Der Abgabenanteil an der Bruttolohn- und Gehaltssumme liegt schon jetzt bei einem Drittel und soll bei Fortschreibung der Trends bis zum Jahre 2010 auf über 40 % steigen. Und das nicht nur, weil die Pflegeversicherung das obligatorische Viererpaket aus Arbeitslosenversicherung, Krankenversicherung, Rentenversicherung und Unfallversicherung um eine zusätzliche Komponente erweitert hat. Ein Entlastungsbedarf lässt sich beim gegenwärtig erreichten Höchststand der Sozialversicherungsbeiträge nicht gut leugnen.

Wir müssen davon ausgehen und wir müssen uns bewusst machen, dass nirgendwo längerfristig mehr verteilt werden kann als erwirtschaftet wird. Alle Sozialversicherungsleistungen und die weiteren Sozialleistungen sind immer vom Volkseinkommen abhängig. Darüber besteht weitgehend Konsens, dass das Sozialversicherungssystem in der Bundesrepublik Deutschland an die Grenzen seiner Finanzierbarkeit gelangt. Durch steigende Sozialversicherungsbeiträge wird der Wirtschaftsstandort Deutschland beeinträchtigt.

Die Diskussion über den Umbau des Sozialstaats ist gewissermaßen eine Krisenverhinderungsdebatte. Die Politik kann und muss rechtzeitig reagieren, nicht erst wenn das Kind in den Brunnen gefallen ist. Potentielle Krisen müssen vorausschauend bekämpft werden. Im Bilde gesprochen: Das Haus der Gesellschaft muss ständig an-, um- und ausgebaut werden. Dabei ist gelegentlich auch einmal ein Teilabriss notwendig. Gelingen kann diese permanente Veränderung und Verbesserung nur, wenn das Fundament gut und stabil ist, auf dem das Haus steht. In der Bundesrepublik Deutschland ist dieses Fundament der Gesellschaft der Wertkonsens, der aus dem christlichen Menschenbild entwickelt wurde.

Subsidiarität als wichtigstes Ordnungsprinzip

Die zentralen Werte des christlichen Menschenbilds sind die Freiheit des Einzelnen, die Solidarität auch zwischen Ungleichen, im Unterschied zur Klassensolidarität im Marxismus oder zur völkischen Rassensolidarität der Nazis.

Der dritte zentrale Wert ganz besonders im Hinblick auf die Sozialpolitik ist die Subsidiarität als tragendes Ordnungsprinzip. Die Subsidiarität ruht dabei auf drei Säulen: Vorrang der kleineren vor der nächstgrößeren Einheit, private Initiative geht vor staatliche Initiative, und wenn eine dieser Säulen ausfällt oder brüchig wird, dann ist der Staat zur Hilfe zur Selbsthilfe verpflichtet. Wer einen Staat will, der alles ordnet und regelt, der entmündigt den Menschen und macht ihn zum Objekt eines sozial bemäntelten Obrigkeitsstaates. Demgegenüber ist Hilfe zur Selbsthilfe als wesentlicher Teilbereich der Subsidiarität unverzichtbar. Aufgabe des Staates ist es, die vielfältigen privaten Initiativen und freien Gruppen soweit zu unterstützen, dass sie befähigt werden auf Dauer allein verantwortlich ihre Aufgaben zu erfüllen.

Hier kommt das Ehrenamt als unverzichtbare Kraft ins Spiel. Die ehrenamtlichen Helferinnen und Helfer können und sollen nicht die Arbeit der professionellen Helfer übernehmen. Wir brauchen aber das Miteinander von ehrenamtlichen und hauptamtlichen Kräften. Keiner kann ohne den anderen seine Aufgaben befriedigend erfüllen. Ehrenamtliche Hilfe kann zwar nicht verordnet werden, der Staat kann aber die Voraussetzungen schaffen, unter denen freiwilliges soziales Engagement möglich ist. Hierbei ist zu denken an eine soziale Infrastruktur, aber auch an die Unterstützung der Erziehungsleistung. Wer in der Kindheit nicht gelernt hat, sich seiner Gemeinschaft nützlich zu machen, wird dies als Erwachsener kaum noch lernen.

Kultur- und Sozialsteuer

Das Thema Kultur- und Sozialsteuer ist in der letzten Zeit verstärkt in der Öffentlichkeit diskutiert worden. Dabei wurde meine Position nicht selten unsachgemäß dargestellt.

Zunächst, ich habe keine Forderung gestellt, aber ich habe auf die Frage „Die Kirchen befürchten vor dem Hintergrund hoher Steuern, dass immer mehr Mitglieder austreten. Bricht dadurch nicht die kirchliche Sozialarbeit zusammen?", geantwortet, dass ich für die Einführung einer Sozial- und Kultursteuer bin. Ich habe mich zugleich ausgesprochen für die Abschaffung der Kirchensteuer als staatlich eingezogener Kirchensteuer.

Dies wiederum resultiert aus meiner Erfahrung als Christ, der in der DDR gelebt hat. Und da war es üblich, dass die Kirche diese Angelegenheit selbst regelte. Mir geht es nicht um eine Kirchensteuer für Konfessionslose. Vielmehr halte ich es für sehr normal, darüber nachzudenken, ob es sozial gerecht sei, allen Bürgern unterschiedslos bestimmte Leistungen anzubieten, die allein von einem Teil der Bürger durch freiwillige Beiträge ermöglicht werden. Bei der Frage nach einer tragfähigen und dauerhaften Finanzierungssicherheit für die notwendigen kostenintensiven Sozialeinrichtungen geht es auch um mehr soziale Gerechtigkeit. Diese kostenintensiven Sozialeinrichtungen werden sowohl von Kirchen und Wohlfahrtsverbänden und nicht nur von den konfessionellen Verbänden angeboten. Als Sozialminister fühle ich mich hier in der Verantwortung, bereits heute schon nach neuen Finanzierungslösungen zu suchen, die mit großer Wahrscheinlichkeit mittelfristig notwendig werden.

Hinsichtlich der unverzichtbaren Leistungen der Wohlfahrtsverbände und ihrer Einrichtungen und Dienste, die allen Bürgerinnen und Bürgern zugute kommen, müssen wir zudem die besondere finanzielle Situation dieser Verbände in den neuen Bundesländern mit berücksichtigen.

In den neuen Bundesländern sind die Kirchen im Vergleich zu den Kirchen in den alten Bundesländern relativ finanzschwach. Die Arbeiterwohlfahrt als einer der Spitzenverbände der freien Wohlfahrtspflege hat in den neuen Bundesländern bei Punkt Null, also aus dem Nichts heraus angefangen, allein mit der Unterstützung des großen Verbandes in der alten Bundesrepublik, doch ohne Kapital.

Besonders im Sozialbereich gilt es, ordnungspolitisch dem Subsidiaritätsprinzip zum Durchbruch zu verhelfen. Das bedeutet, dass der Staat und die öffentlichen Hände dafür Sorge tragen müssen, dass die freien Träger vorrangig vor den öffentlichen Trägern und in partnerschaftlicher Zusammenarbeit mit ihnen ihre selbstgewählten gemeinwohlorientierten Aufgaben tatsächlich auch erfüllen können. Hinsichtlich der Förderung ist zu beachten, dass bei gleichartigen Maßnahmen mehrerer freier Träger gleiche Grundsätze und Maßstäbe anzuwenden sind. Unsere Gesellschaft bringt bislang diese Mittel solidarisch auf und stellt sie den Einrichtungen und Diensten im sozialen Bereich zur Verfügung, die für das Gemeinwohl unerlässlich sind. Dabei ist zu denken an die Kindergärten, Krankenhäuser, Alten- und Pflegeeinrichtungen. Jeder Bürger ist über die Steuern nach einem möglichst gerechten Schlüssel an der Finanzierung, d. h. an der Errichtung sowie an dem laufenden Betrieb solcher Einrichtungen und Dienste zu beteiligen. Im Sinne echter Verantwortungsteilung stellen öffentliche und freie Träger das notwendige Angebot bereit.

Ein beachtlicher Teil der Sozialeinrichtungen und Dienste befindet sich in kirchlicher Trägerschaft, also in der Trägerschaft von Diakonie und Caritas. Zur Bereitstellung und Aufrechterhaltung ihrer Angebote, die prinzipiell allen zugute kommen, bringen die Kirchen über ihre Kirchensteuerzahler erhebliche zusätzliche Mittel auf. Das heißt im Klartext, dass ein Teil der Bevölkerung zusätzliche Steuern für soziale Dienstleistungen entrichtet, an denen aber die gesamte Bevölkerung teilhat. Ich halte dies für steuerlich und sozial ungerecht und insofern für veränderungsbedürftig.

Solidarität als Finanzierungsbasis

Wir sollten unverändert am Grundsatz der solidarischen Finanzierung sozialstaatlicher Leistungen festhalten. Wer gesund ist, bezahlt für den, der krank ist, wer jung ist für den, der alt ist, wer Arbeit hat für den, der arbeitslos ist. Dabei muss es auch weiterhin um das Gemeinwohl gehen. Partielle Interessen müssen zurückstehen.

Grundlage für Wohlstand und demokratische Qualität der Gesellschaft ist der Sozialstaat. Die Gesellschaft wird gefährdet, wenn der Sozialstaat in seinem Fundament erschüttert wird. Wir müssen den Sozialstaat modernisieren. Wie dies geschehen soll und in welcher Richtung wir dabei vorgehen sollen, darüber lohnt sich zu streiten. Die Hauptsache ist, dass alle Sozialpartner sich dieser Aufgabe stellen und miteinander zu Werke gehen.

Soweit sind bislang meine Überlegungen zum Umbau des Sozialstaats gediehen. Wir haben das Problem erkannt. Ich bin der Überzeugung, dass in einigen Bereichen dringender politischer Handlungsbedarf besteht.

Was wir noch nicht haben, sind konkrete Modelle und Konzepte und politische Handlungsanweisungen, die zu einem sozial verträglichen Umbau des Sozialstaats führen.

Darüber nachzudenken und dazu geeignete Vorschläge zu unterbreiten, sind wir alle in die Pflicht genommen. Wir alle, das sind die, die an der Erhaltung und Festigung des Sozialstaats interessiert sind.

DIE LIEBE GOTTES WEITERGEBEN

Ich möchte heute zu Ihnen als Christ sprechen, der nach der friedlichen Revolution im Herbst 1989 in der Nachfolge Christi politische Verantwortung übernommen hat. Diese Festakademie ist ein geeigneter Anlass, dass ich mein vom biblischen Menschenbild geprägtes Verständnis von Politik für die alten Menschen entfalte.

Jeder Mensch ein von Gott geliebtes Geschöpf

Als Christen wissen und glauben wir, dass Gott den ganzen Menschen schuf und ihn auch in seiner Entwicklung annimmt, ob jung oder alt, ob Frau oder Mann. Jeder einzelne Mensch entspringt einem Schöpfungsgedanken Gottes, und dadurch wurde der Mensch eine lebendige Seele, wie es im 1. Buch Mose beschrieben wird. Das Alte Testament versteht unter Seele nicht nur einen Teil oder eine besondere Seinsweise des Menschen. Seele wird dort verstanden als der Mensch, so wie er ist als unteilbares, unverwechselbares Ganzes – ein von Gott geliebtes Geschöpf.

Durch dieses ganzheitliche Denken ist es uns verwehrt, eine einzelne Lebensphase des Menschen, etwa den jungen leistungsstarken Menschen, zum Ideal zu erheben. Damit würde der Altgewordene oder Behinderte abgewertet, was der Liebe Gottes ganz und gar widerspricht. Wir glauben als Christen ganz besonders, dass Gott das Unvollkommene und Schwache liebt mit vergebender und lebenserneuernder Liebe. Daraus erwächst für uns die Erkenntnis und Erfahrung, dass wir auch unser eigenes Älterwerden, unsere Unvollkommenheiten und Gebrechen bejahen können.

Ganzheitliche Altenpflege

Was bedeuten nun diese Gedanken und Überlegungen für einen Ort wie dieses Altenpflegeheim, in dem Menschen aus christlichem Geist Liebesdienst leisten für die ihnen Anvertrauten? Sinn und Zweck eines solchen Hauses sollte die ganzheitliche Altenpflege sein. Hier wird nicht nur der Körper des alten Menschen versorgt und so gut wie möglich geistig rege gehalten. Hier sollen auch die seelischen Nöte und Wünsche empfunden und aufgenommen werden. Wird der Mensch als unteilbares, unverwechselbares Ganzes gesehen, dann kann ihm Verständnis und Zuneigung entgegengebracht werden. Und lassen Sie mich besonders betonen: Altenpflege ist stärker als Krankenpflege in einem Akutkrankenhaus eine psychische Therapie. Je mehr wir dabei die uns gottgeschenkte Liebe Gottes weitergeben, um so positiver entwickelt sich das Wohn- und Arbeitsklima im Umgang mit den älteren Menschen. Wir dürfen immer wieder davon ausgehen, dass jeder Mensch noch ein werdender ist – auch der ältere. Keine Meinung und Gewohnheit kann so eingeschliffen sein, dass sie sich nicht noch entwickeln könnte.

Pflegedienst aus karitativer Kraft

Den Mitarbeiterinnen und Mitarbeitern in diesem Hause möchte ich Mut machen. Gern möchte ich Sie in Ihrem dem Menschen zugewandten Engagement bestärken. Ich sage es ganz deutlich: Es kommt entscheidend darauf an, wie der einzelne alte Mensch angesprochen und angeregt wird. Die Grundeinstellung eines jedes Menschen zum Leben spiegelt sich in seinem Verhalten zum anderen und zu sich selbst. Eine moderne Altenpflege bemüht sich, alle lebenserhaltenden Kräfte harmonisch zusammenzuführen. In der medizinischen Fachrichtung der Psychosomatik wird versucht, den Wechselbeziehungen von Seelischem und Organischem auf die Spur zu kommen. Gesundheitliches Wohlbefinden, geistige Frische, Lebenswillen oder Charakterstärke können primär seelisch bedingt sein. Das ist ein Grund mehr, um den älteren Menschen wie auch den jüngeren ganzheitlich umfassend zu sehen und zu würdigen. Der im Pflegeberuf Tätige ist deshalb zur Liebe verpflichtet, denn nur aus dieser karitativen Kraft heraus ist Pflege ernst genommen wirklich möglich.

Grundlage: Gottes- und Nächstenliebe

Altenpflege und Altenhilfe sind vielschichtig. Ganzheitliche Altenhilfe verlangt, daß alle zusammenarbeiten. Das versteht sich überall da von selbst, wo Menschen eines Sinnes sind. Nur dort gibt es keine Höher- oder Minderwertigen. Die gemeinsame Liebe zu Gott und zum Nächsten wird zur tragfähigen und nicht weiter hinterfragbaren Basis. Wem dieses Ziel zu hoch gesteckt erscheint, von dem kann man aber erwarten, dass er und alle mit älteren Menschen Engagierten aufeinander hören, voneinander lernen, Hand in Hand miteinander wirken. Ich bin mir gewiss, dass hier im St. Adalbert Stift ein solcher Geist lebendig ist.

Einsatz der Gesellschaft für die Schwachen

Der Wert einer Gesellschaft kann sich meines Erachtens danach messen lassen, wie sehr sie sich für ihre alten und schwachen Bedürftigen und Behinderten einsetzt. Heute haben wir überall in Deutschland, aber ganz besonders in den neuen Bundesländern, einen großen Bedarf an Einrichtungen der Altenpflege. Konkret werden wir aber erst in den nächsten Jahren voll erkennen, wie groß das Ausmaß sein wird, denn die Veränderung der Familienstruktur und die Folgen der demographischen Entwicklung werden zwangsläufig zu einer großen Nachfrage an Alten- und Pflegeheimplätzen führen. Wir sind von daher gefordert, und ich sehe für mich auch eine wichtige politische Verantwortung genau dort, dass wir uns mehr und mehr ganz besonders im Bereich der Altenhilfe engagieren.

Ordensgemeinschaft als Träger der freien Wohlfahrtspflege

Der Träger dieses Stiftes, die Kongregation der Barmherzigen Schwestern vom Heiligen Karl Borromäus, füllt als caritativ tätige Ordensgemeinschaft einen wichtigen und unverzichtbaren Platz im Rahmen der freien Wohlfahrtspflege aus. Gemäß dem Subsidiaritätsprinzip, einem tragenden Prinzip der christlichen Soziallehre, obliegt den Einrichtungen der freien Wohlfahrtspflege gegenüber der öffentlichen Wohlfahrtspflege ein

Vorrang. Zugleich wird damit ein plurales Angebot sichergestellt. Die Verbände der freien Wohlfahrtspflege sind privilegiert. Aufgrund ihrer langjährigen Spezialisierung und Erfahrungen gelten sie grundsätzlich als fachlich geeignete und als verlässliche Träger. Durch die historischen Abläufe ist ihnen der Vorrang zugewachsen.

Im Mittelpunkt: Der alte Mensch in seiner Würde

Seit 1991 wird das St. Adalbert Stift als Alten- und Altenpflegeheim betrieben. Der alte, kranke Mensch in seinem Wert und seiner Würde hat hier stets in Ehrfurcht Behandlung und Pflege erfahren. Aufgrund der schwierigen räumlichen Verhältnisse war es leider nicht in ausreichendem Maße möglich, die gewünschte familiäre Atmosphäre aufkommen zu lassen. Wie von den Schwestern selbst eingeschätzt, stand in der Vergangenheit oft die Pflegebedürftigkeit stärker im Mittelpunkt, während viele andere Möglichkeiten der Betreuung – wie Angehörigenarbeit, Gruppenaktivitäten, aktivierende Pflege und religiöse Begleitung – nur teilweise wahrgenommen werden konnten. Aber stets war das Bemühen vorhanden, den Pflegebedürftigen den Aufenthalt hier im Hause so angenehm wie möglich zu gestalten. Die hier Tätigen haben sich stets bemüht, sowohl mit ihrem fachlichen Können als auch ihrer Zuwendung ernst zu machen mit dem ganzheitlichen Menschenbild und die Heimbewohner in ihrer ganzen Persönlichkeit angesprochen.

Zur Zukunft des St. Adalbert Stiftes in Wittichenau

Wittichenau mit dem St. Adalbert Stift befindet sich im nördlichen Zipfel des sorbischen Gebiets in Sachsen. Das Stift selbst setzt sich aus dem Ursprungsbau und diversen, später angefügten Ergänzungsbauten zusammen. Dadurch wird gegenwärtig noch eine wirtschaftliche und funktionsgerechte Führung des Hauses verhindert. Am Fortbestand der Einrichtung besteht aber allein aufgrund des guten Standortes und der Tradition des Hauses kein Zweifel. Die im Gebiet in und um Wittichenau lebenden Sorben, die hier 50 bis 90 % der Bevölkerung ausmachen, haben das St. Adalbert Stift in der Vergangenheit immer als ihre Einrichtung betrachtet. Auch aus dieser Perspektive ist ein Weiterbestehen unverzichtbar.

Die Kongregation der Barmherzigen Schwestern vom Heiligen Karl Borromäus plante deshalb den Neubau und Umbau des Altenpflegeheimes in Wittichenau. Der Koordinierungsausschuss für Investitionen in der Altenhilfe des Freistaates Sachsen stimmte dem geplanten Neubau und Umbau mit einem künftigen Bestand von 60 Altenpflegeheimplätzen, zwei Kurzzeit- und zehn Tagespflegeheimplätzen zu. Als Schwerpunkte einer künftigen Pflegekonzeption wurden von den Schwestern genannt:
- aktivierende ganzheitliche Pflege
- menschliche Nähe und Zuwendung
- Pflege der sozialen und familiären Bindungen
- Möglichkeit, eigene Einrichtungsgegenstände ins Heim mitbringen zu können
- Begleitung Schwerkranker und Sterbender in ihrem Zimmer
- seelische Betreuung
- physiotherapeutische Angebote
- Beschäftigungstherapie.

Diese Konzeption begrüße ich uneingeschränkt, trifft sie doch meine oben skizzierte ganzheitliche Sicht. Ich gehe davon aus, dass nach der langen Vorbereitungszeit der Bau jetzt zügig durchgeführt werden kann, um schnell die vorgesehene Verbesserung der Bedingungen für die Bewohner und die Mitarbeiter zu erreichen.

Gute Wünsche

Ihnen, die Sie hier wohnen und leben, betreut werden und Hilfe erfahren, und Ihnen, die Sie für die Ihnen Anvertrauten da sind und mit Herz und Hand Hilfe erweisen, wünsche ich, dass die Sanierung und der Neubau zügig voranschreiten und dass das Leben und Arbeiten für Bewohner und Mitarbeiter in den neuen Räumen Freude bereiten. Allen, die zur Durchführung und Vollendung der baulichen Maßnahmen beitragen – dem Bauherren, den Baufirmen und allen Arbeitern – wünsche ich gutes Gelingen, ohne Unfall.

Möge auch im kommenden Jahrhundert der Segen über diesem Haus in reicher Fülle liegen und über allen Menschen, die im St. Adalbert Stift Heimat finden.

SOLIDARITÄTSVERPFLICHTUNGEN UND FREIHEITSRECHTE ALS POLITISCHE GESTALTUNGSAUFGABE

Das Thema ist nach wie vor aktuell, übrigens in allen modernen Demokratien. Es geht um das Spannungsfeld zwischen der Freiheit, die dem Einzelnen kraft seiner Menschenwürde (GG, Art. 1 und 2) zukommt, und der notwendigen Regulation, der diese Freiheit bedarf, um Gemeinschaft zu ermöglichen und zu sichern. Bei der Frage nach der Zukunftsfähigkeit geht es zu aller erst um die grundlegende Frage nach den Werten, die uns und unsere Gesellschaft tragen. Denn Personwerdung im Sinne der Christlichen Gesellschaftslehre meint die gelungene Synthese von Freiheit und Verantwortung.

Die Frage ist nicht neu, und Antworten hat es auch zu jeder Zeit gegeben. Allerdings reicht der Rückgriff auf frühere Antworten nicht aus. Er kann jedoch auch für uns heute eine Hilfe bei der Neubewertung des Problems sein.

Was bedeutet Zukunftsfähigkeit?

Was meinen wir damit, wenn wir von der Zukunftsfähigkeit unserer Gesellschaft bzw. von einer zukunftsfähigen Gesellschaft sprechen? Wir denken dabei an ein System, das Sicherheit und Stabilität nach innen und außen garantiert, Wachstum und Wohlstand ermöglicht sowie individuelle Entfaltungsmöglichkeiten für die nächsten Jahre und Jahrzehnte sichert. Die Basis eines solchen Gesellschaftssystems wird durch ein funktionierendes Staatswesen, eine stabile Wirtschaft mit hohem Beschäftigungsgrad, eine solide Finanzpolitik, wirkungsvolle Sozialpolitik und gesunde Umwelt gebildet. Hinzu kommen Entspannungs- und Friedenspolitik und Mitwirkung bei der Bewältigung europäischer und globaler Probleme.

So stehen wir also vor einer Vielzahl von Aufgaben, denn die genannten Bereiche müssen zugleich insgesamt und jeder für sich in diesem Sinne „zukunftsfähig" gestaltet werden. Wenn einer der Bereiche über längere Zeit nicht oder nicht hinreichend funktioniert, ist das System insgesamt gefährdet.

Wenn wir unsere Gesellschaft wirklich tragfähig und zukunftsweisend gestalten wollen, müssen uns zunächst einmal die relevanten Sachverhalte bekannt sein. Dazu ein aktuelles Beispiel: Es erscheint mir wichtig, dass wir unvoreingenommen die Frage zulassen: Wie viele Arbeitslose gehen eigentlich zum Arbeitsamt, nicht, weil sie Arbeit wollen, sondern um ihre Rente zu sichern oder eine Krankenversicherung zu behalten? Diese Frage ist für die Analyse des Arbeitsmarktes und der Funktion des Sozialwesens von erheblicher Bedeutung. Sie ist aber noch nicht untersucht worden. Hieran wird deutlich: Fehlende Informationen über die Sachverhalte erschweren jede Reformdiskussion außerordentlich und stellen mögliche Ergebnisse von vornherein in Frage.

Ein Beispiel: Das Wissensdefizit über die Zusammenhänge und Fakten – z. B. zwischen Demographie und Arbeitsmarkt – sind auch bei führenden Leuten außerordentlich hoch. Solange das Wissen nicht vorhanden ist und auch nicht die Bereitschaft besteht, sich ihm zu öffnen, können die Beteiligten nicht die richtigen Entscheidungen treffen. Vielmehr treffen sie Entscheidungen vor dem Erfahrungs- und Wissenshorizont, den sie mitbringen. Die Wirklichkeit hat sich aber geändert, in die hinein sie entscheiden. Damit ist die Wahrscheinlichkeit für Fehlentscheidungen oder unerwartete Wirkungen sehr hoch. Weil das so ist, werden die Entscheidungsträger durch die Folgen ihrer Entscheidungen immer wieder überrascht und versuchen dann, sie zu korrigieren. Solches Verhalten führt dazu, dass die Widersprüchlichkeit des Ganzen ständig zunimmt.

Das klassische Beispiel dafür ist die Frühverrentung. Vor einigen Jahren hat die Bundesregierung die Frühverrentung als ein innovatives und wirksames Instrument der Arbeitsmarktpolitik entwickelt und angeboten. Sie hat aber mögliche Folgen nicht ausreichend bedacht. Jetzt versuchen Bundesregierung, Arbeitgeber und Arbeitnehmer, den Eintritt dieser Folgen durch die Unterstellung zu verurteilen, es handele sich um Missbrauch. Das ist aber zu wenig. Man kann die Unternehmen und die Gewerkschaften nicht dafür verantwortlich machen, dass sie einzelwirtschaftlich gebotene Chancen in Anspruch nehmen. Ganz sicher kann man sie dafür moralisch nicht verurteilen. Es gibt ja den Grundsatz, dass man niemanden in Versuchung führen soll.

Zur Zeit wird versucht, das durchaus taugliche Instrument Frühverrentung vor den selbst verursachten Fehlentwicklungen zu retten. Sicher ist es nie zu spät. Solches Vorgehen darf nur nicht zur Methode unserer zukünftigen sozialpolitischen Entwicklung werden. Sonst verbrauchen wir mehr politische, soziale und innovative Energien zur Bewältigung dieser Prozesse, als wir uns im Sinne von Zukunftsfähigkeit leisten können.

Interessenkonflikte

In jeder offenen Gesellschaft gibt es Interessengegensätze und Interessenkonflikte. Das ist normal. Auch dabei müssen die Sachverhalte klar sein.

Ich nenne hierzu ein Beispiel, bei dem deutlich wird, dass individuelle Interessen bzw. individuelle Wahlentscheidungen einen außerordentlich hohen und nachhaltigen Einfluss auf die gesamtgesellschaftliche Interessenlage ausüben. Am Beispiel der demographischen Entwicklung in unserem Lande wird sehr deutlich:

Unsere Bevölkerung entscheidet darüber, ob sie Kinder haben will oder nicht. Sie hat (meist) die Wahlmöglichkeit zwischen Ja und Nein. Das sind Wahlentscheidungen. Es ist offensichtlich sehr schwer, diese Wahlentscheidungen politisch nachhaltig zu beeinflussen. Es gibt zwar Rahmenbedingungen, mit denen man sie mittelbar und langfristig beeinflussen kann. Eine direkte Einflussnahme ist jedoch glücklicherweise so gut wie ausgeschlossen.

Die Generation der heute Zwanzig- bis Vierzigjährigen hat viel weniger Kinder als notwendig wären, um die Bevölkerungsstruktur zu erhalten. Das ist das Ergebnis eines in den Köpfen unzähliger Einzelner abgelaufenen Wahlprozesses. Diese Generation rechnet sich das Ergebnis ihrer Wahl aber nicht selbst zu. Sie kommt gar nicht auf die Idee, die absehbaren Folgen zu bedenken.

Das ist kein böser Wille. Ein Hauptproblem bei all diesen Wahlentscheidungsprozessen – also in Anspruch genommener Freiheit – liegt darin, dass innere Zusammenhänge bestehen, die der Bevölkerung nicht bewusst sind. Sie erlebt die Ergebnisse ihres eigenen Verhaltens und ihrer Lebensentwürfe als objektive Ereignisse. Daraus resultiert die Neigung, für möglicherweise gesamtgesellschaftlich negative Konsequenzen aus den individuellen Wahlentscheidungen den Staat in die Verantwortung zu nehmen.

Wenn ich auf der einen Seite Freiheit einfordere und auf der anderen Seite erwarte, dass die Zukunft für die nächsten Jahre und Jahrzehnte sicher ist, dann gibt es in den Augen weiter Kreise der Bevölkerung nur einen Adressaten, der das leisten und alles wieder ins Lot bringen kann. Und das ist – so die falsche Erwartung – der Staat. Damit ist der Staat aber völlig überfordert. Kein Staat auf der Welt, am wenigsten ein demokratischer, freiheitlicher Staat, kann alle Zukunftsunsicherheiten beseitigen.

Die Illusionen über staatliche Fähigkeiten und Kompetenzen müssen dringend abgebaut werden. In meinen Augen sind die Illusionen in der Bevölkerung über das, was der Staat z. B. im Bereich der Sozialpolitik tatsächlich leisten kann oder nicht kann, eines der wesentlichen Hindernisse für Reformvorhaben. Es ist doch praktisch so, dass in der öffentlichen Meinung schon der Hinweis auf objektive Begrenzungen staatlicher Möglichkeiten als eine Flucht der Politik aus der Verantwortung missdeutet wird.

Wir befinden uns mitten im Thema: Solidaritätsverpflichtungen und Freiheitsrechte als politische Gestaltungsaufgabe. Dabei geht es darum, die Balance zu finden im Spannungsfeld zwischen den Interessen des Einzelnen und der Gemeinschaft und zwischen der Verantwortung des Einzelnen und der Gemeinschaft.

Suche nach Konsens in den Zielen

Aktuelles Wissen und praktische Erfahrung als Basis für richtige Entscheidungen

Wie können unterschiedliche Interessen in Übereinstimmung gebracht werden? Es gibt bereits heute eine ganze Menge Ziele, die in den Werteskalen sowohl des einzelnen Bürgers als auch des Staates ganz oben stehen, die also gemeinsame Ziele sind. Solche Ziele sind z. B. die Erhaltung des Friedens und der inneren Sicherheit. Uns allen ist klar, warum die Rangfolge so lautet und warum breiter Konsens über die elementare Bedeutung dieser Bereiche besteht.

Frieden und Sicherheit sind Voraussetzungen dafür, dass individuelle Interessen umgesetzt werden können, wie z. B. Freiheit und Selbstverwirklichung, Wohlstand und privates Glück. Frieden und Sicherheit sind zugleich Voraussetzungen für Stabilität und Bestand des Staates und der Gesellschaft.

Wenn es diese allgemein anerkannten Ziele und Interessen gibt – wie das Beispiel zeigt – dann müssen wir uns fragen: Woher kommt diese Übereinstimmung? Die Erklärung liegt auf der Hand. Jeder von uns kann sich vorstellen, was ein Krieg im eigenen Land bedeutet – dazu braucht man keinen Krieg miterlebt zu haben. Aus dem Wissen um die Zusammenhänge und Folgen, was Krieg für mich, meine Familie und Freunde, für mein Haus, meine Stadt und mein Land oder meine Arbeit und mein Vermögen und was sonst noch wichtig sein mag, bedeutet, erwächst der Antrieb, einen Krieg auf jeden Fall zu verhindern. Das ist so, weil jeder irgendwie betroffen wäre.

Mit diesem Beispiel wollte ich zeigen, welcher Mechanismus in Gang kommen muss, um unterschiedliche Interessen auszugleichen oder in Übereinstimmung zu bringen. Auf das Wissen um die Sachverhalte und Zusammenhänge kommt es an. Wenn noch nicht genügend Wissen da ist, kommt es auf das Lernen an. Wissen und Lernen beschränken sich dabei nicht auf die Theorie, sondern umfassen das Lebens-Wissen in einem ganzheitlichen Sinn. Damit meine ich Wertmaßstäbe, wie sie überwiegend in der Familie und über Vorbilder vermittelt und erworben werden. Damit meine ich auch die praktischen Erfahrungen im Sinne von „sich die Finger verbrennen". Wer sich einmal die Finger verbrannt hat, braucht in der Regel kein Verbot mehr, die Herdplatte anzufassen. Umfassendes, aktuelles Wissen, praktische Erfahrungen und Wertvorstellungen bilden den Antrieb zum Handeln und gleichzeitig die Basis für richtige Entscheidungen.

Wie können wir dieses Wissen für die politische Gestaltung gesellschaftlicher Prozesse nutzen? Wenn ich etwas gestalten will und dazu die Mitwirkung der Bürger brauche oder wenn ich etwas für die Bürger gestalte, das von ihnen angenommen werden soll, dann werden Appelle allein nicht immer zum Erfolg führen. Prof. Biedenkopf hat es sinngemäß so formuliert: „Wenn ich an die Einsicht der Leute appellieren muss, damit sie sich vernünftig verhalten, ist das nicht selten ein Beweis dafür, dass ich die Sache unvernünftig organisiert habe." Das gilt in der Wirtschaft genauso wie im Sozialen und in der Gesellschaft insgesamt. Appelle werden nur dann nützen, wenn sie auf Werte zielen, die der Empfänger des Appells verinnerlicht hat, wie ich das vorhin am Beispiel Krieg beschrieben habe.

Die richtigen Werte vermitteln

Wie und wo lerne ich Werte wie Toleranz? Wie lerne ich, dass mein Nachbar eine Menschenwürde und gleiche Rechte hat wie ich? Wie lerne ich Wahrhaftigkeit und Ehrlichkeit? Warum und wie vermeide ich Lüge und Diebstahl, Trägheit und Bestechlichkeit, egoistisches und unfaires Verhalten?

Unser Verhalten wird durch die Werte geprägt, die jeder bereits seit frühester Kindheit in seiner Familie, im sozialen Nahbereich und durch andere Vorbilder erwirbt. Ich erwähne diesen Aspekt noch einmal, weil man die Familie und die kleinen Lebenskreise als Orte des Lernens und der Wertvermittlung nicht genug herausstellen kann. Das lebenspraktische Lernen muss natürlich durch verschiedene schulische und außerschulische Bildungsangebote ergänzt werden.

Übereinstimmung der Interessen von Gemeinschaft und Individuum

Wir müssen also die Fakten und Zusammenhänge zuerst einmal wahrnehmen oder kennen lernen. Dann müssen wir mögliche Lösungsvorschläge an unseren Wertmaßstäben prüfen. Erst danach können wir zielgenau gestalten.

Nehmen wir das Beispiel Teilzeitarbeit. Wie können wir in diesem Bereich die Interessen des Einzelnen mit denen der Gesellschaft in Übereinstimmung bringen?

Ich sehe es als notwendig an, die vorhandene Arbeit neu zu verteilen. Für viele, die arbeiten wollen, ermöglicht die Beschäftigung mit einer Arbeitszeit unterhalb des Vollzeit-Standards überhaupt erst die gewünschte Beteiligung am Erwerbsleben. Denn da wollen auch andere Werte gelebt werden: Da sind Kinder oder pflegebedürftige Angehörige zu versorgen. Oder neben der Erwerbsarbeit wird eine Weiterbildung angestrebt. Für viele geht es dabei auch um die berufliche Überbrückung einer bestimmten Lebensphase, in der sie trotz zeitweise anderer Verpflichtungen den Anschluss an die Arbeitswelt nicht verlieren wollen.

Voraussetzung dafür, dass solche Überlegungen auch angenommen werden, ist, dass sie gesellschaftlich akzeptiert werden. Gesellschaftliche Anerkennung darf nicht von Vollzeit-Erwerbsarbeit abhängig sein. Auch wer keine außerhäusliche Vollzeit-Erwerbsarbeit leistet, hat einen hohen Wert. Das muss auch in den Medien so dargestellt werden.

Der Mensch erhält seinen Wert und seine Würde nicht aus seiner Arbeit, jedenfalls nicht überwiegend. Er erhält seine Würde nicht nur aus seiner Funktion und seiner Rolle. Hat nicht auch ein Behinderter Würde und führt ein sinnvolles Leben?

Rente, Arbeit und ehrenamtliche Tätigkeit

Mit diesen eher allgemeinen Anmerkungen wollte ich auf Schwerpunkte hinweisen, die ich in der politischen Diskussion vertrete und die mein politisches Handeln bestimmen. Dazu möchte ich noch einige kurze Beispiele zu den Themen Rente, Arbeit und ehrenamtliche Tätigkeit geben.

Wir müssen unser System so umorganisieren, dass möglichst viele Menschen wieder mittun können. Dies schließt allerdings auch ein: Wir müssen die Rente zum Teil vom Arbeitsverhältnis/der Erwerbsarbeit abkoppeln. An die Stelle der lohnbezogenen Altersversorgung sollte langfristig eine steuerfinanzierte Grundsicherung im Alter treten. Der Übergang darf weder die heutigen Renten noch die erworbenen Anwartschaften gefährden. Jeder ist dann frei, das Erwerbsleben zu verlassen, ohne gleich fürchten zu müssen, weniger Grundsicherung zu erhalten. Auch die Frau oder der Mann, die arbeiten, indem sie z. B. zwei oder drei Kinder erziehen, werden damit ihre eigene Alterssicherung haben, weil diese Arbeit für die Gemeinschaft nötig ist. Jeder, der mehr will als die Grundversorgung, kann dies durch private Vorsorge erreichen.

Aus der Perspektive einer gerechteren Verteilung der vorhandenen Arbeit sollte die Möglichkeit eines verstärkten Teilzeit-Arbeitsplatzangebotes noch wesentlich intensiver bedacht werden, als das – jedenfalls bei uns in Deutschland – bisher der Fall ist.

Auch bei der Frage nach sogenannten dezentralen Arbeitsplätzen stehen wir ja noch vergleichsweise weit hinter dem zurück, was aufgrund der heute schon vorhandenen Informations- und Kommunikationssysteme ohne größeren Aufwand möglich wäre und was auch in anderen Ländern bereits praktiziert wird. Diesen Fragen muss sich auch der öffentliche Dienst mit stärkerem Engagement stellen.

Aktion 55

Ein weiteres interessantes Beispiel für die Konsensfindung oder den Interessenausgleich zwischen der Wahrnehmung individueller Freiheit, die ja immer wesentlich etwas zu tun hat mit Selbsterfahrung und Selbstverwirklichung, die aber zugleich einen hohen sozialen, gemeinschaftsstiftenden und gesellschaftlichen Wert hat: Ich meine unsere „Aktion 55", die wir hier in Sachsen „erfunden" haben und die über unsere Landesgrenzen hinweg inzwischen auf große Beachtung gestoßen ist.

Mit der „Aktion 55" werden gleichzeitig zwei wichtige Ziele erfüllt. Zum einen setzen Menschen im Alter zwischen 55 und 60 Jahren, die nicht mehr berufstätig sind, ihre reiche Lebenserfahrung, ihre Kenntnisse und Fähigkeiten für Menschen in ihrem sozialen Nahbereich ein. Zum anderen erfahren die in der Aktion Engagierten im Rahmen ihrer ehrenamtlichen Hilfe und Mitarbeit die Dankbarkeit ihrer Mitbürger und nicht selten neuen Lebenssinn.

Erwartungen der Politik an die Erwachsenenbildung

Ich habe versucht, Ihre Aufmerksamkeit auf zentrale Fragen der Zukunftsfähigkeit unserer Gesellschaft zu richten. Dabei sollte deutlich werden, dass individuelle Freiheit und Selbstverwirklichung auf der einen Seite und Solidarität, Sozialbindung und Gemeinsinn auf der anderen Seite zusammengehören und einen sinnvollen Ausgleich erfahren müssen.

Genau an dieser Stelle hat die Erwachsenenbildung, haben insbesondere die verschiedenen freien Träger der Erwachsenenbildung, auf der Grundlage ihrer eigenen, verantwortlich getroffenen Wertentscheidung und ihrer freigewählten Angebotspalette einen unverzichtbaren Beitrag zu leisten. Dieser Beitrag vermittelt Orientierung anhand von Lehrbeispielen auch aus der Geschichte der Menschheit, indem er beschreibt, hinterfragt, aufklärt und Konsequenzen des Handelns, Wertens und Entscheidens aufzeigt.

Erwachsenenbildung sucht nicht zu vereinfachen, sondern stellt sich der Komplexität ihrer jeweiligen Aufgabe. Sie scheut nicht das „Bohren dicker Bretter" und gibt sich nicht mit vorschnellen Antworten zufrieden.

Zu diesem Tun möchte ich Sie nachdrücklich ermutigen. Wir alle wissen: Politik lebt oft zu sehr von der Tagesaktualität. Allzu häufig bestimmen oberflächliche Schlagzeilen und Schlagabtausche die politische Diskussion. Erwachsenenbildung, zumal in Gestalt der politischen Bildung, hat hier eine eminent wichtige Korrektivfunktion. Die Träger der politischen Erwachsenenbildung sollen sich als Anwälte nicht nur der politisch mündigen Bürger, sondern auch der schweigenden Mehrheit verstehen und die Politik kritisch begleiten.

Erwachsenenbildung hat immer auch eine im weitesten Sinne kulturelle Vermittlungsfunktion. Diese ist für die Identitätsbildung des Einzelnen wie für die Gesellschaft insgesamt von unschätzbarem Wert. Von daher meine Bitte: Lassen Sie gerade in dieser Zeit, die so stark von zweckrationalem Denken geprägt ist, nicht nach in Ihrem Bemühen um eine intensive kulturelle Bildung in ihrer breiten und tiefen Vielfalt.

Und ein Letztes: Eine wesentliche Säule der evangelischen Erwachsenenbildung ist die theologische Bildung. Theologische Bildung hat sich nie nur als Spezialaufgabe für kircheninterne Kreise verstanden. Theologische Bildung hat sich immer als offenes Angebot an alle wahrheitsliebenden, interessierten Menschen gesehen. Sie stellt die Sinnfrage immer neu – sie stellt sie in unsere Zeit und in unsere konkrete Lebenssituation hinein. Sie lädt jeden ein, sich den existenziellen Fragen nach dem Warum, dem Woher und Wohin zu öffnen.

Angebote aus dem Bereich der theologischen Bildung sind als freie Angebote in einer demokratischen Staats- und Gesellschaftsordnung heute mindestens ebenso notwendig wie früher, als wir in einem freiheitsbeschränkenden Staat mit religionsfeindlicher Ideologie lebten. Der heutige praktische Materialismus ist für den Menschen nicht minder gefährlich als der frühere dialektische Materialismus. Als jemand, der im Osten Deutschlands aufgewachsen ist, darf ich betonen: Hier in den neuen Bundesländern suchen viele Menschen nach einer tragfähigen geistig-seelischen Lebensorientierung, was nach der langen Zeit geistiger Trockenheit durchaus naheliegend ist. Die evangelische Erwachsenenbildung sollte nicht müde werden, gerade auf diesem Feld auch in Zukunft segensreich zu wirken.

SCHWERTER ZU PFLUGSCHAREN – SEELSORGE IN DER BUNDESWEHR

Wege der Gewaltlosigkeit

Verweigerung des Wehrdienstes in der DDR

Schon in der Oberschulzeit war ich herausgefordert, zum Wehrdienst Stellung zu beziehen. 1957 besuchte ich die 11. Klasse, und es stand die Frage der Studienbewerbung an. Damals gab es noch keine Wehrpflicht in der DDR. Aber es war der verpflichtende Ehrendienst. Außer einem Mitschüler, der aus Gesundheitsgründen ausgemustert wurde, war ich in meinem Jahrgang der einzige, der nicht bereit war Wehrdienst zu leisten. Alle anderen aus meiner Klasse sind damals zur Nationalen Volksarmee gegangen. Seit diesem Zeitpunkt habe ich meine Verweigerung immer wieder mit dem Bemühen begründet, in der Nachfolge Christi zu leben entsprechend der Gethsemaneszene im Evangelium.

Ich weiß, dass dies nicht ausreichend ist, um die Frage nach dem Einsatz von Machtmitteln des Staates intern oder auch außerhalb zu beurteilen. Aber für mich ganz persönlich war es der Versuch, in der Nachfolge Christi zu leben. Ich musste dies damals mit 17 Jahren vor etwa 20 Lehrern allein formulieren, und das ist mir noch einige Male ähnlich gegangen. Deswegen kam ich zunächst nicht zum Studium. Das hat mich nicht sehr erschüttert. Ich habe Färber gelernt. Nach zwei Jahren bin ich dann doch zum Studieren gekommen. 1961 wurde ich erneut herausgefordert. Ich hatte die ersten zwei Semester hinter mir, und es waren Semesterferien, als der Bau der Mauer kam. Ich bin noch am 20. Juli mit dem Fahrrad durch das Brandenburger Tor gefahren, und wenig später dieses Ereignis!

Als wir Anfang September an die Uni zurückkamen, hieß es, jederzeit bereit zu sein, mit der Waffe in der Hand die Republik zu verteidigen. Ehrendienst, Ehrenverpflichtung. Ich war damals während der Färberlehre in die FDJ eingetreten. In meiner Oberschulzeit war ich noch nicht dabei, und zwar wegen der für mich nicht in Einklang zu bringenden Verpflichtungen der FDJ, den Marxismus/Leninismus zu vertreten. Wir sollten ihn nicht nur bekennen und nicht nur als wissenschaftliche Lehre vertreten. Vielmehr wurde aktive Werbung gleichfalls als notwendig angesehen. Und weil ich das Statut an dieser Stelle nicht einhalten konnte, bin ich damals nicht in die FDJ eingetreten. Später hat man zu mir gesagt: „Das wird von dir nie verlangt." Ich habe gesagt, dass es nicht lange dauern wird, bis es Konflikte gibt. Es hat auch nicht allzu lange gedauert. Das Problem kam mit dem Mauerbau. Ich wurde aus der FDJ ausgeschlossen, weil ich die Verteidigungsverpflichtung nicht unterschrieben habe. Man diskutierte schon über einen Exmatrikulationsantrag. Weil drei meiner Studienkommilitonen dann auch nicht unterschreiben wollten und ich als Rädelsführer von den Vieren angesehen wurde, musste ich meine Haltung vor 500 Studenten im großen Chemiehörsaal verteidigen. Unter anderem wurde mir die Frage gestellt: „Was würden Sie machen," (ich war damals noch nicht verheiratet), „wenn Mörder oder Räuber kämen und ihre Mutter erschießen wollten?¡ Ich habe damals gesagt und sage es auch heute: „Mir bleibt an der Stelle nichts anderes, als mich dazwischenzustellen." Mir ist diese Haltung abgenommen worden. Der Exmatrikulationsantrag, der aus der Studiengruppe gestellt worden war, ist wieder zurückgenommen worden.

Musterung

Ich habe weiterstudiert. 1962 wurde die Wehrpflicht in der DDR eingeführt, die ich ablehnte. Im Frühjahr 1963 wurde ich gemustert. Die Gespräche haben meistens zwei Stunden gedauert. Wieder saß ich vor einer Runde von ungefähr 20 Personen. Wir wussten nicht, was mit uns weiter geschehen würde. Vorab waren andere Studenten gemustert worden. Ein Teil von ihnen wurde exmatrikuliert, ein anderer Teil nicht. Es war also nicht durchschaubar, nach welchen Kriterien die Auswahl erfolgte. Bei mir haben sie gesagt: „Im Augenblick ziehen wir Sie sowieso noch nicht ein. Das müssen Sie nach dem Studium, wenn Sie wieder gemustert werden, noch einmal vortragen." Dann kam 1964 die Entscheidung zum Bausoldatengesetz. Dabei wurde das, was wir als für uns nicht tragbar formuliert hatten – der Einsatz an der Waffe und der Eid – weggelassen.

Das wurde meiner Ansicht nach sehr präzise durchgeführt. Alle anderen militärischen Aspekte, die sonst üblich waren, wurden belassen. Ich bin dann lange Zeit nicht wieder angesprochen worden. Formal habe ich mich immer korrekt verhalten, habe mich umgemeldet, um keine Anstöße zu geben, militärische Stellen herauszufordern. Mit 35 wurde ich zur Reserve einberufen. Wieder wurde ich gemustert. Dort sagte ich, dass ich die Absicht hätte, den Antrag als Bausoldat zu stellen. Da wurde mir gesagt, das ginge nicht. Das sähe das Gesetz nicht vor. Ich hatte mich jedoch vorher kundig gemacht. Es war im Gesetz vorgesehen, und ich hatte die entsprechende Erklärung mit. Diese haben sie sich durchgelesen. Ich hatte sie in zweifacher Ausführung bei mir. Ich habe ihnen gesagt, dass ich von ihnen unterschrieben haben möchte, sie abgegeben zu haben. Dann wollten sie sie aber selber zweimal haben, und da musste ich mich hinsetzen und es noch einmal abschreiben. Plötzlich kamen sie zu mir in den Raum und wollten wissen, ob ich Zeuge Jehovas sei. „Nein, ich gehöre zur evangelisch-lutherischen Landeskirche", sagte ich. Darauf waren sie in dem Moment nicht vorbereitet.

Friedensdekaden

Als jemand, der sich in der DDR-Kirche engagiert hat, ist der Gedanke „Schwerter zu Pflugscharen" im Wesentlichen mit den Friedensdekaden Anfang der 80er Jahre verbunden.

Diese haben 1981 begonnen. Erste kleinere Gesprächsrunden hat es schon 1978/79 gegeben. Seit 1981 haben die Kirchen jährlich Friedensdekaden durchgeführt, und man hat auch versucht, sie als gemeinsames Handeln der Kirchen in Ost und West zu etablieren. Aber es ist doch immer ein deutlicher Unterschied gewesen. Wir haben mit einem entsprechenden Gottesdienst anderthalb Wochen vor dem Buß- und Bettag begonnen und immer geendet mit dem Buß- und Bettag. Unser Symbol war das Zeichen „Schwerter zu Pflugscharen" aus dem Monument, das die Sowjetunion der UNO gespendet hatte und das in New York vor dem UNO-Sitz steht. Dieses Symbol war sehr bewusst gewählt – allerdings auch vor dem Hintergrund unserer biblischen Aussage der Hoffnung des endgültigen Friedens auf Erden. Diese Darstellung bezieht sich auf die alttestamentliche Verheißung im Buch Micha: „Dann schmieden sie Pflugscharen aus ihren Schwertern und Winzermesser aus ihren Lanzen".

In der DDR bewirkte das prophetisch visionäre Bild von dem Mann, der das Schwert zur Pflugschar umschmiedet und damit ein Zeichen des Friedens gibt, binnen kurzem eine Situation der innenpolitischen Konfrontation, wie es sie seit langem nicht mehr gegeben hatte. Die DDR-Führung reagierte nervös. Die Kirchenzeitungen mussten aus ihren Ankündigungen der Friedensdekade den Hinweis auf das Glockenläuten am Bußtag streichen. Der Hannoversche Landesbischof Lohse bezeichnete die Formel „Frieden schaffen ohne Waffen" als politisch sehr naiv.

Von nun an fanden alljährlich im November Friedensdekaden mit wechselnden Themen statt. In dem Maß wie die Beteiligung wuchs auch die Überwachung durch die Staatssicherheit. Das Zeichen der Dekaden habe ich damals an meinem Trabi gehabt. Ich habe die Frage in den Stasi-Unterlagen als entsprechend auffällig registriert und recherchiert wiedergefunden, wem denn dieser Trabant mit dem Zeichen gehört. Zu der Zeit arbeitete ich im Diakonissenkrankenhaus. Insofern hat es für mich keine beruflichen Konsequenzen gehabt, dass die Staatssicherheit recherchiert hat.

Risikoreiche Situationen

Besonders in Dresden haben der Herbst 1981 und das Frühjahr 1982 zu einer besonderen kirchen- und gesellschaftspolitischen Gesprächsrunde zwischen Bischof Hempel und dem damaligen SED-Bezirkschef Modrow geführt, weil eine Gruppe Jugendlicher aufgerufen hatte, sich am 13. Februar 1982 vor der Ruine der Frauenkirche zu versammeln. Wo die Flugblätter gedruckt wurden, wer sie verteilt hatte, wurde in wenigen Stunden herausgefunden. Es kam dann zu Gesprächen zwischen Modrow und Hempel, bei denen deutlich wurde, dass der Staat versuchte, die Gefahren für sich im Griff zu behalten, ohne große politische Unruhe auszulösen. Sie wollten die Jugendlichen deswegen nicht verhaften. Denn sie wollten das, was damit angestoßen war, nicht direkt verbieten. Es führte damals dazu, dass eine große Friedenszusammenkunft in der Kreuzkirche an diesem 13. Februar stattfand. An jeder Stelle der Stadt Dresden, wo sich Staat und Kirche gegenüberstanden, am Neustädter Bahnhof, am Hauptbahnhof, am Fučikplatz, am Platz der Einheit, an jeder Stelle stand, für alle recht offensichtlich, die Staatssicherheit, natürlich in Zivil, und an jedem Platz stand mindestens ein Vertreter der Kirche. Die Kreuzkirche war mit über 6.000 Menschen gefüllt. Es wurde Alkohol getrunken und geraucht – eine wirklich brenzlige Situation. Von der zweiten Empore herunter wurde argumentiert und gerufen. Am Altar war das Podium mit Landesbischof Hempel und Pfarrer Bretschneider. Alles ist friedlich verlaufen, auch das spätere Zusammenkommen an der Frauenkirche um dreiviertel Zehn beim Glockenläuten. Wir haben gesungen.

Ich erzähle das deswegen so ausführlich, weil seit dieser Zeit in Dresden Friedensgebete gehalten worden sind, die für mich Grundlage für die friedliche Revolution waren. Grundlage, dass wir ohne Gewalt handelten, auch viele Menschen, die nicht kirchlich geprägt waren, die keine Christen waren. Gewaltlosigkeit auch, als sie am 7./8. Oktober 1989 in Dresden auf der Pillnitzer Straße oder der Prager Straße oder auf dem Altmarkt eingekesselt waren und später auch nach Bautzen abtransportiert wurden. Ohne Gewalt – auf dieser Basis wurde jahrelang das Friedensgebet gehalten, Tag und Nacht. Teilweise 40 Tage, teilweise sogar noch länger. 1982 ist von Anfang September bis zum Bußtag Tag und Nacht jede Stunde gebetet worden. Diese Tradition, dieses Sich-Besinnen, woher Kraft und Hilfe kommen, hat meiner Ansicht nach 1989 eine Öffnung in die Gesellschaft bewirkt. Das wussten wir damals nicht, das haben wir nicht organisiert, das hat der Staat nicht gewusst, das hat der Staat also auch nicht verhindern können.

Diese Geschichte des 13. Februar von 1982 bis 1989 ist für mich eine Geschichte, mit der deutlich wird, wie Gott die Christen und die Nichtchristen für eine gemeinsame Sache einsetzt, mit ihnen ringt und sie führt. Der Staat hat versucht, den Platz vor der Ruine der Frauenkirche immer wieder und immer mehr zu besetzen. Nach 1982 wurde in Dresden das Pioniertreffen durchgeführt, und an der Stelle, wo wir uns seit Februar 1982 immer getroffen hatten, wurde im August eine Gedenktafel des Pioniertreffens errichtet. Dann hat der Staat versucht, jedes Mal am 13. Februar dort eine Veranstaltung durchzuführen. Das ging so weit, dass er mit Fackeln und Musik immer wieder versuchte, den Platz zu besetzen, so dass Kirche und Christen dort sich nicht mehr versammeln konnten. Aber die Christen und die anderen Teilnehmer haben sich immer wieder etwas Neues einfallen lassen.

Blumen der Versöhnung

Zu den schönsten Erinnerungen gehört, dass 1986 oder 1987 in der Kreuzkirche aufgerufen wurde, Blumen mitzubringen, von denen am Ende des Gottesdienstes für den Weg zur Frauenkirchruine jedem eine in die Hand gegeben wurde. Es war das erste Mal, dass Bauzäune, Maschenzäune aufgestellt wurden, damit wir keine Kerzen auf die Steine der Ruine stellen konnten. Die Menschen haben ihre Blumen an die Zäune gebunden, so dass dieses Begrenzende und Ausschließende symbolisch überwunden wurde.

Ich habe die Friedensgebete in Dresden in all den Jahren immer mit organisiert. Das war mühsam. Wir haben sie von Gemeinde zu Gemeinde weitergegeben. Eine Gemeinde war immer für einen Tag zuständig. Und es ist häufig so gewesen, dass einen Tag vorher ein Anruf kam, niemand habe für die Zeit zwischen zwei und drei oder zwischen vier und fünf in der Nacht gefunden werden können. Wir waren immer ein sehr kleiner Kreis, der dann schnell einspringen musste. Und unter uns sechs Mitgliedern, drei aus katholischer Runde und drei aus evangelischer Runde, war über all die Jahre auch einer von der Staatssicherheit. Das hat Gottes Handeln nicht gestört.

In dieser Zeit haben wir Menschen bewegt, kirchliche und nichtkirchlichen Gruppen. In den Jahren 1989/90 ist der Kirche vorgeworfen worden, sie habe manche Gruppen in ihrer revolutionären Kraft davon abgehalten, zeitiger etwas in Bewegung zu setzen. Ich sehe das nicht so. Ich habe diese Tage vor dem Buß- und Bettag vielmehr als ein Stückchen gemeinsamen Weges in dieser friedlichen Revolution erfahren. Von daher ist der Buß- und Bettag für mich auch ein Tag unserer Geschichte der friedlichen Revolution, des Weges von Gott mit uns, dass es anders geht, dass es ohne Gewalt geht.

Verantworteter Einsatz von Gewalt

Wenn ich heute als notwendig anerkenne, dass Gewalt gegebenenfalls eingesetzt wird, muss ich mich auf drei Ebenen rechtfertigen.

Schutz vor straffälligen Kranken

Die erste Ebene: Als Gesundheitsminister bin ich für Menschen zuständig, die als psychisch Kranke oder als Suchtabhängige straffällig geworden sind. Hier muss staatliche Gewalt in bestimmten Situationen eingesetzt werden, damit andere Menschen keinen Schaden erleiden. Insofern bejahe ich unter bestimmten Voraussetzungen geschlossene Einrichtungen. Ich bejahe auch, dass maximal ein Versuch verantwortbar ist, nach einer Verurteilung z. B. wegen Mordes wieder in einer normalen Umgebung leben zu dürfen. Ich bin aber nicht bereit, mehr als einen Versuch zu verantworten. Wir dürfen nicht zulassen, dass Bürger zu Schaden kommen, weil sie möglicherweise nicht hinreichend vor gefährlichen Straftätern geschützt worden sind.

Schutz vor kriminellen Handlungen

Die zweite Ebene: Sicherheit durch die Polizei. Der Staat steht in der Verantwortung, wenn es notwendig ist, wirklich seine Macht einzusetzen. Wenn ich an kriminelle Ereignisse denke, denen wir uns stellen müssen, besonders an brutales Vorgehen aus dem Bereich der organisierten Kriminalität, kann ich wirklich keinem Polizisten zumuten zu sagen: Ich stelle mich einfach dazwischen. Das kann ich von niemandem erwarten, dem ich den Auftrag zumute, die Bevölkerung zu schützen.

Kriegsführung als Weg zum Frieden?

Die dritte Ebene: Bundeswehr – die Verteidigung nach außen. Einsätze der Bundeswehr können notwendig sein, auch außerhalb des NATO- Bereichs. Ich setze voraus, dass jeder von uns abwägt, in welcher Weise in Jugoslawien versucht werden kann, Frieden zu stiften. Die Ifor-Truppen sollen dort den Frieden ermöglichen. Sie sollen Raum schaffen, in dem der Frieden sich gestalten kann. Ich bin nicht sicher, ob es mittels weltweiter Politik nicht möglich gewesen wäre, dort anders zu reagieren als z. B. im Irak oder in manchen anderen Krisensituationen der vergangenen Jahre. Auch in Somalia wurde versucht, anders zu reagieren, aber leider ohne Erfolg. Hilflos stehen wir alle davor.

Was ist noch möglich, ohne selber zum Aggressor zu werden? Was ist möglich, ohne ein anderes Volk zu zerstören? Wir alle wissen, dass wir als zivilisierte Menschen eine Mitverantwortung tragen. Wir werden den Menschen in Jugoslawien nicht gerecht, solange Menschenrecht weiter verletzt wird. Wir haben einfach noch keine hinreichend friedensstiftende Lösung gefunden, das schreckliche Unrecht dort zu beenden, ohne zugleich neues Unrecht aufkommen zu lassen. Darüber bin ich wirklich erschüttert und auch hilflos, weil ich selber keine bessere Variante weiß.

Aber das zeigt mir auch, dass wir bislang für die Gesamtgesellschaft keine adäquate Verhaltensweise gefunden haben – verglichen mit einer individuellen Einzelentscheidung, ob ich mich zwischen den Angreifer und meine Mutter oder zwischen den Angreifer und meine Frau und Kinder stelle. Eine solche Haltung kann kein Politiker verlangen, der für die Ordnung in einem Staat die Verantwortung trägt. Wir haben noch keine Lösung gefunden. Wir sind Suchende, wenn ich auch denke, dass bei all der Dauer und all den unsinnigen Opfern in Jugoslawien ein nicht zu schneller Einsatz von mehr Militär für mich eher ein Stückchen Aufatmen als Vorwurf ist. Trotzdem bin ich darüber auch unheimlich traurig.

Seelsorge in der Bundeswehr

Einbeziehung ostdeutscher Erfahrungen

Schwerter zu Pflugscharen – Seelsorge in der Bundeswehr: Wie kommen wir mit unserer Erfahrung aus den neuen Bundesländern damit klar? Ich habe das Problem anhand meiner persönlichen Lebensgeschichte ein Stück deutlich gemacht. Es fängt an mit den reinen Auseinandersetzungen, wo ich mich direkt mit der Frage nach dem Wehrdienst für mich „Ja oder Nein" auseinandersetzen musste, und es ging weiter über die Zeit in der Friedensarbeit während der achtziger Jahre – mit den Jacken, wo ein runder Kreis ausgeschnitten war, weil der Aufnäher mit dem Zeichen „Schwerter zu Pflugscharen" abgetrennt werden musste.

Eine Lebensgeschichte, die für mich mit der Erfahrung dieser acht Jahre Friedensgebet mit ganz unterschiedlichen Menschen verbunden ist und die mit dem friedlichen Ausgang der Revolution 1989 zusammengehört. Und da gehört auch die Erfahrung mit hinein, die wir mit unseren Kindern in der Frage des Wehrkundeunterrichtes gemacht haben.

Dies alles ist ein Stückchen von dem, was wir in die gemeinsame Geschichte einbringen, in die gemeinsame Geschichte Deutschlands, die auch den Militärseelsorgevertrag in der Bundesrepublik von 1957 beinhaltet. 1957 – das war genau dasselbe Jahr, in dem ich das erste Mal Fragen zum Wehrdienst beantworten musste. Auch das ist ein Stück ganz normal gelebte, angenommene und als notwendig betrachtete Geschichte der Bundesrepublik.

„Gestalten" als politischer Auftrag

Es ist nicht so, dass Militärseelsorge über diese 30 Jahre generell als nicht notwendig oder nicht verantwortbar bezeichnet worden wäre. Die Kirche und die Soldaten haben es als für sie wichtig und notwendig anerkannt, gewollt und gelebt. Das ist auch unsere Geschichte. Wir werden miteinander diesen Auftrag heute gestalten. Wir werden ihn gestalten. Wir werden nicht sagen: So war es bisher, und so bleibt es. Von daher bin ich auch gar nicht traurig darüber, dass im Augenblick in den alten Bundesländern die Kirche nicht denselben Weg geht, wie wir ihn gehen wollen. Es ist ein Miteinander, das nicht identisch ist.

Mir ist dieses Wort „gestalten" sehr wichtig. Genau dieses Wort ist eines der tragenden Worte für mich geworden in der Zeit, als ich als Parlamentarischer Staatssekretär in der de Maizière-Regierung den Einigungsvertrag im Bereich Familie und Frauen und im Zusammenhang mit dem § 218 StGB mit verhandelt habe. Ich habe den Wortlaut zum Artikel 31 vorgetragen, und im Text stand sinngemäß: Aufgrund der unterschiedlichen Ausgangssituation und der gesetzlichen Lage ist der gesamtdeutsche Gesetzgeber beauftragt, zu prüfen – in Bezug auf die BRD – und zu gestalten – hinsichtlich der DDR. Ich habe dafür geworben, beides, nämlich Ausgangssituation und gesetzliche Lage, nicht nur zu prüfen, sondern daraus etwas zu machen. Und das verstand ich unter „gestalten".

Mein Gegenüber war der damalige Staatssekretär des Finanzministeriums, der nicht mehr Verhandlungsspielraum hatte – das weiß ich – er konnte sich bloß mit „prüfen" einverstanden erklären. Wir haben es jeweils erläutert. Es wurde gesagt, auch nach einer Prüfung ist unter Umständen eine Schlussfolgerung zu ziehen, und dann würde vielleicht etwas dabei herauskommen. Da habe ich gesagt, man könne doch gleich den Begriff „gestalten" verwenden. Da hat sich Kinkel eingeschaltet und hat auch gemeint, dass er „gestalten" an der Stelle für durchaus angebracht hält. Der Finanzstaatssekretär hat wieder dagegen gehalten. Dann hat auch Wolfgang Schäuble gesagt, er finde, dass „Gestaltung" Aufgabe der Politik ist. Dann hat er kurz mit dem Finanzstaatssekretär den Raum verlassen und als sie wieder kamen, meinten sie, wir könnten den Begriff „gestalten" verwenden. Und so steht es nun im Einigungsvertrag.

Ja zur Seelsorge an den Soldaten

Trotzdem: Hier in den neuen Ländern gibt es viele Menschen, die mit diesen Vorstellungen, die ich selber habe und die ich für die menschliche Gesellschaft für wichtig halte, überhaupt nichts anfangen können. Viele hatten ihr Leben zwanzig

Jahre lang anders eingestellt, und zwar so, dass sie unter Umständen zum Arzt gehen und sagen konnten: Ich möchte das Kind nicht haben, ich will darüber auch nicht mit Ihnen diskutieren. Bitte handeln Sie.

Sache der Kirche war es, erst einmal ein Gespräch zu suchen. Auch in dieser Frage bin ich mit dem Kompromiss, der jetzt gefunden worden ist, nicht endgültig zufrieden, aber ich halte ihn für tragbar.

Ähnlich sehe ich es bei der Bundeswehr: Auch die Soldaten brauchen dieses Angebot, dass der Einzelne zu jemandem gehen kann, von dem er weiß, dass das, was dort gesprochen wird, vor jedem Zugriff sicher ist, dass es Menschen gibt, die bereit sind, seine Zweifel, seine Fragen zu reflektieren. Und von daher sage ich ein klares Ja zur Seelsorge an den Soldaten, Ja zur Seelsorge in der Organisation der Bundeswehr.

OSSI, WESSI, WOSSI?
SIEBEN JAHRE NACH DER WENDE

Christoph Böhr hat sich in seinem Aufsatz „Die Vision der Verantwortungsgesellschaft" zur Verantwortung der Deutschen für die Entwicklung in Westeuropa, aber auch für die Staaten Mittel- und Osteuropa geäußert. Darin entwickelt er kluge Gedanken, die auch das Verhältnis der Deutschen aus Ost und West betreffen bzw. auf diesen Bereich übertragen werden können – das werde ich an einigen Stellen tun.

Politische Standortbeschreibung

„Ossi, Wessi, Wossi – Zustandsbeschreibungen, Probleme, Perspektiven der inneren Einigung im 7. Nachwendejahr" so lautet unser Thema. Zunächst will ich eine politische Standortbeschreibung versuchen und später auf die persönlichen Auswirkungen und Befindlichkeiten zu sprechen kommen.

Mit dem Fall der Mauer wurde die deutsche wie die europäische Spaltung überwunden. Das Tor zur Einheit wurde in den Novembertagen des Jahres 1989 aufgestoßen. Heute wissen wir, dass der Weg zur Einheit lang ist.

Angesichts der neuen Verantwortung ist in unserem Land nicht nur Euphorie zu spüren. Die Gründe liegen auf der Hand: Arbeitsplätze fallen zum Teil weg oder wandern aus; die Steuer- und Abgabenlast des Normalverdieners steigt, und das Geld in den öffentlichen Kassen ist begrenzt, Grenzen die uns herausfordern, die nicht akzeptiert werden.

„Wir brauchen eine neue, innere Kohärenz der Politik, die Interesse und Verantwortung miteinander verbindet. Sie muss im Mittelpunkt eines neuen politischen Denkens stehen, das bisher nur in ersten Ansätzen zu spüren ist.", schreibt Böhr. Was gemeint ist, wird sehr schnell klar im Blick auf die aktuelle politische Debatte in unserem Land. Statt die gemeinsame Anstrengung zugunsten der jungen Demokratie in den neuen Bundesländern herauszustellen, sind die Zeitungen Tag für Tag gefüllt mit Berichten, wie verbissen Besitzstände verteidigt werden, die sich in fünf Jahrzehnten in der alten Bundesrepublik, aber auch hier entwickelt haben.

Besitzstände in Frage stellen

Wo eine vorausschauende Politik der Öffnung notwendig wäre, macht sich stattdessen das Bedürfnis nach Abschottung breit. Eine Politik der Abschottung findet sowohl nach außen als auch innerhalb der Gesellschaft statt, wenn wir z. B. als Mitglied einer Interessengruppe unseren Besitzstand gegen den Rest der Bevölkerung verteidigen: als Beamte, Ärzte, Lehrer, Einzelhändler, als Berufsstand, Arbeitnehmer, Betriebsinhaber oder Unternehmer. Kurz: Wir alle verteidigen unsere größeren und kleineren Privilegien, diese oder jene Sonderregelung und all die kleinen Vorteile und Vergünstigungen, um deren Fortbestand wir fürchten.

Es wäre nicht fair, diese Diagnose mit einem vorwurfsvollen Unterton zu formulieren, denn sie betrifft uns alle. In den alten Bundesländern war es über Jahrzehnte selbstverständlich, die erwirtschafteten Erträge an sich selbst zurückzuverteilen und zu konsumieren. So hat sich eine Wohlfahrtsökonomie entwickelt, die vor allem dem Ziel diente, die individuellen Lebensrisiken mehr oder weniger abzusichern. So wurden Sicherungssysteme aufgebaut, die eine möglichst umfassende Vollversorgung sicherstellen sollten. Wir Deutschen in den neuen Ländern wollten möglichst schnell am Wohlstand und an hoher sozialer Sicherheit teilhaben. Dennoch müssen die Nachwirkungen dieser auf Sicherheit abzielenden Wohlfahrtsökonomie nüchtern gesehen werden: Auf Dauer verursachen sie eine langfristige Entwöhnung von Selbständigkeit und Eigenverantwortung.

Jede Sicherheit wird um den Preis einer neuen Abhängigkeit erkauft. Wo die eigene Kompetenz abgegeben wird, entwickelt sich ein Lebensgefühl, das mehr und mehr dem Wunsch nach Betreuung folgt – und das nach immer neuen Sicherheiten ruft.

Neue Freiheiten nutzen

Ganz ähnlich verlief die Entwicklung in der ehemaligen DDR, wenngleich auf einem niedrigeren ökonomischen und sozialen Niveau. Das Leben war kalkulierbar, bequem und verhältnismäßig sicher. Man wusste, woran man war und was man erwarten konnte. Der Preis der Abhängigkeit war sehr viel höher als in der alten Bundesrepublik. Gleichwohl waren die Lebensrisiken für den, der nicht aneckte, überschaubar. Hier wie dort, im Osten wie im Westen, war die Verführung zu einem möglichst risikofreien Leben groß.

Ich denke, Christoph Böhrs Befund ist richtig, wenn er schreibt: „Es ist die Angst vor der Freiheit, die uns so viel Beschwer macht mit den Folgen des Umbruchs. So sehr wir die Befreiung in den Tagen der friedlichen Revolution begrüßt haben, so sehr beginnen jetzt Einige, Freiheit als eine Last zu empfinden. Das wird in so mancher nostalgischer Rückerinnerung an die Jahre vor 1989 deutlich. Während die einen von der damals gewährleisteten Vollversorgung mit Kinderkrippenplätzen schwärmen – ohne sich dabei allerdings an die baulichen, hygienischen und personellen Bedingungen für diese Vollversorgung zu erinnern – träumen die anderen von nahezu kostenfrei gewährten Kuren oder einladenden Vorruhestandsregelungen. Inzwischen aber wird uns klar, dass die Revolution am Ende des vergangenen Jahrzehnts auch eine moralische Revolution war. Sie war eine Anfrage an unser Verständnis von Staat und Gesellschaft und zwar in Ost und West. Eben deshalb heißt die Kernfrage heute: Müssen wir nicht alle neu lernen, mit Freiheit richtig umzugehen? Erkennen wir, dass der drohende finanzielle Kollaps unserer öffentlichen Kassen die unmittelbare Konsequenz einer Lebenseinstellung ist, die eine immer weiter voranschreitende Verringerung der Lebensrisiken für möglich und bezahlbar hält...?"

Diese Fragen zu stellen heißt im Ergebnis, sich der Notwendigkeit eines gesellschaftlichen Umbaus zu stellen. Der Umbau ist dringend notwendig, und er muss an Fehlentwicklungen ansetzen, die unsere eigene wirtschaftliche und soziale Stabilität auf Dauer gefährden.

Sicherungssysteme umbauen

Um den Missstand an der Wurzel zu packen, müssen zwei schmerzhafte Einschnitte erfolgen: Der Staat muss seinen eigenen Verbrauch abbauen, um so Kosten und Steuern senken zu können. Gleichzeitig müssen die sozialen Sicherungssysteme ihre Aufgaben ebenfalls begrenzen, damit die Ausgabenlast, die jeder Arbeitnehmer zu tragen hat, nicht weiter so rasch ansteigt.

Viele Wege führen zu diesem Ziel. Die Bürger im Osten müssen Abschied nehmen von der Vorstellung der sich sehr rasch angleichenden Lebensverhältnisse. Wir haben schon viel erreicht in den zurückliegenden sieben Jahren. Wenn die Wirtschaftskraft und die Produktivität in den neuen Ländern aber kein schnelles Aufholen des Einkommensrückstandes erlauben, wäre es unverantwortlich, trotzdem gleiche Löhne und Gehälter zu zahlen. Im Westen Deutschlands dagegen werden die Bürger einsehen müssen, dass ein bestimmter Luxus nicht mehr finanzierbar ist. Eine noch so strikte Vermeidung von Luxus wird jedoch nicht die notwendigen Einsparungen erbringen.

Deshalb geht es im Kern um mehr: Es geht um den Abschied von der Illusion, der Staat könne überall eine umfassende Betreuung und Vollversorgung garantieren. Aber nicht nur der Staat wird seine Aufgaben begrenzen müssen. Auch die kollektiven Sicherungssysteme werden sich dieser Einsicht beugen müssen.

Dabei wäre es fatal, die notwendig gewordene Umsteuerung nur als Abwehr von Krisen und Fehlentwicklungen zu erkennen. Es geht weit mehr darum, den gesellschaftlichen Umbruch unserer Tage als eine Chance zu erkennen. Wir müssen unter veränderten, neuen Bedingungen persönliche Verantwortung in einer freiheitlichen Gesellschaft als individuell und sozial gelebte Wirklichkeit kultivieren und fördern. Auch hier können nur Stichworte die richtige Richtung andeuten: Sozialpolitik muss wieder zu einer wirklichen Hilfe zur Selbsthilfe werden. Die Sozialhilfe selbst muss wieder als das gelten, was sie ursprünglich sein sollte: eine neue Chance und keine Lebensart. Arbeitseinkommen und Sozialeinkommen müssen anders und besser miteinander kombiniert werden. Das Steuersystem ist maßgeblich zu vereinfachen.

Die Liste ließe sich fortschreiben. Wer angesichts solcher Vorschläge in das Lamento vom vermeintlichen sozialen Kahlschlag einstimmt, hat nicht begriffen, welchem Ziel der gesellschaftliche Umbau dienen muss. Bei Böhr heißt dieses Ziel zusammengefasst: „... den Einzelnen mit seiner Leistungsbereitschaft besser zu stellen, um den Schwachen auf Dauer wirklich helfen zu können."

Subsidiarität als Leitbild

Das orientierende Leitbild für den notwendigen gesellschaftlichen Umbau scheint mir das Prinzip der Subsidiarität zu sein. Der Gedanke der Subsidiarität teilt in einer Gesellschaft Verantwortung zu: Dem Einzelnen, den Gruppen und Gemeinschaften und auch dem Staat. Zugleich baut das Subsidiaritätsprinzip eine Brücke, die individuelles Einzelinteresse und gesellschaftliche Gemeinwohlorientierung miteinander verbindet. Wo sich der Auf- und Umbau freiheitlicher Zivilgesellschaften als Herausforderung stellt, weist der Gedanke der Subsidiarität einen Weg, Freiheit und Verantwortung miteinander in Einklang zu bringen.

Subsidiarität meint ja nicht nur, dass kleine Gemeinschaften Vorrang haben vor großen Organisationsformen. Subsidiarität meint auch, dass die Unabhängigkeit des Einzelnen, seine unmittelbare Zuständigkeit für die Regelung seiner Lebensverhältnisse, seine persönliche Handlungs- und Entscheidungsfreiheit, im Mittelpunkt jeder Hilfe zur Selbsthilfe stehen müssen. Als ordnungspolitische Maxime begrenzt Subsidiarität den Umfang staatlichen Handelns. Sie stärkt Verantwortung, wie sie Verantwortung voraussetzt. Die Idee der Subsidiarität fordert nicht nur verantwortliches Handeln, sondern rückt dieses in das unmittelbare Eigeninteresse des Menschen.

In diesem Zusammenhang muss man auf Fehlentwicklungen hinweisen. Sozialbetrug, Steuerbetrug und Subventionsbetrug zeigen, dass freiheitliche Gesellschaften beschädigt werden, wenn das Interesse des Einzelnen und seine Verpflichtung für das Gemeinwohl kaum noch in Übereinstimmung zu bringen sind. Eine Solidargemeinschaft, die den Missbrauch nicht bestraft, darf sich nicht wundern, wenn er zunimmt. Sicherungssysteme, die eine zurückhaltende Inanspruchnahme gemeinschaftlicher Leistungen nicht honorieren, sind einer schleichenden Erosion ausgesetzt, bis die Trittbrettfahrer in der Mehrzahl sind und das System insgesamt lahm legen. Transferleistungen des Staates, die falsche Anreize setzen, führen zum Gegeneinanderstehen von Einzelinteresse und Gemeinwohl.

Das klassische Beispiel dafür ist die Frühverrentung. Vor einigen Jahren hat die Bundesregierung die Frühverrentung als ein innovatives und wirksames Instrument der Arbeitsmarktpolitik entwickelt und angeboten. Sie hat aber mögliche Folgen nicht bedacht. Später wurde der Eintritt dieser Folgen durch die Unterstellung verurteilt, es handle sich um Missbrauch. Das ist aber zu wenig. Man kann niemanden dafür verantwortlich machen, dass er gebotene Chancen in Anspruch nimmt. Ganz sicher kann man auch niemanden dafür moralisch verurteilen. Es gibt ja den Grundsatz, dass man niemanden in Versuchung führen soll!

Probleme bei der Verteilung sozialer Leistungen

Damit kein Missverständnis aufkommt: Es geht um die Konstruktionsprinzipien der Gesellschaft, die unsere Entwicklung hemmen. Ein Beispiel dafür ist, dass ein Durchschnittsverdiener gut 25 Jahre arbeiten und Rentenversicherungsbeiträge zahlen muss, bevor er ein Rentenniveau erreicht, auf das der Sozialhilfeempfänger ohne Arbeit einen Rechtsanspruch hat. Es geht um die Folgen solcher Konstruktionsprinzipien in der Wirklichkeit.

Bei Böhr heißt es: „Im Osten wie im Westen Deutschlands sind in den Nachkriegsjahrzehnten Gesellschaftsordnungen entstanden, die das Risiko und die Anstrengung der Verantwortung dem Einzelnen immer mehr abgenommen haben. Die zwingende und unausweichliche Folge des dadurch stetig wachsenden Finanzbedarfs war das kontinuierliche Anwachsen von Steuern und Abgaben. Heute dient die Höhe der Steuern und Abgaben selbst als Begründung für eine umfangreiche Inanspruchnahme öffentlicher Leistungen. Wer knapp die Hälfte seines Einkommens an den Staat und die verschiedenen Sicherungssysteme abgibt, empfindet ganz zu Recht einen Anspruch auf angemessene Gegenleistung. Verdruss macht sich dann sehr schnell breit, wenn der Versicherte z. B. nachrechnet, welche Leistungen der Krankenkasse seinen jährlichen Beitragszahlungen gegenüberstehen."

Solche Erfahrungen zersetzen auf Dauer eine freiheitliche Ordnung, weil sie den Zusammenhang von Eigenverantwortung und Gemeinwohlorientierung zerstören.

Erwartungen, Hoffnungen und Erfolge

Das mag als politische Standortbestimmung genügen. Dabei sind ja auch zur Genüge spezifisch ost- und westdeutsche, vor allem aber gesamtgesellschaftliche Interessen zur Sprache gekommen. Welche individuellen Auswirkungen hat die Wiedervereinigung? Wie hat sich unsere Lebenswirklichkeit verändert? Welches Bild hatten die Deutschen in Ost und West voneinander und wie hat es sich entwickelt? Und schließlich, welche Probleme und daraus abgeleitete Aufgaben sehen wir? Diesen Fragen werde ich mich im Folgenden kurz zuwenden.

Ein neues Gesellschaftssystem im Osten

Der tiefste Unterschied zwischen dem Gesellschaftssystem der ehemaligen DDR und dem der Bundesrepublik Deutschland liegt in dem grundlegend anderen Bild vom Menschen, an dem der Staat sein Handeln für die Bürger ausrichtet. In der DDR war es die sogenannte „sozialistische Persönlichkeit", für die der Staat nahezu alles geregelt hatte. Der sozialistische Staat glaubte sicher zu wissen, was für seine Bürger gut sei. Dies galt es durchzusetzen. Er war davon überzeugt, dementsprechend richtig zu handeln – im Sinne des zentralistischen Staates und nicht im Sinne des einzelnen Bürgers. Auf den Einzelnen kam es ja nicht um seiner selbst willen an, sondern nur auf ihn als Teil eines Kollektivs.

Die Reglementierung des Einzelnen durch staatliche oder staatsnahe Organe ging teilweise sogar bis in das Privatleben hinein, wo ihm letztlich nur wenige Handlungs- und Entscheidungsspielräume übrigblieben. Viele Menschen waren verunsichert und zogen sich zurück; andere schwammen auf der offiziellen Woge; wieder andere begaben sich in sogenannte Nischen, wie Freundeskreise, Kunst- oder Kulturzirkel. Diese Lebensphilosophie und -praxis galt es zugunsten solcher gesellschaftlicher Gestaltungsprozesse zu überwinden, in denen die Initiative des Einzelnen gefragt und gewollt ist.

Grundlage dafür bietet das Menschenbild des Grundgesetzes. Es ist das Bild vom freien, mündigen Bürger, der selbstbestimmt und eigenverantwortlich sein Leben gestaltet und gleichzeitig im Interesse des Gemeinwohls Mitverantwortung für das gesellschaftliche Ganze trägt.

Subsidiarität „lernen"

Mit dem Subsidiaritätsprinzip als gesellschaftlichem Handlungsprinzip liegt eine ordnungspolitische Grundstruktur vor, die diesem offenen Menschenbild in größtmöglicher Weise entspricht. Dieses Prinzip zu lernen und in die neue politische gesellschaftliche Ordnung hineinzutragen und dort wirksam werden zu lassen, war und ist für uns in den neuen Bundesländern eine völlig neue Aufgabe.

Indem jeder Einzelne sich seiner Verantwortung für sich selbst und die Gemeinschaft bewusst wird und diese Verantwortung engagiert wahrnimmt, entsteht zunehmend eine Handlungskompetenz der Bürger für das Gemeinwohl. Weil aber gerade diese Verantwortung für sich selbst, die kleinen Lebenskreise und das gesellschaftliche Ganze den DDR-Bürgern entzogen wurde, hatten sie über Jahrzehnte fast keine Gelegenheit, diese bürgerlichen Tugenden einzuüben bzw. umzusetzen. Daher ist es erklärlich, dass Subsidiarität heute für viele so schwer erlernbar ist. Denn manches, was der Staat den Bürgern abnahm, haben nicht wenige als angenehme Entlastung empfunden. Wir haben es also in wichtigen gesellschaftspolitischen Bereichen auch heute noch mit „pädagogischen" Aufgaben zu tun.

Erfolge durch gemeinsames Anpacken

Kurz nach der Wiedervereinigung hat es uns alle gewaltige Kraftanstrengungen gekostet, die neue Freiheit und den Gestaltungsspielraum für das eigene Leben anzunehmen und umzusetzen. Viele mussten eine neue Arbeit suchen, es galt Versicherungen, Banken und Krankenkassen auszuwählen. Nicht wenige sind seither umgezogen. All das sind Angelegenheiten, die jeder im Laufe seines Lebens immer wieder regelt. Das Besondere war die zeitliche Dichte notwendiger Entscheidungen, die damals viele von uns kaum zur Besinnung kommen ließ. Am Wichtigsten war es jedoch, aus den unzählbaren Angeboten und Möglichkeiten für viele Lebensbereiche diejenigen herauszufinden, die für jeden Einzelnen die richtigen sind. Jeder musste individuell seine Prioritäten setzen und daraus seinen neuen Lebensentwurf ableiten. Dieser Prozess dauert zum Teil noch an.

Wir haben bereits in den vergangenen sieben Jahren immens viel erreicht. In dem Bereich, für den ich politische Verantwortung trage, haben wir ein modernes, voll funktionsfähiges Netz an sozialen und gesundheitlichen Einrichtungen und Angeboten errichtet. Diese Aufbauleistung ist sowohl den vielen fleißigen, engagierten Ostdeutschen als auch den Westdeutschen anzurechnen, die mit Ideen und Sachverstand dabei mitgeholfen haben. Auch die erheblichen finanziellen Transferleistungen von West nach Ost dürfen dabei nicht ungenannt bleiben. Die Aufbauarbeit in allen Bereichen der Gesellschaft hatte den Vorteil, dass sich Ossis und Wessis besser oder überhaupt kennen gelernt haben.

Früher hatten wir nur ein gewisses „Bild" voneinander. Wie das der Westdeutschen von uns war, weiß ich nicht so genau. Hier jedenfalls galten die Westdeutschen als gutsituierte, joviale, redegewandte Zeitgenossen, die kaum ein Problem hatten oder wenn schon, dieses umgehend zu lösen verstanden. Der direkte Umgang hat das Selbstbewusstsein der Ostdeutschen zunächst gedämpft und später mächtig angestachelt. Heute erfüllen viele Ossis mit Erfolg für sie früher undenkbare Aufgaben – einfach, weil sie sich mehr zutrauen. Wenn das kein Erfolg ist!

Auch in mein Ministerium kamen Mitarbeiter aus verschiedenen alten Bundesländern. Ohne ihre Fachkompetenz wäre die Aufbauarbeit nicht zu leisten gewesen. Es hat sich gezeigt, dass die häufig ausgeprägte Individualität der Wessis den kollektivgewohnten Ossis fremd war und kritisch gesehen wurde. Das ist heute nicht mehr der Fall, denn in den neuen Bundesländern gibt es inzwischen auch zahlreiche Individualisten.

Und noch etwas ist mir wichtig zu sagen: Aufbauhelfer sind aus ganz unterschiedlichen Gründen hierher gekommen. Viele hat die Aufgabe gereizt, andere hatten in erster Linie ihr berufliches Fortkommen im Blick, und einige sind auch nur einer für sie unbefriedigenden persönlichen Situation entflohen. Die Gründe sind unwichtig, wenn für alle Beteiligten etwas herauskommt. In meiner Einschätzung war das fast immer der Fall. Wir haben von jedem gelernt, der zu uns kam – in erster Linie Fachkompetenz und Know-how, manchmal sogar ganz alltägliche Dinge und in einigen Fällen auch nur, wie wir nicht sein sollten.

Das Lernen war keine Einbahnstraße. Auch Wessis haben von uns gelernt, und mancher ist geblieben, weil er sich wohlfühlt und es immer noch interessante Aufgaben zu erfüllen gibt. Mit diesen sogenannten Wossis haben wir überhaupt keine Probleme, ihnen wird nur manchmal in den alten Ländern mit Unverständnis begegnet.

Zusammenwachsen

Mir ist wichtig, dass wir auch weiterhin voneinander lernen, miteinander arbeiten, streiten und leben. Wenn Menschen direkt miteinander zu tun haben, denkt keiner an ein abstraktes Bild vom jeweils anderen. Wenn sich Menschen kennen – und wann lernen sie sich besser kennen als bei gemeinsamer Arbeit und bei gemeinsamem Leben – dann brauchen wir keine Bilder mehr. Dann nehmen wir Menschen wahr, schlaue und dumme, fleißige und faule, nette und unangenehme. Nach diesen Eigenschaften suchen wir uns aus, mit wem wir es zu tun haben wollen und mit wem nicht, ganz egal, woher er kommt. Dieser Weg des Kennenlernens ist meines Erachtens der einzig richtige, und er ist eigentlich ganz einfach.

Ein Problem sind in meinen Augen diejenigen Menschen, die bisher noch nicht bereit waren, ihre Landsleute jenseits der ehemaligen Grenzen kennen zu lernen. Wenn es uns gelingt, diese „Verweigerer" füreinander zu interessieren und sie dazu zu bringen, sich näher zu kommen, sind wir schon sehr viele Sorgen los. Dann wird es kurze Zeit später keine Ost-West-Problematik mehr geben, sondern nur noch regionale Unterschiede der Temperamente und Gemüter. Auf diese Zeit warte ich – aber dazu darf uns auch noch manches Kreative einfallen.

SOZIALES HANDELN DER BÜRGER – SOZIALES HANDELN FÜR DIE BÜRGER

Die Frage des sozialen Handelns des Bürgers und des sozialen Handelns für den Bürger bewegt viele Menschen in Deutschland. Für mich ist diese Frage eine Lebensfrage unserer Demokratie und eine Kernfrage des Sozialstaates. Meine Gedanken sind dabei geprägt von meinem Selbstverständnis und meinem Engagement als Christ und nun – seit inzwischen acht Jahren – als Sozialpolitiker und als Minister im Freistaat Sachsen.

Ehrenamtlicher Dienst und gerechtes Handeln – ein Blick von den Wurzeln bis zur Gegenwart

Soziales Handeln in einer Gemeinschaft hat immer auch mit freiwilligem Einsatz zu tun. Soziales Handeln ist immer auch auf das ehrenamtliche Mittun angewiesen.

Ich möchte den Begriff des Ehrenamtes ein wenig genauer betrachten: „Ehre" und „Amt" steckt darin. „Ehre" ist die einer Person oder Gruppe entgegengebrachte Achtung und Anerkennung. „Amt" ist eine politisch-administrative Einrichtung oder aber auch eine gesellschaftliche Funktion und Würde. Wenn ich nun beides zusammenziehe, wird deutlich, was gemeint ist: eine wichtige gesellschaftliche Funktion, bei der eine Gruppe oder Einzelperson Achtung und Anerkennung erfährt.

Die Tradition des Ehrenamtes ist untrennbar verbunden mit der Entwicklung der abendländischen Gesellschaft und dem abendländischen Staat. Bei der Suche nach den Wurzeln des Ehrenamtes kommt man nicht umhin, sich bis zu dem Punkt der Geschichte zurückzugeben, an dem unsere abendländische Kultur ihre Wurzeln hat.

Es ist daher folgerichtig, einen Blick auf die Bedeutung von Ehre und Amt in der Zeit des Alten und des Neuen Testaments zu werfen. Ehre ist ein Grundbegriff aus der biblischen Sprache. Beim Blick in die Konkordanz wird man staunen, wie oft das Wort dort erscheint. Neben der Häufigkeit fällt noch etwas anderes auf. Im Zusammenhang von Ehre wird immer auch von

Gerechtigkeit geredet. Gerechtigkeit ist heute ein Grundwert in unserer Gesellschaft. Wie viel Gerechtigkeit für unser Zusammenleben bedeutet, lernen wir an der Erfahrung des Gegenteils: ungerechte Behandlung in der Familie oder Gruppe verletzt. Das Gefühl, keine Gerechtigkeit zu erfahren, ist schmerzlich.

Gerechtigkeit für alle Menschen, was heißt das? Oder: Gerechtigkeit zwischen Nord und Süd, zwischen Ost und West – was ist damit gemeint? Es ist oft einfach, Ungerechtigkeit zu erkennen und zu benennen. Es ist schon schwieriger zu sagen, was Gerechtigkeit eigentlich genau ausmacht.

Gerade den Menschen aus dem Osten Deutschlands war es immer schmerzlich bewusst, dass Gerechtigkeit untrennbar mit Freiheit verbunden ist. Ohne Freiheit ist Gerechtigkeit nicht zu verwirklichen. Der Drang nach Gerechtigkeit und Freiheit war Ursache für die friedliche Revolution.

Das Wort Ehre wird oft bei feierlichen Anlässen verwendet, im persönlichen Umgang dagegen erscheint es uns zu groß. Im biblischen Sprachgebrauch und vor allem im Alten Testament hat das Wort Ehre einen ganz anderen Stellenwert. Hier gehört es in den gewöhnlichen Bereich der Erfahrung der Beziehung zwischen Mensch und Mensch und zwischen Mensch und Gott. Und gleiches gilt für die Gerechtigkeit.

Heutige Leser mögen ihre Schwierigkeit damit haben, denn Worte wie „richte mich nach deiner Gerechtigkeit" (Psalm 35 Vers 42) klingen hart. Luther hat sich an solchen Worten wundgeschrieben und wundgerieben. Wir legen sie heute oft als unverständlich und unwichtig beiseite.

Überall da, wo es um das Bewerten von Ansprüchen, um Schlichtung oder um den Vergleich von Leistungen geht, ist Gerechtigkeit erforderlich. Und dieses Bewerten soll ohne Ansehen der Person, ohne persönliche Zu- oder Abneigung geschehen. Deshalb erscheint die Göttin Justitia mit verbundenen Augen. Darin liegt ihre Stärke: Sie lässt sich nicht blenden durch gesellschaftliche Unterschiede.

Im Hebräischen bezeichnet Gerechtigkeit primär die Treue zu einer bestehenden Gemeinschaft. Dieser Sinn ist in unserem Sprachgebrauch in manchen Formulierungen noch erhalten: „Es ist schwer, ihm gerecht zu werden." Im Alten Testament ist es Gott, der Gerechtigkeit walten lässt. Er sorgt für sein Volk. Er beschützt es. Er versorgt es. Gerechtigkeit besteht demnach vor allem in der Beständigkeit gegenseitiger Zuwendung, in der Treue dort, wo der Mensch in Not gerät. Gerechtigkeit besteht auch in der helfenden Barmherzigkeit. Dem anderen gerecht zu werden heißt, ihm zu geben, was er braucht, damit er nicht zugrunde geht. Es ihm vorzuenthalten, wäre daher Unrecht.

Das Alte Testament bezeichnet Menschen, die unrecht handeln, als Gottlose. Damit ist aber nicht der Atheist in unserem Sinne gemeint, sondern eine Person, die in ihrem Verhalten eine elementare Menschenverachtung zeigt. Der Gottlose ist jemand, der bereit ist, andere durch sein Verhalten zugrunde zu richten, der seinen Mitmenschen die Solidarität entzieht, der das Vertrauen und die Treue zum anderen bricht. In dieser Menschenverachtung ist das Gegenbild zur Gerechtigkeit zu erkennen. Die Menschenverachtung aber richtet den Gottlosen mit zugrunde, da er sich der Solidarität der Gemeinschaft entzogen hat.

Vor diesem Hintergrund wird Ehre verständlicher. Im Hebräischen bedeutet die Wurzel des Begriffs „schwer sein, Gewicht haben". Nun kann man, anders als im Deutschen, im Hebräischen Verben steigern. So wird aus „schwer sein" durch Steigerung „schwer machen", „Gewicht verleihen", was nichts anderes bedeutet, als jemanden ehren. So ist die Ehre nach dem einfachen Wortsinn das Gewicht, das ein Mensch für den anderen hat.

Im Neuen Testament setzt sich die Auffassung fort. Der Mensch erwirbt sich Ehre nicht erst durch Leistung, er ist schon gerecht. Dieser wesentliche Grundzug bleibt ihm, solange er als Einzelner seinen Anteil an der Solidargemeinschaft erfüllt. Erst wenn er dies nicht mehr tut, verliert er seine Ehre. Unser heutiges Verständnis von Ehre lässt für einen solchen Zugang oft keinen Platz. Heute erhält derjenige Ehre, der etwas Besonderes leistet.

Ehre ist aber vor allem ein „Schatz", den wir nicht entbehren können. Es geht darum, dass die Menschen einander anerkennen, wertschätzen, „Gewicht beimessen" – und dass jeder sich in der Gemeinschaft mit anderen auch entsprechend verhält.

Ich habe diese Gedanken umfangreicher ausgeführt, um ganz deutlich zu machen, dass im Begriff der Ehre die Mitmenschlichkeit des abendländischen Denkens ans Licht kommt. Es geht darum, bei der Frage nach der Leistung nicht die Bedürftigkeit des Menschen zu vergessen. Diese Mahnung hat bis heute nichts von ihrer Dringlichkeit eingebüßt. Was nichts anderes heißt: Wer etwas leistet oder einem anderen Menschen dient, dem gebührt Ehre in seinem Amt.

Im modernen Sozialstaat hat der einzelne Bedürftige oder Hilfesuchende einen Rechtsanspruch auf soziale Leistungen. Das Gemeinwesen reagiert auf diesen Bedarf mit der Bereitstellung eines qualifizierten, fachlich-kompetenten Angebotes. In Gesellschaft und Staat entfaltet sich soziales Handeln der Bürger füreinander, aber auch soziales Handeln des Staates für den Bürger. Hier können Spannungen entstehen, die den Sozialstaat mitunter unmittelbar belasten.

Dagegen steht das soziale Ehrenamt. Hier werden Hilfe und Zuwendung nicht bezahlt und über Geld abgewickelt, denn Menschlichkeit darf nicht zur Marktware verkommen. Hier ist der Hilfebedürftige und Hilfesuchende nicht Kunde und Geschäftspartner, sondern Nachbar, Mitbürger, Nächster.

Albert Schweitzer appelliert an die Menschen auf der Basis eines christlichen Humanismus: „Schafft euch ein Nebenamt, ein unscheinbares, womöglich geheimes Nebenamt. Tut die Augen auf und sucht, wo ein Mensch ein bisschen Zeit, ein bisschen Teilnahme, ein bisschen Gesellschaft, ein bisschen Fürsorge braucht. Vielleicht ist es ein Einsamer, ein Verbitterter, ein Kranker, ein Ungeschickter, dem du etwas sein kannst. Vielleicht ist es ein Greis, vielleicht ein Kind. Wer kann die Verwendungen alle aufzählen, die das kostbarste Betriebskapital, Mensch genannt, haben kann. An ihm, dem Nebenamt, fehlt es an allen Ecken und Enden. Darum suche, ob sich nicht eine Anlage für dein Menschentum findet. Lass dich nicht abschrecken, wenn du warten oder experimentieren musst. Auch auf Enttäuschungen sei gefasst."

Die Notwendigkeit des Ehrenamtes ist ungebrochen. Durch das Ehrenamt erfahren der einzelne Hilfebedürftige und die Gesellschaft menschliche Wärme und Zuwendung. Kein Bereich gesellschaftlichen Zusammenlebens, ob Familie, Schule, Beruf, Verbände, ist denkbar und lebensfähig ohne das Ehrenamt.

Das soziale Ehrenamt – Gründe und Motive

Durch das soziale Ehrenamt werden von Menschen unter anderem Tätigkeiten für Menschen übernommen, die vorübergehend oder auf Dauer mit ihrer Lebenssituation allein nicht zurechtkommen. Vielen Menschen in unserer Gesellschaft geht es so: Ich denke an Alte, Behinderte, Kranke, Alleinerziehende, Suchtbedrohte, Obdachlose, Kinder und Jugendliche.

Die Möglichkeiten des sozialen Ehrenamtes sind äußerst vielgestaltig. Da sind Aufgaben bei der Pflege alter, kranker oder behinderter Menschen, Besuche bei Kranken oder Alten in Krankenhäusern und Heimen. Seniorenarbeit in den Kommunen wird gestaltet, das Umfeld der Pflegenden in der Familie entlastet.

Für mich hat das soziale Ehrenamt seinen ursprünglichen Ort und seine Tradition im Leben und in der Arbeit der Kirchen. Ehrenamtliche Tätigkeit im staatlichen Bereich zu DDR-Zeiten bestand in der so genannten „gesellschaftlichen Tätigkeit", zu der jeder Bürger mehr oder weniger stark im Berufsleben in seinem Betrieb verpflichtet und herangezogen wurde. Von einer freiwilligen Motivation konnte in diesem Umfeld tatsächlich nur im Privaten und im Bereich der Kirchen ernsthaft gesprochen werden.

Aber Hilfe muss nicht nur geleistet, sie muss auch zugelassen werden. Wir leben in einer Leistungsgesellschaft. Und wer gibt in einer leistungsorientierten Gesellschaft schon gern zu, dass er auf Hilfe von außen angewiesen ist? Dieses Ein- und Zulassen verlangt vom Hilfegeber und Hilfeempfänger großes Vertrauen und Einfühlsamkeit. Keiner von uns kann wirklich allein leben, in keinem Lebensalter. Wenn wir ehrlich sind, müssen wir zugeben, dass wir einander brauchen. Wir brauchen heute mehr denn je engagierte Menschen, die sich im sozialen Ehrenamt engagieren.

Spürt und empfängt der eine seine Verantwortung aus christlicher Nächstenliebe oder aus humanitärer Verpflichtung, so wünscht oder braucht der andere Abwechslung in seinem Alltag. Und wieder einen anderen führt persönliche Leiderfahrung zu einer ehrenamtlichen Tätigkeit. Doch meistens ist nicht nur ein Motiv der Grund für ein soziales Engagement, sondern beim genauen Hinsehen findet sich für fast jeden ein Bündel von Motiven.

Was ist erforderlich, was braucht der ehrenamtlich Tätige? Da ist zunächst guter Wille und Bereitschaft. Wer sich auf das Ehrenamt einlässt, braucht Zeit und Kraft, aber er muss auch aus anderen Quellen materiell gesichert sein. Ehrenamtliche Tätigkeit bringt kein Einkommen.

In den alten Bundesländern lebte man über Jahrzehnte – leider inzwischen auch mit abfallender Tendenz – mit einem ausgebauten System ehrenamtlicher Tätigkeit, häufig eingebettet in organisierte Dienste.

Diesem gemeinnützigen Sektor kommt auch wirtschaftlich große Bedeutung zu. In Deutschland sind 3,7 % aller Arbeitnehmer und 10 % der Arbeitnehmer des Dienstleistungsgewerbes in diesem Bereich beschäftigt. Der Anteil der Betriebsaufwendungen von Organisationen ohne Erwerbszweck am Bruttosozialprodukt beträgt in Deutschland 4,8 % (Italien 2 %, Frankreich 3,6 %, Vereinigtes Königreich 4,8 %). Im Zeitraum von 1980 bis 1990 entstand jeder achte bis neunte Arbeitsplatz im gemeinnützigen Sektor. Ich glaube, die Zahlen sprechen für sich.

Ehrenamtliche Tätigkeit wird freiwillig ausgeübt, aber auch aus einem Pflichtgefühl heraus, aus dem Verantwortung übernommen wird. Der freiwillige Helfer, die freiwillige Helferin kann den Dienst jederzeit aufgeben oder ablehnen. Deshalb halte ich es für wichtig zu betonen, dass das soziale Ehrenamt keinen überfordern darf, weder physisch noch psychisch. Keinem wäre damit geholfen. Daher müssen wir auch dafür Verständnis haben, wenn ein Ehrenamtlicher nach einiger Zeit das Amt niederlegt oder zurückgibt.

Das klassische Reservoir für soziale Ehrenämter in den alten Ländern stellen die nicht berufstätigen Frauen. In den neuen Bundesländern ist die Situation anders. Hier wird das unterschiedliche Rollenverständnis bzw. die Ausfüllung der Rollen deutlich.

Aber gerade auch hier sinnstiftende Angebote zu suchen und bereitzustellen, verstehe ich als eine sozialpolitische Aufgabe. Ehrenamt hat wesentlich mit Dienen zu tun. Die dienende Funktion des Ehrenamtes ist unverzichtbar für die Gesellschaft.

Freiwilliges, ehrenamtliches Engagement der Bürgerinnen und Bürger ist Ausdruck gelebter Solidarität, es ist praktizierte

Subsidiarität. Es ist Ausdruck der Verantwortung für unser Gemeinwesen und stärkt damit die Demokratie. Die Verantwortungs- und Leistungsbereitschaft, die in der ehrenamtlichen Arbeit zum Ausdruck kommt, macht Ehrenamtliche zu Vorbildern.

Dieses Engagement wird heute auch zu Recht „Bürgerarbeit" genannt. Sie findet häufig im Verborgenen – in den kleinen Lebenskreisen, ohne große Aufmerksamkeit durch die Öffentlichkeit – statt. Es ist zugleich Ausdruck der Freiheit in unserem Gemeinwesen. Ein freiheitlicher Staat hat nicht das Bestreben, vollständig über freiwillige Leistungen seiner Bürger informiert zu sein. Allerdings ist es für uns Sozialpolitiker wichtig, die großen Entwicklungen und Tendenzen im Bereich des freiwilligen Engagements zu kennen und zu verfolgen. Nur so kann die Politik dieses Engagement wirksam unterstützen und es bei der Bewältigung sozialer Aufgaben sinnvoll einbeziehen.

In der „Berliner Resolution zum Ehrenamt" von 1995, die von den großen Parteien, den Kirchen, Gewerkschaften und Wohlfahrtsverbänden sowie weiteren gesellschaftlichen Organisationen und Gruppen getragen wird, heißt es:

„Die Qualität einer Demokratie hängt entscheidend davon ab, ob eine große Anzahl von Menschen bereit ist, durch freiwilliges und unbezahltes Engagement an ihrer Gestaltung mitzuwirken." Besonders in den neuen Bundesländern trägt diese freiwillige Arbeit zum Auf- und Ausbau demokratischer Strukturen sowie einer sozialen Infrastruktur und zur Entwicklung einer Gesellschaft engagierter Bürgerinnen und Bürger bei. Dies wird auch in der Denkschrift zum Einigungsvertrag hervorgehen, wo zu Artikel 32 gesagt wird:

„Die Tätigkeit freier gesellschaftlicher Kräfte ist ein Wesensmerkmal des demokratischen und sozialen Rechtsstaats im Sinne der Ordnung des Grundgesetzes. Sie entspricht den tragenden Prinzipien der Pluralität und Subsidiarität."

Ehrenamtlich – hauptamtlich

Freiwillige Arbeit beschränkt sich nicht nur auf sozial-karitative Aufgaben, sondern umfasst nahezu alle Bereiche der Gesellschaft und auch des Staates:

So z.B. Politik, Justiz, Kultur und Bildung, Freizeit, Jugendarbeit, Sport, Kirchen, Gesundheit, Katastrophenschutz und Rettungswesen, Feuerwehr, Umwelt- und Naturschutz sowie internationale Vertrauensbildung und Verständigung. In Deutschland stehen die Bereiche Gesundheit und Soziales an der Spitze der Tätigkeitsfelder bürgerschaftlicher Freiwilligenarbeit.

Allein in der freien Wohlfahrtspflege, die sich die Hilfe für Menschen in Not zur Aufgabe gemacht hat, sind schätzungsweise 1,5 bis 1,7 Millionen ehrenamtliche Helferinnen und Helfer tätig. Sie tragen dazu bei, die soziale Arbeit der Hauptamtlichen in vielen Bereichen sinnvoll zu ergänzen. Einsatzgebiete sind u.a. Besuchsdienste, Kranken- und Behindertenhilfe, Kinder- und Jugendhilfe, Familien- und Altenhilfe.

Mit ihren unterschiedlichen Lebens- und Berufserfahrungen können Ehrenamtliche ihren Dienst durchaus sehr „professionell" auf der Basis umfangreichen Wissens und umfangreicher Erfahrung leisten, wenn etwa ein Bankfachmann in seiner Freizeit oder in seinem Ruhestand die Finanzgeschäfte eines Betreuungsvereins führt oder eine selbst betroffene Ärztin eine Selbsthilfegruppe von Krebspatienten betreut. Beispiele dieser Art ließen sich beliebig erweitern.

In der Vergangenheit hat es immer wieder Versuche gegeben, ehrenamtlich und hauptamtlich ausgeübte soziale Arbeit voneinander abzugrenzen bzw. gegeneinander zu stellen. Im Selbstverständnis der Wohlfahrtspflege hatten die ehrenamtlichen Mitarbeiter bis in die 50er Jahre einen unangefochtenen Platz und oft in vielen Funktionsbereichen den Vorrang vor den Hauptamtlichen. Inzwischen hat sich jedoch die Einsicht durchgesetzt, dass sich ehrenamtlich und hauptamtlich ausgeübte soziale Arbeit gegenseitig ergänzen muss. Dabei nimmt die ehrenamtliche Arbeit eine eigenständige, durch professionelle Tätigkeit nicht zu ersetzende Funktion wahr.

Ein Beispiel aus Sachsen – die Aktion 55

Viele Bürgerinnen und Bürger, die sich für andere ehrenamtlich engagieren, vermissen gleichzeitig eine aktivere, soziale und materielle Unterstützung ihrer Arbeit. Sie erwarten vom Staat mehr soziales Handeln für den Bürger. Gewiss, die großen

Lebensrisiken sind abgesichert, aber mit verhältnismäßig geringen Mitteln lässt sich von staatlicher Seite her noch viel erreichen.

Unsere Erfahrungen in Sachsen mit der Aktion 55 sind dafür ein Beweis. Anliegen dieser Aktion ist es, frühzeitig aus dem Berufsleben ausgeschiedene Menschen im Alter von 55 bis 60 Jahren aus eventueller häuslicher Isolation herauszuholen und sie zu ehrenamtlicher gemeinnütziger Tätigkeit zu motivieren. Die Lebenserfahrungen, Kenntnisse und Fähigkeiten der Teilnehmer an dieser Aktion werden so sinnvoll zum Wohle der Gemeinschaft genutzt.

Die Aktion 55 wurde über unsere Erwartungen hinaus gut angenommen: In den Jahren 1993 bis 1996 nahmen jährlich zwischen 16.000 und mehr als 20.000 Personen an den Projekten teil. Dafür gab es monatlich 200 DM steuerfreie Aufwandsentschädigung. Seit 1997 gibt es noch 150 DM. Aber auch da haben noch fast 14.000 Personen die Aktion 55 getragen. Folgende Tätigkeiten werden gefördert: die Betreuung und Arbeit mit Kindern, Jugendlichen, Senioren, Kranken und Behinderten; Angebote für Arbeitslose, Nichtberufstätige, Familien und Obdachlose; Aktivitäten im Natur- und Umweltschutz und die Arbeit mit Ausländern, Aussiedlern und Asylbewerbern. In diesen Diensten spiegelt sich fast die gesamte Tätigkeitspalette freiwilliger Bürgerarbeit. Gleichzeitig wird damit die Forderung Roman Herzogs zum Brückenschlag zwischen Erwerbsarbeit und freiwilliger Bürgerinitiative erfüllt. Der Bundespräsident sieht die Notwendigkeit von mehr Tätigkeiten zwischen Erwerbsarbeit und Ehrenamt, die zwar nicht voll bezahlt, aber dennoch materiell und vor allem ideell anerkannt werden.

Als weiteres Beispiel für die Unterstützung bürgerschaftlicher Freiwilligenarbeit darf ich auf die Förderung von Selbsthilfegruppen in Sachsen verweisen.

Im Jahr 1996 erhielten von meinem Haus rund 540 Selbsthilfegruppen eine finanzielle Unterstützung in Höhe von ca. 590.000 DM. Für 1997 standen dafür sogar 650.000 DM zur Verfügung. Darüber hinaus werden drei Selbsthilfekontaktstellen gefördert. Diese Kontaktstellen in den drei großen Städten Sachsens, in Chemnitz, Dresden und Leipzig, haben sich vor allem zur Aufgabe gemacht, die Idee der Selbsthilfe zu verbreiten, Beratung für Selbsthilfegruppen anzubieten und die Zusammenarbeit zwischen den Gruppen zu fördern.

Im Zusammenspiel mit den anderen sozialen Einrichtungen in Sachsen – mit Beratungsstellen für Schwangere, Drogenabhängige, Schuldner, mit Sozialstationen, mit Gesundheitsämtern usw. – besteht hier ein vielfältiges Angebot, auch für die Anleitung, Unterstützung und Koordinierung ehrenamtlicher Tätigkeit.

Ein großes Feld der Bürgerarbeit ist das der ehrenamtlichen Betreuer. In Sachsen sind derzeit 41 Betreuungsvereine tätig, die der Freistaat jährlich mit ca. 1 Million DM unterstützt. Damit werden in Sachsen insgesamt ca. 24.000 Personen ganz überwiegend ehrenamtlich betreut.

Ich habe einige Bereiche genannt, in denen der Freistaat Sachsen bürgerschaftliches Engagement fördert. Auch die Kommunen, die Sozialversicherungsträger und Wohlfahrtsverbände sind gefordert, ehrenamtliche Dienste zu unterstützen.

Anerkennung für ehrenamtliche Dienste

Am 5. Dezember 1996, am Tag des Ehrenamtes, sprach Bundespräsident Roman Herzog davon, dass unser demokratischer Staat nur bescheidene Mittel hat, seinen Dank zum Ausdruck zu bringen. Der Freistaat Sachsen dankt Personen, die sich im freiwilligen sozialen Einsatz besondere Verdienste erworben haben, durch die Ehrung mit der „Annen-Medaille".

Neben dieser Auszeichnung mit einer Medaille führen der Landtagspräsident und ich gemeinsam jedes Jahr eine Dankveranstaltung für ca. 100 Personen durch. Mit beiden Aktionen wollen wir die im ehrenamtlichen sozialen Engagement praktizierte Solidarität anerkennen und öffentlich würdigen.

Wenn „Ehre" und „Amt" wirklich etwas bedeuten sollen, dann müssen „Ehrenamtliche" auch das Gefühl vermittelt bekommen, dass sich Aufwand und Mühe für soziales Engagement wirklich „lohnen" im nichtmateriellen Sinn. Dies können eine Auszeichnung in der Öffentlichkeit, eine Ehrung, ein Ehrentitel, Preis, Orden, eine Medaillenverleihung oder eine vorübergehende Freistellung von Schule, Ausbildung und Beruf sein.

Der Staat kann nicht für solidarisches Handeln seiner Bürger sorgen. Er kann nur Rahmenbedingungen setzen, Anreize schaffen, die Bürger in ihrem Tun fördern und vor Überlastung schützen. So leistet er seinen Beitrag zur sozialen Gerechtigkeit, die immer unser Ziel bleibt. In einer modernen Gesellschaft wie der unseren ist das Ehrenamt für das Funktionieren des Sozialsystems unverzichtbar. Ehrenamtlicher Dienst hat einen eigenständigen und unverwechselbaren Wert. Er gehört notwendig in das Zusammenspiel mit den professionell zu leistenden Aufgaben. Dies gilt es, mit allen Kräften weiter zu entwickeln.

MEDIZINETHIK UND CHRISTLICHE VERANTWORTUNG

Wofür tragen wir Verantwortung?

Verantwortlichkeit macht einen Menschen zum mündigen Bürger im juristischen Sinne. Wenn niemand für die Folgen seines Tuns und Lassens einzustehen hätte, wäre die menschliche Gesellschaft nur noch Chaos. Die Verantwortlichkeit ist einer der Grundpfeiler, auf dem unser Zusammenleben ruht.

Doch nicht nur für sich, für sein Leben und seine Taten ist der Mensch verantwortlich. Auch für seine Mitgeschöpfe trägt der einzelne Mensch Mitverantwortung. Ein fruchtbares Miteinander kann es auf der Erde nur geben, wenn einer für den, die und das andere Verantwortung zeigt. Gottes Gebot „Macht euch die Erde untertan!" begründet diese Verantwortung. Ich bin verantwortlich für das mir Unterstellte wie für das, was ich mir vertraut gemacht habe, wie der kleine Prinz bei Saint-Exupéry sagt. Ohne Gemeinschaft, ohne vertrautes Gegenüber kann der Mensch nicht menschlich leben. Erst durch die Übernahme von Verantwortung wird Gemeinschaft überhaupt möglich. Somit ist Verantwortung eine Bedingung der Möglichkeit von menschlichem Leben.

Verantwortungsethik und Gesinnungsethik

Wie lerne ich Verantwortlichkeit? Es muss Hilfen und Kriterien geben, die verantwortliche Entscheidungen ermöglichen. Eine Ethik wird gebraucht. Ethiken zu entwickeln hat man versucht mit dem Blick zurück, auf den Grund des Daseins. Die Menschen waren dabei bestimmt von Dankbarkeit, Furcht und Ehrfurcht. Das Leitmotiv war oft die eigene Rechtfertigung vor Gott. Der Apostel Paulus hat sich mit dieser Haltung auseinandergesetzt und natürlich Martin Luther, der uns daran erinnert, dass ethisches Verhalten nur Folge der erfahrenen Rechtfertigung durch Gott sein könne. Nur nach erfahrenem Zuspruch kann ich einem Anspruch genügen. Neben der Psychologie weist uns darauf schon unsere Sprache: Verantwortung ist ein Antwort-Verhalten, eine Antwort auf ein zuvor gehörtes Wort. Christliche Verantwortung ist Antwort auf Gottes Wort.

Der Soziologe Max Weber hat – übrigens in einem Vortrag über „Politik als Beruf" (1919) – diese theologische Unterscheidung (Ethik folgt aus Rechtfertigung oder Rechtfertigung folgt aus Ethik) in die Human-Wissenschaft übertragen. Er stellt einer „Gesinnungsethik" eine „Verantwortungsethik" gegenüber. Er unterscheidet damit deutlich zwischen einem, dessen Handeln geleitet ist von der Sorge um die Reinheit seiner Prinzipien und ihrer richtigen Begründung (rückwärts schauend), von einem, der hauptsächlich die Folgen seines Handelns zum Kriterium erhebt (vorwärts schauend). Weber betonte, dass – nicht nur, aber vor allem – der Politiker dazu bereit sein müsse, „für die (voraussehbaren) Folgen seines Handelns aufzukommen". Damit ist wichtiges zu unserem Thema gesagt:

Erstens: Wichtigstes Kriterium einer Handlung muss sein, dass diese nicht weitere Möglichkeiten des Lebens verschließt, sondern Zukunft ermöglicht. Zukunft kann man nie sichern, aber manches Handeln verunsichert oder erschwert, anderes öffnet und ermöglicht Leben in Zukunft.

Zweitens: Die Einschränkung auf die voraussehbaren Folgen und auf die Bereitschaft der Verantwortungsübernahme weist darauf hin, dass Menschen nie alle Folgen ihres Tuns tatsächlich verantworten können. Menschen sind auf die Gnade Gottes und auf die Vergebung ihrer Mitmenschen angewiesen. Das schmälert aber in keiner Weise unseren Auftrag, uns verantwortlich zu zeigen.

Dürfen wir nur machen, was wir verantworten können?

Dürfen wir also nur machen, was wir wirklich verantworten können? Als Gesundheitspolitiker erwarten Sie sicher von mir ein klares JA. Zu Recht. Vielleicht erwarten Sie danach jedoch ein ABER. Auch das bekommen Sie.

Wir stehen oft in Situationen – nicht nur in der Politik, auch in der Familie – die ein Handeln unabdingbar notwendig machen. Aber nicht immer ist die an sich nötige Weitsicht gegeben, die für eine begründete Entscheidung jeden Zweifel ausschließen kann. Der Mensch ist ein fehlbares Wesen. Was tun?

Die Medizin gibt uns Mittel an die Hand, die menschliches Leben in grundlegender Weise berühren, die einen Grundwert unseres Daseins erschüttern können: den Wert des Lebens schlechthin. Sollten wir darum jedwede weitere Forschung verbieten (ohne sie damit zu verhindern), oder sollen wir sie legitimieren und hätten damit vielleicht die Förderung einer verhängnisvollen Entwicklung zu verantworten? Was tun?

Wir müssen nach Möglichkeiten suchen, die unsere Weitsicht verbessern könnten. Dabei kommt es z.B. auf die Perspektive, auf die Distanz zur Sache und auf den eigenen Standpunkt an. Hoch auf einem Berg kann man weiter und mehr und in verschiedene Richtungen, nicht aber so genau sehen.

Die Gentechnik kann nicht nur medizinische „Wunder" ermöglichen, sie ist als Forschung auch ein Standortfaktor, schafft Arbeitsplätze, ist somit in mehrfacher Hinsicht Hoffnungsträgerin. Aber sie kann auch Furchtbares hervorbringen. Man mag über manche literarische Phantasterei lächeln, doch die Fiktion von gestern ist heute oft schon übertroffen. Bisher wurde das Mögliche auch wirklich.

Wir dürfen Blicke zurück und zur Seite nicht scheuen, um Vergleiche ziehen zu können. Wo haben Menschen in ähnlichen Situationen gestanden, und was ist daraufhin nach ihren Entscheidungen passiert?

Pränataldiagnostik kann segensreich wirken. Doch in Ländern wie Indien oder China passiert es, dass nach vorgeburtlicher Untersuchung Mädchen abgetrieben werden, nur weil sie kein Junge sind. Kann man sich vor solchem Missbrauch zuverlässig schützen? Wir brauchen Kriterien, die uns in solchen Situationen zumindest helfen, Richtungen zu finden, in die unsere Entscheidung zielen muss – oder in die sie keinesfalls ziehen darf. Solche grundsätzlichen Fragen müssen z.B. klären, ob ein triftiges Gegenargument für eine negative Entscheidung ausreicht oder ob Für und Wider abgewogen werden müssen.

Wie ist das bezüglich der Genforschung zu handhaben? Durch Korrektur von fehlerhaftem (krankem) Erbmaterial können wir heute schon Leid verhindern, zumindest aber lindern. Sollten wir auf weitere nutzbringende Forschung verzichten, weil mit unseren Ergebnissen auch furchtbarer Missbrauch getrieben werden kann? Gilt es hier abzuwägen? Oder aber verbietet die bloße Möglichkeit eines Missbrauches jede weitere Forschung?

Es bleibt das Dilemma einer Situation, in der wir mehr verantworten müssen als wir verantworten können. Nicht immer ist Aufschieben eine gute Lösung dieses Dilemmas. Luther wusste für eine solche Situation den Rat: Pecca forte, sed fide fortiter! Sündige mutig, aber glaube noch mutiger! Vielleicht darf man das übertragen: Forsche mutig, doch lass Gott mutiger sein und bleibe du selbst ein mutiger Mensch!

Wir können nicht verantworten, nichts zu tun

Wenn ich also in einer Situation einen Handlungsbedarf erkannt habe, muss ich handeln. Auf die Fragen der Stunde muss ich antworten. Ich kann nicht verantworten, nichts zu tun. Wenn wir die Genforschung und -technik nicht gesetzlich regeln, regelt die Gentechnik bald uns. Also muss ich den gegenwärtigen Sachstand kennen, muss verschiedene Handlungsmöglichkeiten finden und sie auf ihre möglichen Folgen hin prüfen.

Eine Vorauswahl der Handlungsoptionen setzt voraus, dass ich mir darüber klar geworden bin, was ich will. Was wollen, was bezwecken wir mit der Medizin?

Zum Wohle des Menschen

Das Wohl des Menschen – das ist der Zweck der Medizin. Das klingt unmittelbar einleuchtend. Gerade darum erscheint es mir nützlich, doch noch einmal nachzufragen, was mit „Wohl" denn gemeint ist.

Geschichte

Als Grundnorm jeglicher Medizin ist seit alters her kaum etwas anderes vorstellbar als die „Ehrfurcht vor dem Leben schlechthin". Doch genau diese führt nach Meinung des katholischen Moraltheologen Paul Sporken (1971) „notwendig zu

Unmenschlichkeit". Sein evangelischer Kollege Helmut Thielicke nannte es drastisch „Terror der Humanität", wenn in Krankenhäusern unheilbare, leidende Patienten der intensivmedizinischen Maxime „Lebensverlängerung um jeden Preis" unterworfen wurden.

Ein grundlegendes ethisches Problem kann so formuliert werden: Gibt es Grenzen der ärztlichen Therapie bzw. Situationen, in denen die Nichteinleitung oder der Abbruch einer Behandlung ethisch zu rechtfertigen oder gar geboten ist? Dieses Problem erscheint uns historisch neu. Denn wir erblicken in moderner Intensivmedizin erst die Bedingung der Möglichkeiten dieser Frage. Tatsächlich ist die Frage „Lebensverlängerung um jeden Preis und mit allen Mitteln?" so alt wie die Medizin selbst. Ich finde darum einen Blick in die Geschichte der Medizin und der sie leitenden Ethik lohnenswert.

Im alten Ägypten vor etwa 3 500 Jahren, so entnehmen wir den Papyri Smith oder Ebers, unterschieden Ärzte schon zwischen günstiger, zweifelhafter und infauster (= aussichtsloser) Prognose. Wenn keine Heilungschancen erkannt werden konnten, ordnete der Arzt palliative (=lindernde, nicht die Ursachen bekämpfende) Maßnahmen an, wie z.B. Salben des Kopfes oder Kühlen der Ohren mit Rahm. Ob der Arzt sich dann aber gänzlich vom Patienten zurückzog, wissen wir nicht. Im etwa 2 500 Jahre alten Eid des Hippokrates wird – neben prinzipieller Verpflichtung zur Lebensbewahrung und Tötungsverbot – auch eine Therapiegrenze genannt, nämlich nicht „das Messer zu gebrauchen", weil Chirurgisches damals als eine Sache der Handwerker angesehen wurde. Also handelt es sich dabei nicht um ethische, sondern um standespolitische Motive.

In der Antike führte eine hoffnungslose Prognose meist dazu, dass der Arzt keine Behandlung aufnahm. Denn die ausbleibende Heilung kostete nicht nur dem Patienten das Leben, sondern dem Arzt auch die Reputation und damit seine Existenz. Die Patienten zu pflegen und ihnen menschlich beizustehen war Aufgabe der Familie, nicht des Arztes. Hier hat das Christentum mit dem Gebot der Nächstenliebe eine wichtige Veränderung bewirkt. Der christliche Okzident gebar eine neue Kultur, zu deren zentralen Elementen die tätige Nächstenliebe, die Caritas, gehört. Zuvor kannte man keine geregelte Armen- und Krankenpflege oder Krankenhäuser. Jetzt fand man, wo eine Kathedrale stand, auch ein Krankenhaus.

Motiviert durch christliche Nächstenliebe sammelte man bei der Pflege Kranker und Notleidender in klösterlichen Hospizen oder in Hospitälern empirisch medizinisches Wissen. Das ging offenbar so weit, dass im Jahre 1130 das Konzil von Clermont den Geistlichen die Ausübung der praktischen Medizin und Chirurgie verbot. Daraufhin entstand an den europäischen Universitäten allmählich eine weltlich geprägte Schulmedizin.

Im Mittelalter stellte sich die Frage nach einer Therapiebeendigung bei unheilbar Kranken vor allem bei den Seuchen. Es galt durchaus nicht als Pflicht, dass der Arzt bei den Kranken blieb. Oft floh er und ließ die Sterbenden zurück. Luther setzte sich (u.a. in einem Brief an Kurfürst Johann Friedrich von Sachsen aus dem Jahre 1535) dafür ein, dass Geistliche und Ärzte, die von Berufs wegen mit Sterbenden zu tun haben, auch bei Seuchengefahr bei diesen zu bleiben haben, während die anderen in Sicherheit zu bringen seien.

In der Neuzeit torpedierten die entstehenden Naturwissenschaften den allgemeinen Fatalismus, der Mensch sei Krankheiten ohnmächtig ausgeliefert. Vernunft und Medizin wurden als Möglichkeiten der Einflussnahme entdeckt. Hier keimte der Gedanke der Machbarkeit auf, gipfelnd in der Vorstellung des Menschen als Maschine (La Mettrie). Und nun wurden auch Forderungen hörbar, dass die Medizin zu einem guten Sterben verhelfen solle. Doch ging es grundsätzlich darum, Grenzen der Therapie hinauszuschieben. Denn bis ins 19. Jahrhundert betrug die mittlere Lebenserwartung etwa 30 Jahre. Säuglings- und Kindersterben gehörte zum traurigen Alltag.

Im Jahre 1836 sah sich jedoch der preußisch-königliche Leibarzt Hufeland veranlasst, deutlich auf die Gefahren hinzuweisen, die mit den neuen Möglichkeiten gegeben waren. Er schrieb: „Das Leben der Menschen zu erhalten und womöglich zu verlängern, ist das höchste Ziel der Heilkunst ... jeder Arzt hat geschworen, nichts zu tun, wodurch das Leben eines Menschen verkürzt werden könnte... Er soll und darf nichts anderes tun, als Leben zu erhalten; ob es ein Glück oder Unglück sei, ob es Wert habe oder nicht – dies geht ihn nichts an, und maßt er sich einmal an, diese Rücksicht mit in sein Geschäft aufzunehmen, so sind die Folgen unabsehbar, und der Arzt wird der gefährlichste Mann im Staate. Denn ist einmal die Linie überschritten, glaubt sich der Arzt einmal berechtigt, über die Notwendigkeit eines Lebens zu entscheiden, so braucht es nur stufenweise Progressionen, um den Unwert und folglich auch die Unnötigkeit eines Menschenlebens auch auf andere Fälle anzuwenden."

Die großen Kriege der Neuzeit stellten eine Herausforderung des ärztlichen Ethos dar. Die Menge der schwer Verwundeten überstieg die Möglichkeiten, sie medizinisch zu versorgen. In den Napoleonischen Kriegen wurde deshalb die „Triage" geboren – die Aussonderung von Verwundeten, denen sich die Sanitäter nicht mehr widmen konnten.

Die zivile Medizin hingegen drang in Bereiche vor, in denen die Hippokratische Regel, keinem Patienten zu schaden, von ganz anderer Seite angefragt wurde. Vor 200 Jahren entstand mit der Pockenimpfung die erste Methode, die Gesunde verletzte und sie dem Risiko einer tödlichen Krankheit aussetze, um dadurch größere Übel abzuwenden. Von da an musste sich die Medizin die Frage gefallen lassen, ob sie alles darf, was sie kann. Ergebnis dieses Fragens war immer wieder, dass die Grenze des der Medizin Erlaubten neu bestimmt wurde. Waren zum Beispiel bisher der Patient selbst oder seine Angehörigen bewusste Zeugen ärztlicher Handlungen und konnte nichts ohne ihren Willen geschehen, entfiel mit der Einführung der Narkose 1846 diese natürliche Kontrolle. In dieser Tendenz fiel in den Großkliniken der Gründerzeit die Aufsicht durch die Familie bei einer Behandlung zu Hause völlig weg. Folgerichtig gab es Kritik an unnötigen Tier- und Menschenexperimenten ebenso wie deren forsche Zurückweisung. Aus gegebenem Anlass wertete das Strafrecht des Deutschen Kaiserreiches jeden ärztlichen Eingriff als Körperverletzung, sofern der Patient oder ein gesetzlicher Vertreter nicht eingewilligt hatten.

Der Reichsgesundheitsrat erarbeitete 1930 Richtlinien, die Versuche am Menschen nur zulassen unter der Voraussetzung, dass der Patient zustimmte, dass alle Sicherungen wie z.B. mögliche vorherige Tierversuche unternommen wurden und dass es sich dabei nicht um planloses Experimentieren handelt. Versuche an Kindern wurden nur gestattet, wenn sie zur Diagnose oder zur Verhütung und Heilung von Krankheiten geboten sind. Versuche an Sterbenden durften nur zum Zweck der unmittelbaren Lebenserhaltung unternommen werden. Während der NS-Zeit wurden diese Richtlinien bekanntermaßen vom Tisch gewischt. Nach dem Krieg musste daher Ehrfurcht vor dem Leben als Prinzip erst wieder in Geltung gesetzt werden.

Das ist in der Medizin gelungen. Aber man hatte nicht vermocht, dieses Prinzip vor der Erstarrung zu retten. Unter neuen medizinischen und gesellschaftlichen Bedingungen ab den 1960er Jahren entstand das eingangs erwähnte Dilemma.

Die zunehmende Macht der Ärzte, das Leben der Menschen verlängern zu können, und ihre Ohnmacht, ihnen im Sterben menschlich beizustehen, veranlasste den niederländischen Moraltheologen Sporken zu differenzieren: „Nicht das Leben schlechthin, sondern das sinnvolle und akzeptable menschliche Leben ist normierend für die konkrete Verwirklichung der Ehrfurcht vor dem Leben. ... Wirkliche Lebenshilfe ... besteht darin, dass wir dem anderen helfen, er selbst zu werden." Im Sterben müsse – so Sporken weiter – zum Ausdruck kommen können, „dass auch diese Lebensphase die Mühe lohnt, gelebt zu werden".

Mit diesem Aufruf will ich den historischen Exkurs beenden. Deutlich wurde, so hoffe ich, dass die Medizin von Anfang an in der Spannung von segensreicher Wirkung und Angst vor ihren Möglichkeiten gewirkt hat. Und dass nicht erst heute die Frage entstanden ist, ob Leben und Lebensverlängerung ohne jede Einschränkung als Wohl des Menschen bezeichnet werden können. Ich will darum die Frage des Wohles noch in einer anderen Perspektive zu beleuchten versuchen.

Differenz von „Wohl" und „Heil"

Der christliche Glaube bekennt den Menschen als zum „Heil" bestimmt, wobei „Heil" sich der Mensch nicht selbst schaffen kann. Woraufhin der Mensch arbeiten kann und soll, heißt in der Dogmatik „Wohl". Das ist eine wichtige Unterscheidung.

„Wohl" kann sich der Mensch selbst tun, „Heil" schafft nur Gott. Wo Menschen selbst Heil schaffen wollen, ernten sie Unheil. Alle diesbezüglichen Versuche bisher endeten katastrophal. Politische Heilslehren kennen wir in Deutschland zur Genüge.

So möchte ich versuchen, dem Begriff „Wohl" zwischen den Begriffen „Heil" und „Unheil" seinen Platz zu geben. Heil ist göttlich, Unheil ist unmenschlich, dazwischen liegt menschlich. (Insofern ist auch der Begriff „menschlich" zweideutig, abhängig davon, ob man ihn im Gegenüber zu „unmenschlich" oder zu „göttlich" versteht.) Genau in dieser Spannung bewegen wir uns, in der Politik wie in der Medizin. Das Unmenschliche vermeiden, aber das Göttliche Gottes Sache sein lassen. Zum „Wohle" sollen wir wirken. Das ist unsere Aufgabe. Wir erfüllen sie nur, wenn wir „Wohl" von „Heil" zu unterscheiden wissen.

Ich möchte den Akzent darauf legen, dass wir von Menschen, von Ärzten wie von Politikern, nicht erwarten dürfen, was nur Gott geben kann. Und wir müssen als Menschen auch das nicht tun, was nur Gott geben kann.

So eindeutig die Unterscheidung im Begriff, so schwierig ist sie in der Praxis. Denn Gott hat uns Menschen immer wieder den Auftrag gegeben, dem Nächsten, dem Wohl der Gemeinschaft, dem Leben zu dienen. Müssen wir vor diesem Hintergrund nicht immer wieder bemüht sein, die Grenzen des menschlich Machbaren auszuloten und den Bereich des Wohles womöglich verantwortlich zu vergrößern? Hat sich nicht die Grenze zwischen „Wohl" und „Heil" in der Geschichte verschoben?

Andererseits muss man nur auf Alfred Nobel verweisen. Darauf, dass der Friedensnobelpreis die Explosionen in Kriegen und bei Anschlägen nicht ungeschehen macht. Kann man die Erfolge friedlicher Nutzung des Dynamits gegen die Schäden aufwiegen? Mir geht der Vorwurf nicht aus dem Sinn, Menschen hätten Gott all zu oft ins Handwerk gepfuscht. Und ich denke, wir dürfen uns dieser Anfrage als ständigem kritischen Begleiter nicht entziehen. Uns stehen heute Mittel zur Verfügung, wo Menschliches und Mögliches in Konflikt geraten können. Ich verweise auf Möglichkeiten zur aktiven und passiven Sterbehilfe sowie zur Lebensverlängerung. Ist das schon ein „Eingriff in Gottes Handwerk", wenn wir die Lebenszeit in die Hand zu bekommen versuchen?

Im 139. Psalm lesen wir: „Alle Tage waren in dein Buch geschrieben, die noch werden sollten und von denen keiner da war." Oder im Psalm 31 betet der Psalmist „Meine Zeit steht in deinen Händen". Eine deutliche Sprache. Allerdings sollten wir beachten, dass der 31. Psalm fortfährt mit der Bitte: „Errette mich von der Hand meiner Feinde und von denen, die mich verfolgen." Der zentrale Inhalt dieses Gebetes war also nicht die Entscheidung über selbst zu wählende Verkürzung oder Verlängerung des eigenen Lebens, sondern lebensgefährliche Bedrängnis durch Widersacher. Unbestreitbar bekennt aber die ganze Heilige Schrift Gott als Herrn über Leben und Tod, der das Leben will. Gott gibt jedem Zeit und Talente, dem einen fünf, dem anderen zehn. Und er will nicht, dass auch nur eines davon vergraben wird.

Greifen wir also schon Gott in die Hände, wenn wir unser Leben zu verlängern oder es vorzeitig abzubrechen suchen? Oder entsprechen wir mit Lebensverlängerung nur seinem Willen, unsere Talente bestmöglich zu nutzen? Oder maßen wir uns damit an, die Zeit fürs Geborenwerden und fürs Sterben selbst bestimmen zu wollen? Alles hat seine Zeit, und die ruht in Gottes Hand.

Noch grundsätzlicher steht Leben zur Disposition bei den Fragen nach Fertilisation (künstliche Befruchtung) und nach Schwangerschaftsabbruch, ebenso im Feld der pränatalen Diagnostik und der Eugenik (genetische Korrekturen der Erbmasse). „Du hast mich im Mutterleibe gebildet.", sagt wiederum der 139. Psalm. Und zu Jeremia spricht der Herr (Jer 1:5): „Ich kannte dich, ehe ich dich im Mutterleibe bereitete, und sonderte dich aus, ehe du von der Mutter geboren wurdest." Schließt das die Möglichkeit einer genetischen Manipulation ein? Lässt das Raum für Klonen und für Eingriffe in die Keimbahn?

Wir fallen Gott in die Hände auch mit einer Organtransplantation und mit einem Kaiserschnitt. Darum möchte ich unterscheiden zwischen einem „Gott ins Handwerk pfuschen" und „dem Willen des Schöpfers entsprechen". Die Frage ist nicht, ob wir Gott in die Hände greifen, sondern in welchem

Sinne wir das tun. Zu denken gab mir der bekannte Satz: „Gott hat keine anderen Hände als unsere Hände." Ich kann nicht sagen, ob Gott keine anderen Hände hat. Doch bin ich mir sicher, dass menschliche Hände zu Gottes Händen werden können. Christus, menschgewordener Gott, hat uns in seine Nachfolge gerufen. Mehr noch, indem Gott Mensch wurde, hat er sich sogar in unsere Hände begeben.

Ich erachte es darum für bedeutsam, zu welchem Zweck wir Gott in die Hände greifen. Eine Grenze erkenne ich, wenn die Mittel den Zweck zu dominieren beginnen.

Darum möchte ich im Folgenden drei Kategorien von Mitteln näher untersuchen. Es sind dies 1. die passive Sterbehilfe, 2. die Korrektur von genetischen Defekten und 3. Eingriffe in die Keimbahn.

Passive Sterbehilfe

Ich nenne zuerst eine Reihe von Fragen, die die Möglichkeit der Sterbehilfe thematisieren: Wie lange ist ein Patient ohne Heilungschance (mit infauster Prognose) zu behandeln? Ist jeder Patient prinzipiell intensivmedizinisch zu behandeln? Muss jeder Mensch wiederbelebt werden? Darf man Leben aus bestimmten Gründen vorzeitig beenden?

Diese Fragen kann man nicht allgemein beantworten. Aber man benötigt Richtlinien, und ich verweise auf die gerade verabschiedeten „Grundsätze der Bundesärztekammer zur ärztlichen Sterbebegleitung" vom 11. September 1998.

Ich möchte zwei Kriterien angeben, die ich für unerlässlich halte, um passive Sterbehilfe gesetzlich zu ermöglichen. (Aktive Sterbehilfe kann ich nicht als zulässige Möglichkeit begreifen.)

Die Mittel der passiven Sterbehilfe wie auch des Abbruches lebenserhaltender Maßnahmen dürfen nur in Anwendung kommen, wenn dies dem erklärten oder mutmaßlichen Willen des Patienten entspricht. Damit kommt dem Selbstbestimmungsrecht des Patienten eine exklusive Bedeutung zu. Darum möchte ich dazu auffordern, dass möglichst viele Menschen eine diesbezügliche Entscheidung treffen und in einem Patiententestament oder in einer Betreuungsverfügung schriftlich fixieren. Diese Vorausentscheidungen des Patienten wird (nach Möglichkeit) anerkannt, wenn der Patient selbst nicht mehr entscheidungsfähig ist.

Liegt kein erklärter Wille vor oder gibt es Gründe zur Annahme, dass der Patient seine Entscheidung, die unter anderen Umständen getroffen wurde, jetzt abweichend davon treffen würde, muss eine gerichtliche Entscheidung herbeigeführt werden. Diese Entscheidung muss das Vormundschaftsgericht unabhängig – in doppelter Hinsicht – treffen. Sie muss unabhängig vom behandelnden Arzt und unabhängig von Angehörigen sein, damit diese nicht in eine Situation geraten, die ihnen abverlangt, auch unter Berücksichtigung eigener Interessen über den Sinn eines anderen Lebens zu entscheiden. Im Konflikt zwischen dem Anspruch der Achtung des Lebens und dem Anspruch der Achtung der Selbstbestimmung des Patienten hat auch der Beschluss des Oberlandesgerichtes Frankfurt am Main vom 20.7.1998 einen wichtigen Impuls gegeben: Es gehört zu den ärztlichen Pflichten, ein Sterben in Würde zu ermöglichen.

Korrektur von genetischen Defekten

Mittel ganz anderer Art stellt die Genforschung zur Verfügung. Die praktischen Erfolge der Genforschung sind unverkennbar. Im Bereich der Prävention und Diagnostik gelang für eine Reihe monogener Erbleiden und familiärer Tumorerkrankungen der Nachweis der krankheitsverursachenden Erbanlagen im Rahmen der pränatalen bzw. präsymptomatischen Diagnostik. Die Überprüfung der Gewebeverträglichkeit von Organtransplantationen wurde wesentlich verbessert und rekombinante Impfstoffe (z.B. gegen Hepatitis B) sowie zur Prävention eingesetzte Pharmaka (z.B. Calcitonin gegen Osteoporose) sind ein nicht in Frage zu stellender Gewinn für die Medizin. Die Mittel zur Korrektur von genetisch bedingten Defekten nicht zu gebrauchen, halte ich nicht für verantwortbar.

Eingriff in die Keimbahn

Hingegen sollen wir Menschen, glaube ich, uns nicht aufspielen als befugt zur Ergänzung und Verbesserung der Schöpfung. Eingriffe in die Keimbahn, also eine somatische Gentherapie ist nicht ohne Grund in Deutschland nicht erlaubt. Denn es darf nicht dazu kommen, dass die Erbanlage eines Menschen einmal bedeutsam wird für dessen Menschsein, d.h. dass ein Mensch mit fehlerhaftem Erbmaterial (und wen betrifft das nicht) ausgesondert, benachteiligt oder gar am Leben gehindert wird. Wenn es dazu kommen kann, dass Menschen konditioniert werden wie in Huxleys „Schöner neuer Welt", anstatt dass äußere, z.b. soziale Faktoren ihn prägen, dann müssten wir dieser Möglichkeit einen starken Riegel vorschieben. Denn dann wäre die Grenze überschritten.

Lernen, mit den Möglichkeiten verantwortlich umzugehen

Die eingangs angemahnte Verantwortung müssen wir übernehmen. Doch wir können für unsere Entscheidung nicht alle möglichen Folgen, nicht alle möglichen Nebenrisiken ausschließen, auch können wir mögliche Kettenreaktionen nicht voraussagen noch garantieren, dass die Erfolge gentechnologischer Forschung allen Menschen in gerechter Verteilung der Mittel zugute kommen werden.

Dennoch kann und möchte ich mich nicht gegen die Genforschung aussprechen. Wir Menschen haben die Möglichkeit zum Eingriff in die menschlichen Erbanlagen, da ist nichts mehr zu verhindern. Ich halte es aber für geboten und überaus wichtig, dass wir lernen, mit den Möglichkeiten verantwortlich umzugehen. Wir müssen nicht mehr so viel über das „Ob" als vielmehr über das „Wie" diskutieren. Die Forschungsergebnisse sind schon da. Wir müssen unsere Kraft darauf konzentrieren, verantwortlich mit ihnen umzugehen.

Jeder Mensch ist ein potentieller Patient. Selbstbestimmung kann jeder heute schon – präventiv sozusagen – ausüben, indem er Fragen stellt, nach Antworten sucht und vor allem solche Fragen wie die, denen ich heute nachzugehen versuchte, als bleibende Fragen wach hält. Es gibt mehr Fragen als Antworten! Und das muss auch so bleiben. Misstrauen wir schnellen und sogenannten allgemein richtigen Antworten. Bestimmen Sie heute über Ihr mögliches Schicksal als Patient mit, und nehmen Sie Ihre Verantwortung für künftige Generationen wahr! Das können weder Politiker noch Ärzte allein übernehmen. Denn Dietrich Bonhoeffer hatte Recht, als er meinte, Verantwortlichkeit schließt die Bereitschaft zur Schuldübernahme ein. Das ist ein schwerer Satz zum Schluss, der sich wohl nur mit dem Hinweis auf einen gnädigen Gott ertragen lässt.

Die Verantwortung des Einzelnen für die Gesellschaft – die Verantwortung der Gesellschaft für den Einzelnen

Aufeinander zugehen

Nach wie vor halte ich es für außerordentlich wichtig, dass die Deutschen in Ost und West aufeinander zugehen. Ziel dabei ist nicht, nach der staatlichen Einheit auch den „Einheitsdeutschen" zu schaffen, wie der Bundespräsident in seiner Rede zum 3. Oktober warnte. Unser Ziel hingegen ist es, sich gegenseitig zu erzählen von den Erfahrungen, den Erlebnissen, auch von den Narben, den Erwartungen und den Befürchtungen. Das ist die Voraussetzung, um einander zu verstehen und zu akzeptieren. Dabei geht es nicht darum, sich zu rechtfertigen.

Dieses Aufeinanderzugehen ermöglicht, ein eventuelles Anderssein zu sehen und die unterschiedliche Prägung vielleicht auch als Bereicherung zu empfinden. Danach können wir uns gemeinsam den vor uns liegenden vielfältigen Aufgaben widmen. Diese werden wir nur dann bewältigen, wenn wir immer wieder miteinander im Gespräch sind.

Meine Frau und ich, wir haben uns gesagt, als wir uns auf den Weg des gemeinsamen Lebens begaben und bevor wir Kinder hatten, wir wollen versuchen, im Privaten diese Bindung zu halten. (Es war 1966, die Mauer war schon da.) Wir wollen versuchen, für jedes unserer Kinder einen Paten aus den alten Bundesländern (oder aus dem Westen, wie es damals hieß) zu bitten. In Erwartung nicht von Paketen, sondern in der Erwartung, dass sie uns dann besuchen kämen, um damit menschliche Kontakte einfach herauszufordern.

Kontakte und Gespräche waren damals Mittel, eine noch weitere Entfremdung zu stoppen. Sie sind auch heute Wege zu gegenseitiger Akzeptanz und zum Abbau von Fremdheit.

„Die Verantwortung des Einzelnen für die Gesellschaft – die Verantwortung der Gesellschaft für den Einzelnen". Ich möchte mich diesem Thema nähern, indem ich die alte Gerechtigkeitsdefinition interpretiere, die bereits bei Cicero vorkommt: „Jeder das Seine, jedem das Seine".

Warum ich darin die Verantwortung des Einzelnen und die Verantwortung der Gesellschaft beschrieben sehe, will ich in einem ersten Teil darstellen. In einem zweiten Teil greife ich drei Lebensbereiche – Familie, Jugend, Medien – heraus. für diese will ich beschreiben, wie sich das Verhältnis Einzelner – Gesellschaft darstellt.

„Jeder das Seine, jedem das Seine"

Regelungen durch das Grundgesetz

Wie komme ich zu der Aussage: „Jeder das Seine, jedem das Seine"? Unser moderner Verfassungsstaat stellt den Menschen als Person, als Bürger in den Mittelpunkt der politischen Ordnung. Genauso wie wir als Christen jeder Einzelne ein Gegenüber zu Gott sind. Daraus ist für mich auch Artikel 1 des Grundgesetzes hergeleitet: „Die Würde des Menschen ist unantastbar".

Damit ordnet der Staat, zugleich das Zusammenleben der vielen Einzelnen in der Gesellschaft. Das Grundgesetz und insbesondere der Grundrechtskatalog formuliert das Verhältnis zwischen Staat und Bürger. Es definiert die Grenzen der Eingriffe des Staates, die Abwehrrechte gegen den Staat, die Ansprüche an den Staat und die Mitwirkungsrechte des Bürgers bei der Gestaltung des Gemeinwesens.

Das Grundgesetz beschreibt also vor allem Ansprüche und Rechte des Einzelnen. Wenig wird über die Pflichten des Bürgers, über seine Verantwortung für das Gemeinwesen ausgesagt. Die Erklärung ist einfach: Vor zweihundert Jahren in der Unabhängigkeitsbewegung der nordamerikanischen Kolonien ist der Gedanke „unter Schmerzen" geboren worden, dass der Persönlichkeit des Menschen unabhängig von seinem Stand Rechte zuständen, die auch der Herrscher, die Obrigkeit nicht antasten darf. Daraus hat sich über viele Stationen der Grundrechtskatalog unseres Grundgesetzes entwickelt. Im Übrigen ist es nach der systematischen Missachtung und Verletzung der Menschenrechte durch die Nazidiktatur verständlich, dass nun die Menschen- und Bürgerrechte besonders betont werden.

Die Weimarer Verfassung aber enthielt noch folgende Passage: „Jeder Deutsche hat unbeschadet seiner persönlichen Freiheit die sittliche Pflicht, seine geistigen und körperlichen Kräfte so zu betätigen, wie es das Wohl der Gesamtheit erfordert" (Art. 163 Abs. 1).

Eigentum und Verantwortung

Eine der wenigen Stellen in unserem Grundgesetz, aus denen sich eine Pflicht, eine Verantwortung des Einzelnen herauslesen lässt, ist der bekannte Eigentumsartikel: „Eigentum verpflichtet. Sein Gebrauch soll zugleich dem Wohle der Allgemeinheit dienen." (Art. 14 Abs. 2).

Ich möchte den Begriff Eigentum weiter fassen, als er üblicherweise beschrieben wird. Unter Eigentum verstehe ich hier nicht nur den Grundbesitz, die Produktionsanlagen, das Kapital, sondern auch die Gaben, Fähigkeiten und Fertigkeiten – körperlicher, geistiger und seelischer Art – die jeder von uns besitzt. Diese Kräfte zu entwickeln, zu fördern, auszubilden, ist wichtige Aufgabe jedes Einzelnen. Und den Rahmen dafür zu schaffen, ist Aufgabe der Gemeinschaft. Nicht nur der materiell Reiche hat Pflichten gegenüber dem Wohle der Allgemeinheit. Auch der, der Vermögen auf anderen Gebieten hat, der etwas „vermag", muss Verantwortung wahrnehmen.

Ein kleiner Exkurs dazu: Eine der bittersten Hinterlassenschaften des DDR-Regimes in meinem Verantwortungsbereich als Gesundheitsminister von Sachsen waren die Zustände in den großen psychiatrischen Landeskrankenhäusern. Die baulichen und die sanitären Anlagen waren in einem unhaltbaren Zustand. Schlimmer noch war die Versorgung der Patienten. Bis zu 50 Personen in einem Schlafraum: akut kranke Patienten, körperlich und/oder geistig Behinderte, chronisch psychisch Kranke und einfach nur alte Menschen. Sie hatten keinen persönlichen Bereich, teilweise nicht einmal einen Nachttisch. Es fand oft nur eine „Satt- und Sauber-Pflege" statt. Dabei will ich nicht dem Großteil des Personals Unrecht tun, es gab viele, die unter diesen Umständen aufopferungsvoll gepflegt haben. Aber sie waren viel zu wenige. Ich selbst habe Patienten erlebt, die bei meinem ersten Besuch im Bett lagen und nie aufstanden, die gefüttert, gewindelt werden mussten usw. Bei einem späteren Besuch in einem Wohnheim habe ich eine von ihnen wieder getroffen, eine Frau, die mir stolz ihr eigenes Zimmer zeigte, die die Verrichtungen des täglichen Lebens weitgehend selbstständig erledigte. Erstaunliche und bewegende Entwicklungen, die selbst Fachleute verblüffen. Das sind berührende Erfahrungen, die mich entschädigen für unfaire Angriffe oder bittere Erlebnisse, die anscheinend zum Politikerleben gehören.

Was will ich mit diesem Exkurs sagen? Alle Mitglieder unserer Gesellschaft, auch die weniger Gesunden, die Behinderten, die Beeinträchtigten, sollen ihre Möglichkeiten ausschöpfen, ihre Fähigkeiten entwickeln. Sie sollen gefördert und gefordert werden. Sie sollen ein Höchstmaß an Eigenständigkeit erreichen.

Ich wiederhole: Zuerst ist es Aufgabe jedes Einzelnen, seine Gaben und Talente zu entwickeln. Das Stichwort Talente legt es nahe, an das bekannte Gleichnis im Matthäus-Evangelium zu erinnern. Die eigenen Gaben entwickeln und sich dadurch selbst zu versorgen. Was jeder leisten kann, soll er auch leisten, also „Jeder das Seine". Von dem, was Leistungsfähige über ihren eigenen Bedarf hinaus erwirtschaften, soll abgegeben werden an den, der sich nicht oder nur teilweise selbst versorgen kann, also „Jedem das Seine".

Für den Erhalt der Leistungsfähigkeit

Wie viel von dem „Mehr", das die Leistungsfähigeren schaffen, abgeschöpft wird, das ist Gegenstand der Mechanismen des Nehmens und Gebens innerhalb unseres Gemeinwesens. Der Staat organisiert mit einer ausgeklügelten Sozial- und Steuergesetzgebung das Maß der Abgabenlast und das Maß der Zuwendungen. Ich halte es für falsch, ja für unmoralisch, dass es in Deutschland Konzerne gibt, die keine Steuern zahlen. Ich halte es grundsätzlich auch für nötig, dass nicht nur der Faktor Arbeit, der produzierende Bereich, sondern auch der Faktor Kapital, Finanztransaktionen, versteuert werden. Meine Hoffnung ist gegenwärtig nicht groß, aber ich gebe sie nicht auf, dass wir in der Bundesrepublik in absehbarer Zeit eine vernünftige Steuerreform zu Stande bekommen.

Ich bin allerdings kein Verfechter einer Einkommensgleichheit. Ich komme aus einer Gesellschaft, in der Gleichmacherei zu Leistungsunfähigkeit, Leistungsverweigerung, Lähmung und Stillstand geführt hat. Es muss für die Leistungsfähigen auch einen Anreiz geben, etwas zu leisten. Wenn dieser Anreiz fehlt, lässt die Leistungsbereitschaft der Leistungsfähigen nach – zum Schaden aller. Die Leistungsfähigkeit muss erhalten bleiben. Und das wird uns dazu führen zu fragen, welche Einkommensungleichheit wir tolerieren. Ich frage dann immer: Wie soll das Verhältnis zwischen den unteren und den oberen Einkommen aussehen? Wenn das untere Einkommen 18.000 DM im Jahr ist, dann heißt 1 zu 10 bereits 180.000 DM jährlich, 1 zu 20 schon 360.000 DM, 1 zu 30 immerhin 540.000 DM, oder bei 1 zu 40 sind wir dann bei 720.000 DM. Ich gebe jetzt keine Antwort darauf und gebe Ihnen die Frage mit. Aber ich denke, wir müssen uns eine Antwort darauf irgendwann geben.

Rahmenbedingungen für Leistungsfähigkeit durch starke Politik

Die Aufgabe der Politik besteht darin, die Rahmenbedingungen zu schaffen, dass jeder das Seine leistet, dass aber auch jeder das Seine erhält. Ich will hier meine Auffassung wiederholen, die mir schon manche Angriffe eingebracht hat: Die Bundesrepublik verfügt mit dem Bundessozialhilfegesetz – um das uns übrigens viele auf der Welt beneiden – über ein Instrument, um wirtschaftliche Armut zu verhindern. Wer Sozialhilfe erhält, der ist nicht arm, jedenfalls nicht materiell arm! Ich will dieses zurzeit auch öffentlich kontrovers diskutierte Thema jetzt nicht vertiefen. Das würde den Rahmen meines Themas sprengen.

Jeder das Seine, jedem das Seine – Dem Einzelnen ein Höchstmaß an Leistung zu ermöglichen, aber auch abzuverlangen und an dem geleisteten Mehrwert die nicht so leistungsfähigen Glieder der Gesellschaft partizipieren zu lassen. Das ist das Organisationsprinzip der sozialen Marktwirtschaft. Und es ist die Antwort auf das Thema dieses Abends: Die Verantwortung des Einzelnen für die Gesellschaft wird wahrgenommen, indem jeder das Seine tut, und die Verantwortung der Gesellschaft für den Einzelnen wird wahrgenommen, indem jedem das Seine gegeben wird.

Übernahme von Verantwortung: Familie, Jugend, Medien

Freies Denken

Heute ist ja die zweite Veranstaltung zum Franz-Böhm-Kolleg. In der Festschrift zu seinem 70. Geburtstag (1965) findet sich folgende Charakterisierung: „Böhm sieht unter den gegenwärtigen gesellschaftlichen Verhältnissen keinen anderen Weg, dem einzelnen Menschen Spielraum zur Entwicklung seiner Individualität und Persönlichkeit zu sichern, als eine auf Wettbewerb aufgebaute Wirtschaft; sie ist ihrerseits nur möglich, wenn die Unternehmer und Eigentümer sich zwar voll entfalten können, aber auch in die von der Rechtsordnung gesetzten Grenzen gewiesen sind."

Spielraum zur Entwicklung haben und gleichzeitig in eine Ordnung gesetzt sein, also das Verhältnis zwischen dem Einzelnen und der Gesellschaft wird immer spannungsreich sein und muss immer neu ausbalanciert werden. Wodurch die Ausgewogenheit dieses Verhältnisses heute gefährdet ist und welche Gedanken ich dazu habe, möchte ich im Folgenden darlegen.

Prof. Biedenkopf formuliert kurz und prägnant, worin er die Gefährdung einer ausgewogenen Beziehung zwischen dem Einzelnen und der Gesellschaft sieht: Er hält es für gefährlich, wenn die Rechte des Einzelnen individualisiert und die Pflichten institutionalisiert werden.

Wir Ostdeutschen wissen, wohin es führt, wenn dieses Verhalten Schule macht. Der zentralistische Staat der DDR hat dem Einzelnen Pflichten und Verantwortung abgenommen. Der Spruch – „versorgt von der Wiege bis zur Bahre" – ist sicher bekannt. Pflichtwahrnehmung und Verantwortungsübernahme erfordern eigenständiges Denken und Tun. Dies aber war in der DDR nicht erwünscht. Dass die Bürger sich eigene Gedanken machen, war aus Sicht der Herrschenden in der DDR gefährlich.

Bundespräsident Herzog hat es in seiner Rede vor dem Bürgerrechtler-Kongress in Leipzig im April dieses Jahres treffend so beschrieben: „Die Machthaber müssen eine abenteuerliche Angst vor dem eigenen Volk gehabt haben, dass sie buchstäblich jede Initiative – nicht nur die politische, sondern selbst die wirtschaftliche, selbst die technische – schon im Ansatz abzuwürgen versuchten."

Ein eigenständiges Denken lässt sich nicht auf den gewünschten Gegenstand eingrenzen. Wenn man im technischen Bereich eigenständig denkt, liegt es nahe, dass man ebenfalls in anderen Bereichen eigenständig denkt und gegebenenfalls auch bei der Politik landet.

Aber die Machthaber haben nicht nur selber Angst gehabt, sondern sie haben – wie ich es immer wieder erlebt habe – ihr Herrschaftssystem auf einem System der Angst (Ministerium für Staatssicherheit) aufzubauen versucht. Menschen, die ihre Gründung im Glauben an Gott hatten und damit unabhängiger waren von Bindungen an Menschen, waren – sind – durch Angst nicht beherrschbar. Diese Menschen waren den DDR-Mächtigen suspekt. Sie konnten nur Feinde sein.

Mit großem Aufwand hat das SED-System versucht, die Menschen so zu prägen, dass sie Eigenständigkeit und Eigenverantwortung weitgehend ablegen. Und ich habe es immer wieder so formuliert: Die größte Erblast sind nicht die Umweltschäden und die wenig effektive und sehr veraltete Industrie, sondern die 40 Jahre SED-Herrschaft und insbesondere die 25 Jahre Herrschaft von Margot Honecker als Ministerin für Volksbildung. Sie trägt die wesentliche Verantwortung für dieses Abgewöhnen von Eigenständigkeit und Eigenverantwortung.

Aber das Phänomen der Verantwortungsübergabe an den Staat beobachte ich staunend und kopfschüttelnd auch bei Menschen, die in den Altbundesländern aufgewachsen sind. Offensichtlich ist das Verhältnis zwischen dem Einzelnen und der Gesellschaft nicht nur eine Sache des politischen Systems. Viele Faktoren, viele Komponenten spielen eine Rolle.

Aus der Fülle unserer gesellschaftlichen Wirklichkeit will ich drei Themenbereiche herausgreifen: Familie, Jugend, Umgang mit den Medien.

Die Familie, da hier die entscheidenden Weichenstellungen für uns als Individuum und für uns als soziales Wesen gelegt werden. Die Jugend, da in diesem Lebensabschnitt die Übernahme der Verantwortung für das eigene Leben und die Übernahme von Verantwortung für die Gemeinschaft gelingen muss. Die Medien, da hier viel Neues, noch Unbewältigtes auf uns zukommt, das wir als Einzelne, aber auch wir als Gesellschaft bewältigen müssen.

Familie

Bei einer parlamentarischen Anhörung zum ersten sächsischen Familienbericht bin ich angegriffen worden, weil das Ministerium auf dem Deckblatt der Broschüre eine Familie mit drei Kindern abgebildet hat. Das würde doch die Lebenswirklichkeit überhaupt nicht mehr widerspiegeln. Besser – so der Vorschlag – wäre ein Foto gewesen mit einem Elternteil und einem Kind.

Ja, das Bild der Familie hat sich geändert. 1996 hatten in Sachsen nur 8 % der Familien drei und mehr Kinder. Ein Drittel der Kinder in Sachsen wächst als Einzelkind auf. Es leben nur noch selten mehr als zwei Generationen in einem Haushalt. Die Zahl der Alleinerziehenden ist stetig größer geworden. Das Alleinerziehen geschieht jedoch in ganz unterschiedlichen Haushaltskonstellationen und Lebenslagen; diese will ich jetzt hier nicht im Einzelnen beschreiben.

Wir rechnen in Sachsen mit 25 % Ein-Eltern-Familien, in den Altbundesländern sind es 15 %. Allerdings schätzen wir, dass von den Alleinerziehenden 40 % unverheiratet mit einem Partner zusammenleben, also keine wirklich „allein Erziehende" sind. Sie sehen, das Erscheinungsbild, ein Elternteil ein Kind, ist (noch) nicht das typische Erscheinungsbild der Familie in Sachsen – das „noch" steht bei mir in Klammern.

Ich bin der Auffassung – und darum bleibe ich dabei – dass das Bild auf der Broschüre nicht falsch ist: Mutter und Vater, also die erwachsene weibliche und männliche Bezugsperson sind sehr wichtig für die Entwicklung des Menschen. Und dies gilt auch für Geschwister, also für den Kontakt zu Gleichaltrigen.

Familie – in welcher Konstellation auch immer – ist der Ort, wo Angenommensein und Geborgenheit am ehesten erlebt werden kann, wo soziale Fürsorge gelernt, wo Leid und Freud geteilt, wo Konfliktbewältigung geübt, wo Leben mit Grenzen erfahren werden kann, wo Anderssein nicht als Bedrohung, sondern als Erweiterung des eigenen Lebensraumes wahrgenommen werden kann, ja sogar wahrgenommen werden sollte. Kurz gesagt, Familie ist der Lebensraum, wo das Kind zum Menschen reift und sich entwickelt als Individuum und als soziales Wesen.

Diese Mensch-Werdung gelingt besser, wenn – zumindest in den ersten Lebensjahren – eine Bezugsperson dauerhaft präsent ist. Diese Aufgabe der Familie, diese Verantwortung für das Kind kann und darf nicht an den Staat bzw. an ständig wechselnde Personen abgegeben werden. Zu Recht heißt es im Art. 6 Grundgesetz: „Pflege und Erziehung der Kinder sind das natürliche Recht der Eltern und die zuvorderst ihnen obliegende Pflicht."

Mit der Delegation dieser Aufgabe an den Staat oder besser: Mit der Beanspruchung dieser Aufgabe durch den Staat haben wir in der ehemaligen DDR bekanntermaßen schlechte Erfahrungen gemacht, die jetzt noch weiter wirken. Die Hauptverantwortung für die Erziehung der Kinder sahen die damals Herrschenden nicht bei den Familien, sondern beim Staat. Er hat sich angemaßt, darüber zu befinden, welche Erziehung für die Kinder gut und richtig ist. Eine ganze Reihe von Eltern haben sich – bewusst oder unbewusst – dagegen gestellt und sich anders verhalten. Andere aber haben sich nicht gewehrt.

Eine über so lange Zeit erfahrene Wirklichkeit, denn die jetzigen Eltern sind in diesem System groß geworden, lässt sich nicht von heute auf morgen abschütteln. So ist es nicht verwunderlich, wenn immer wieder Klagen besonders in den neuen Ländern, aber zunehmend auch in den alten Bundesländern, zu hören sind, der Staat stehle sich aus seiner Verantwortung. Er überlasse es einfach den Eltern, mit ihren vielfältigen Fragen und Problemen bei der Erziehung allein zurechtzukommen. Solche Äußerungen – in ihnen drückt sich auch viel Hilflosigkeit aus – müssen ernst genommen werden.

Nein, der Staat schleicht sich nicht aus seiner Verantwortung. Vielmehr beschränkt er sein Tun auf Bereiche, die ihm von der Verfassung zugewiesen sind. Für die Schaffung eines Lebensraumes, der die Mensch-Werdung ermöglicht, ist Familie unverzichtbar und eigentlich unersetzbar . Hier kann der Staat ergänzen, darf aber nie ersetzen. Hier trägt die einzelne Familie auch eine große Verantwortung für die Gesellschaft. Und dies ist keine leichte, aber eine schöne Aufgabe. Meine Frau und ich haben vier Kinder großgezogen und die Verantwortung für sie nie aus der Hand gegeben.

Der Staat hat die Verantwortung, Rahmenbedingungen zu schaffen, damit die einzelne Familie ihre Aufgaben erfüllen kann. Daher sage ich nicht, die Familie müsse von Aufgaben entlastet werden. Ich sage, sie muss geschützt und gestärkt werden, um ihre Aufgaben erfüllen zu können. Nicht dass ich missverstanden werde, ich plädiere nicht für: „Frauen zurück an den Kochtopf". Phasen der Familienarbeit und Phasen der klassischen außerhäuslichen Erwerbsarbeit sollen bei Frauen und Männern gleichberechtigt nebeneinander stehen. Diese Anerkennung der Erziehungsleistung ist Aufgabe von uns allen, von uns als Gesellschaft. In diesem Zusammenhang habe ich auch mein Modell eines Erziehungsgehaltes – nicht Erziehungsgeld – entwickelt. Da steht die Frage des nicht eingehaltenen Generationenvertrages dahinter und die Frage der Schaffung von mehr Gerechtigkeit für die, die ihre Kinder zu Hause erziehen, gegenüber denen, die für die Betreuung ihrer Kinder eine Einrichtung in Anspruch nehmen. Ich trete für ein Erziehungsgehalt ein und fordere so bald wie möglich seine Einführung.

Jugend

Ich glaube, es gibt keine Zeit, die nicht über ihre Jugend geklagt hat. Auch heute gibt es Leute, die ein Horrorszenario von einer übersatten, des Lebens überdrüssigen, aggressiven, undankbaren, verantwortungslosen Jugend malen. Es gibt andere, die die Jugend als ganz normal ansehen. Nach deren Ansicht treten nur die üblichen Provokationen auf, um Aufmerksamkeit zu erregen. Sie sehen keinerlei Handlungsbedarf.

Die Wahrheit liegt wohl – wie so oft – in der Mitte. Es gibt Erscheinungen, die auch mir Sorgen bereiten. Lassen Sie mich das an einem Beispiel erläutern: Ich wohne in der Nähe eines Jugendklubs. Als kürzlich Samstagnacht gegen ein Uhr die Musik so laut und das Geräusch eines Trabis ohne Auspuff so unangenehm waren, dass wir nicht schlafen konnten, bin ich wieder aufgestanden und in den Jugendklub gegangen. Ich habe mich vorgestellt – mit Namen, nicht mit Titel – der Verantwortliche wollte mir seinen Namen nicht nennen. Dass das Auto zu laut war, haben sie eingesehen, ansonsten war kein Gespräch möglich. Ich könne ja die Polizei holen, wenn ich wolle, aber die kämen ja sowieso nicht. Die Jugendlichen waren nicht bereit, sich mit meinem Anliegen, mit meiner Beschwerde auseinander zu setzen. Weder stritten sie mit mir, dass doch die Musik gar nicht so laut sei, noch waren sie bereit, die Musik leiser zu drehen, noch war irgend ein Kompromiss möglich.

Was will ich damit sagen? Die Jugendlichen haben sich dem Konflikt nicht gestellt, sondern entzogen. Das ist erschreckende „Gleichgültigkeit", das ist es, was mir bei der heutigen Jugend Sorgen macht. Nicht Konflikte zu lösen, sondern ihnen auszuweichen. Nicht die Herausforderungen des Lebens mit eigener Kraft zu meistern, sondern gedankenlos von anderen zu erwarten, dass sie nachgeben. Und dann auch noch oft unzufrieden zu sein, weil die anderen die Probleme der Jugend nicht oder nicht wunschgemäß lösen.

Dem gilt es entgegenzuwirken. Jeder junge Mensch muss lernen, Verantwortung für sein eigenes Leben, für seine Handlungen zu übernehmen. Und er muss lernen, dass er in eine Gesellschaft hineingestellt ist, die er mitgestalten kann und soll. Das kann Jugend von uns erzählt bekommen. Wichtiger ist das Beispiel. Lebendig und prägend wird unser erziehendes Wort nur durch das Vorbild. Und das ist die Frage an uns alle: Wie sehr sind wir Vorbild? Wie deckungsgleich sind Wort und Tat bei uns? Sind unsere Maßstäbe und Werte für junge Menschen erstrebenswert?

Zu allen Zeiten haben Menschen auf die Situation von anderen Menschen, besonders jungen Menschen reagiert. Sie haben für die jeweilige Zeit Antworten und Formen gefunden. Es waren immer Menschen, die als Einzelne mit ihrem Leben und mit ihrer gesamten Persönlichkeit glaubhaft den jungen Menschen gegenübergetreten sind, Vorbild waren, die aber auch durch ihr Wirken Strukturen in der Gesellschaft geschaffen oder verändert haben.

War es ein Don Bosco, der Begründer der Salesianer, war es Johann Daniel Falk, der sich verwaisten und gefährdeten Kindern zugewandt hat, war es Johann Hinrich Wichern mit seinem Rauhen Haus in Hamburg oder war es Wilhelm Münker, der Mitbegründer der Jugendherbergsbewegung, um nur wenige Beispiele aufzuzählen. Die Stiftung von Münker feiert in diesem Jahr ihr 40-jähriges Jubiläum. Auch das ist ein Anlass für unser heutiges Zusammensein.

In seinem Buch „Geschichte des Jugendherbergswerkes von 1933 bis 1945" formuliert Münker: „...zum Vermeiden von Kriegen sind weit gehende persönliche Beziehungen wichtiger als Druckschriften, Vorträge und diplomatische Künste." Das gilt nicht nur für die Kriege im Großen, sondern auch für die „Kriege", für die Auseinandersetzungen im Kleinen.

Beziehungs- und Konfliktfähigkeit sind vonnöten. Auch unsere Zeit muss die ihr gemäßen Formen für Jugendarbeit und die geeigneten Persönlichkeiten finden. Beispielgebende Menschen sind in der Jugendarbeit weit wichtiger als volle Fördertöpfe. Jugendarbeit ist zwar auch – aber bei weitem nicht allein – eine Frage des Geldes. Die Erfahrung lehrt, ein Zuviel an Geld, kann sogar schädlich sein. Der Jugendklub, der in eigener Initiative von den Jugendlichen geschaffen worden ist, ist viel wertvoller als der, der gebaut wurde und dann feierlich eingeweiht und den Jugendlichen übergeben wird.

Im programmatischen § 1 des Kinder- und Jugendhilfegesetzes findet sich eine schöne Zusammenfassung des von mir Vorgetragenen: „Jeder junge Mensch hat ein Recht auf Förderung seiner Entwicklung und auf Erziehung zu einer eigenverantwortlichen und gemeinschaftsfähigen Persönlichkeit."

Medien

Dieser Tage fand ich in einer sächsischen Regionalzeitung auf der ersten Seite folgende Überschrift: „In diesem Jahr mussten bereits 254 Dresdner Kneipen schließen." Der erste Satz lautete: „In diesem Jahr mussten in Dresden bereits 254 Gaststätten geschlossen werden." Der zweite Satz lautete: „Im Gegenzug jedoch wurden 360 eröffnet." Sie haben richtig gehört. Über 100 Gaststätten mehr sind eröffnet als geschlossen worden. Noch einmal. Die Überschrift hingegen lautete: 254 mussten bereits schließen.

Ich will jetzt nicht erörtern, dass ein Teil der enttäuschten Stimmung im Osten auf einer solchen Arbeitsweise der Medien beruht, die überwiegend Negativschlagzeilen macht und Positives viel zu kurz kommen lässt. Es ist schon erstaunlich, dass die 18 großen Krankenhausbauten, (= 3/4 Milliarden DM) die in diesem Jahr in Sachsen eingeweiht worden sind, oft nur Randnotizen wert sind. Aber um diese Beobachtung geht es mir hier gar nicht. Sondern ich will darauf hinaus, wie wichtig es ist, dass wir Informationen nicht unbesehen übernehmen, dass wir sie mit unserem Erfahrungs- und Wissensschatz vergleichen und in unser geistiges Koordinatensystem einordnen. In der oben zitierten Überschrift war formal kein Fehler, denn die Anzahl der Kneipenschließungen stimmt, aber die Botschaft ist eine andere.

Unsere heutige Welt ist von außerordentlich vielen Informationen geprägt. Diese alle aufzunehmen ist der Mensch außer Stande. Wir müssen täglich, stündlich, ja in jeder Sekunde entscheiden, mit welcher Information wir uns jetzt gerade in diesem Moment beschäftigen wollen. Wir müssen Informationen selektieren, einordnen, bewerten usw., also aktiv damit umgehen.

Die Technik, das Internet, der Computer, die Printmedien, Funk und Fernsehen sollten uns dabei behilflich sein. Aber oft bewirken sie das Gegenteil. Es ist eher so, dass wir durch die neuen Kommunikationsmöglichkeiten mit Informationen regelrecht zugeschüttet werden. Dagegen müssen wir uns wehren. Jeder Einzelne von uns kann entscheiden, wann und wie oft er fernsieht und wie oft er im Internet surft. Gesellschaftliche Initiativen, wie z.B. der Verein zur Programmberatung für Eltern, der das Heftchen „Flimmo" herausgibt, können dabei helfen.

Aber nicht nur die Auseinandersetzung mit der Menge der Informationen ist notwendig, sondern auch eine inhaltliche Auseinandersetzung. Die Presse wird oft als vierte Gewalt in einer Demokratie bezeichnet. Die ersten drei Gewalten – Legislative, Exekutive und Judikative – sind einerseits klar getrennt, andererseits existiert eine gegenseitige Beeinflussung, eine gegenseitige Kontrolle. Die so genannte vierte Gewalt ist in dieses System nicht eingebunden. Natürlich hat sie das Presserecht einzuhalten und die dritte Gewalt kontrolliert, aber nicht so deutlich.

Verstehen Sie mich nicht falsch, ich rede nicht einer irgendwie gearteten Zensur durch den Staat das Wort. Ich bin in einer Gesellschaft aufgewachsen, in der ich Zensur als sehr einschränkend empfunden habe. Mir geht es darum zu sagen: Es gibt keine klare öffentliche Schrankensetzung. Die Kontrolle der vierten Macht kann nur in jedem von uns geschehen. Unser Urteils- und Entscheidungsvermögen müssen wir immer wieder schulen. Das ist die Verantwortung von jedem Einzelnen. Aber es ist auch Teil der Entwicklung in der Familie, vor allem im Kindes- und Jugendalter. Medienerziehung ist Aufgabe der Eltern, der Schule, der Vereine, der Kirchen und anderer. Früher haben wir dazu Gewissensbildung gesagt.

Die modernen Möglichkeiten als selbstverständliche Hilfsmittel zu nutzen, aber eine kritische Distanz zu wahren, sich nicht in die Abhängigkeit der Medien zu begeben, sich nicht von ihnen beherrschen zu lassen, sondern ihnen gegenüber souverän zu bleiben, das wäre der richtige und gute Umgang mit den Medien. Sie sind Wunderwerke. Aber sie dürfen nicht Herrschaftsmittel werden. Sie müssen Hilfsmittel bleiben.

Ich erinnere noch einmal an den Ausgang meiner Überlegungen: Die Verantwortung des Einzelnen für die Gesellschaft wird wahrgenommen, indem jeder das Seine tut, jeder nach dem Maß seiner Kräfte und Fähigkeiten. Und die Verantwortung der Gesellschaft für den Einzelnen wird wahrgenommen, indem jedem das Seine gegeben wird, jedem das, was er für ein menschenwürdiges Dasein braucht. Wolfgang Huber, Bischof von Berlin-Brandenburg, hat dies kürzlich so formuliert: „Jeder Mensch ist zur Sorge für sich selbst aufgerufen; der pflegliche Umgang mit dem eigenen Körper, der eigenen Seele, dem eigenen Geist ist jeder und jedem von uns aufgetragen. Wir alle tragen Verantwortung für uns selbst. Das ist das eine. Doch solange wir nur bei uns selbst bleiben, verkennen wir, dass auch jede und jeder andere zum Bild Gottes erschaffen ist. Deshalb sind wir über uns selbst hinaus verwiesen auf die Verantwortung, die wir für andere wahrnehmen können und wahrnehmen sollen."

Lassen Sie mich schließen mit einem Wort von einem Menschen, dessen Schriften mich von Jugend an stark geprägt haben. Dietrich Bonhoeffer äußerte an der Jahreswende 1942/1943 kurz vor seiner Verhaftung: „Nicht Genies, nicht Zyniker, nicht Menschenverächter, nicht raffinierte Taktiker, sondern schlichte, einfache, gerade Menschen werden wir brauchen." Ich meine, das gilt heute immer noch.

INTEGRATION – EINE AUFGABE NICHT NUR FÜR BEHINDERTE

Was heißt Behinderung? Was heißt Integration?

Haben Sie es auch schon erlebt? Wenn eine Sehbehinderte mit einer Begleitperson in ein Amt kommt, wird nur der Begleiter angesprochen. Oder ein erwachsener Spastiker wird selbstverständlich mit „Du" angeredet. Mag sein, dass die Ursache für solches Verhalten in der Unsicherheit des Sprechenden liegt. Darin wird aber deutlich, dass Integration eine Aufgabe nicht nur für Behinderte ist.

Jeder Mensch ist einmalig

Zuerst stellt sich hier die Frage: Was heißt behindert? Jeder Mensch ist ein einmaliges und unverwechselbares Geschöpf. Seine Einmaligkeit wird differenziert durch das Geschlecht, die Herkunft, die Religion, die sozialen Lebensbedingungen, durch eigene und durch fremde Entscheidungen. Manchmal aber auch durch körperliche, geistige, seelische und soziale Auswirkungen eines Gesundheitsschadens.

Jeder von uns hat Stärken und Schwächen, Fähigkeiten und Defizite, Erfolge und Misserfolge. Mit solchen Verschiedenheiten, mit den persönlichen Grenzen muss jeder täglich umgehen. Er muss sie in das Gesamt seiner Persönlichkeit integrieren. Das „innere Zusammenleben" muss organisiert werden.

Verschiedenheit bejahen

Wenn eine Gemeinschaft menschenwürdig existieren will, dann ist zunächst die Tatsache der Verschiedenheit wahrzunehmen und zu bejahen. „Es ist normal, verschieden zu sein", sagte der damalige Bundespräsident Richard von Weizsäcker bei seiner Rede zur Tagung der Bundesarbeitsgemeinschaft „Hilfe für Behinderte" im Juli 1993. In der Verschiedenheit liegt der Reichtum einer Gemeinschaft. Wird diese Verschiedenheit bejaht und für die Gemeinschaft fruchtbar gemacht, nenne ich das

Integration. Integration ist dabei Ziel und Prozess zugleich. Je weniger Verschiedenheit eine Gemeinschaft zulässt, je mehr sie ausgrenzt, verdrängt oder vertreibt, um so ärmer wird sie. Das nenne ich Diskriminierung.

Maßstäbe für Verschiedenheiten

Um Verschiedenheiten wahrzunehmen, gibt es Maßstäbe. Zum Teil haben wir diese verinnerlicht, und sie wirken unbewusst: der Maßstab des normalen Verhaltens, der angemessenen Kleidung, der zumutbaren Forderungen und viele andere mehr. Mit diesen Maßstäben versuchen wir, eine Ordnung in die verwirrende Vielheit der Verschiedenheiten zu bekommen.

Betrachtete man zum Beispiel das soziale Verhalten als Maßstab, wären Menschen mit Down-Syndrom beispielgebend, dagegen aber Professoren, die nicht mehr lachen, und Manager, die nicht mehr weinen können, als in ihrem Menschsein behindert einzustufen.

Mit dem Grad der Behinderung hat unser Gesetzgeber ein Maß geschaffen, um die körperlichen, geistigen, seelischen und sozialen Auswirkungen von Funktionsbeeinträchtigungen aufgrund von Gesundheitsschäden zu beschreiben. Eine Behinderung ist eine von vielen Verschiedenheiten, die Menschen aufweisen können.

In dem Moment jedoch, wo eine Verschiedenheit nur als störender Mangel oder nur als bedrohliche Fremdheit gewertet wird, wo wir einen Menschen ausschließlich nach seinem jeweiligen Defizit benennen, wird aus einem Menschen mit einer Behinderung ein Behinderter.

Fülle an Bereicherungen

Oft wird die Fülle an Bereicherungen übersehen, die die Gemeinschaft durch die Gaben von Menschen mit Behinderung erfährt: ob es die vertrauensvolle Herzlichkeit und Offenheit von vielen Menschen mit geistiger Behinderung ist, die hoch differenzierte Entwicklung der anderen Sinne bei blinden Menschen oder die Gebärdensprache unserer gehörlosen Mitmenschen. Sicher könnte jeder von Ihnen, der sich auf die Begegnung mit Menschen mit Behinderung einlässt, solche Erfahrungen ergänzen. Von ihren sozialen Kontakten untereinander, von der Art, wie Menschen mit Behinderung ihre Gemeinschaft gestalten, können wir alle noch lernen. Es ist also in unser aller Interesse, Menschen mit Behinderung in die Gesellschaft zu integrieren.

Nachteilsausgleiche

Die Bemühungen zu solcher Integration nenne ich Nachteilsausgleiche. Sie werden durch die Solidarität der gesamten Gesellschaft möglich. Für Menschen mit Behinderung wurden im Laufe der Zeit viele Nachteilsausgleiche geschaffen. Wenn Sie sich über die gegenwärtig vorhandenen Nachteilsausgleiche informieren möchten, dann empfehle ich Ihnen den 2. Bericht zur Lage der Menschen mit Behinderungen in Sachsen, der vor wenigen Wochen erschienen ist.

Die vorhandenen Nachteilsausgleiche müssen im Kontext ihrer Entstehung und ihrer Wirkungsgeschichte, nicht aber als Besitzstand betrachtet werden. Dabei ist unbenommen, dass das gegenwärtige System der Nachteilsausgleiche einiger Verbesserungen bedarf. Schwer Körperbehinderte im ländlichen Raum können zum Beispiel weniger Nachteilsausgleich bei Benutzung des ÖPNV nutzen als in Städten. Die schmalen Angebote der Behindertenfahrdienste können dies nicht kompensieren. Die Leistungen des Schwerbehindertengesetzes kommen ausschließlich den Menschen zugute, die einen Arbeitsplatz haben oder die Chance, in Arbeit zu kommen. Auch die steuerrechtlichen Vergünstigungen für behinderte Menschen greifen erst, wenn ein bestimmtes Einkommen vorhanden ist.

Akzente für ein neues Sozialgesetzbuch IX

Bei der Erarbeitung des Sozialgesetzbuches IX, in dem alle Belange von Menschen mit Behinderung geregelt werden, sollte aus meiner Sicht grundsätzlich dazu übergegangen werden, Nachteilsausgleiche unabhängig von der Ursache der Behinderung zu gewähren und flexibel zu differenzieren, damit sie in jedem konkreten Fall wirksam werden können.

Damit Integration gelingen kann, müssen sich beide darum bemühen: Derjenige, der sich integrieren will, und die Gemeinschaft, die ihn integrieren will. Für das Gelingen einer Integration ist nie nur eine Seite verantwortlich. Vor allem aber muss klar sein, was für eine Gemeinschaft es ist. Ohne die gemeinsamen Werte und Ziele, ohne die Idee der gemeinsamen Sache ist Integration nicht möglich. Gemeinsame Werte und Ziele unserer Gesellschaft stehen in unserem Grundgesetz mit seinen Grundrechten und Staatszielen. Beispielhaft nenne ich die Unantastbarkeit der Menschenwürde und den 1994 in Artikel 3 eingefügten Satz: „Niemand darf wegen seiner Behinderung benachteiligt werden."

Integration als Aufgabe für uns alle

Darum darf sich kein Einziger von der Aufgabe der Integration von Menschen mit Behinderung suspendiert fühlen. Jeder von uns muss überlegen, wo und wie wir als Landesbehörde, als Landkreis bzw. kreisfreie Stadt, als Kommune oder als Einzelne integrativ wirken können. Integration von Mitbürgern mit Behinderung beginnt im Herzen und im Kopf und äußert sich dann im Sprechen und im Handeln.

Praktische Möglichkeiten der Integration

Bürgerfreundlichkeit

Bemühungen um Integration helfen nicht nur Menschen mit Behinderung, sondern hier liegt ein großes Potential für humane Reformen, die allen zugute kommen können. Zwischenmenschlicher Umgang lebt von Zuwendung und Anerkennung. Das nehme ich zum Anlass, an die Bürgerfreundlichkeit als grundlegenden Anspruch an alle öffentliche Arbeit zu erinnern. Wenn ein Bürger in einem Amt auf seine Frage die Antwort hört: „Machen Sie doch Ihre Augen auf, dort hängt ein Schild!", dann passiert dort Behinderung, unabhängig davon, ob der Fragende an einer Sehschwäche leidet oder nicht. Behinderung nenne ich das, weil dem Bürger so gerade nicht zu seinem Recht verholfen wird. Jeder Bedienstete unseres Sozialstaates muss aber auf die Bürger zugehen, muss ihnen entgegenkommen. Menschen mit Behinderung sind oftmals besonders auf entgegenkommende und verständnisvolle Hilfe der Behörden angewiesen.

Mitunter ist Entgegenkommen im Wortsinne nötig. Wenn eine entsprechende Notlage bekannt wird, müssen Menschen auch zu Hause aufgesucht werden. Es gibt Menschen, die gehen in kein Amt mehr, sei es aus Resignation, aus Scham oder weil sie ihr behindertes Kind nicht schon wieder allein lassen wollen. Hier ist die aufsuchende Sozialarbeit gefragt. Ein besonderes Entgegenkommen ist Menschen gegenüber nötig, die sozial hilflos sind, die von bestimmten Entscheidungssituationen überfordert sind oder ihr Anliegen schlecht in Worte fassen können. Auch diesen Menschen müssen wir mit Anerkennung und Verständnis begegnen. Gegebenenfalls sind niedrigschwellige Angebote zu entwickeln: Anlaufstellen, in denen Menschen, die aus dem Gleis geworfen sind, erst einmal ankommen und wieder zu sich kommen können.

An dieser Stelle möchte ich für die verdienstvolle Arbeit in den Beratungsstellen wie auch in den vielen Selbsthilfegruppen danken. Hier können die Betroffenen erst einmal zur Ruhe kommen. Wir stellen immer wieder fest, dass freie Angebote, zum Beispiel von Selbsthilfegruppen oder von Obdachlosencafés in Kirchgemeinden, besser angenommen werden, günstigere Vermittlungsquoten aufweisen als stärker institutionalisierte Angebote.

Art und Weise des Umgangs

Auf Nachfragen erhalte ich immer wieder die Antwort, dass mehr als der Umfang der angebotenen Hilfe die Art und Weise des Umgangs mit den Bürgern ausschlaggebend ist, seien dies nun Antragsteller im Sozialamt, Jugendliche, in einem Jugendhaus oder Klienten in einer Beratungsstelle. Ich will damit nicht anregen, dass alle kommunalen Ämter in den Räumlichkeiten von Obdachlosencafés oder in den Strukturen von

Selbsthilfegruppen arbeiten sollten. Der öffentliche Dienst muss seine Arbeit rationell und effektiv organisieren. Aber dazu gehört, dass alle Bürgerinnen und Bürger von ihren Rechten erfahren, ihre Ansprüche geltend machen können und dass die Hilfe auch ankommt.

Es ist dazu unabdingbar, Informationen verständlich zu vermitteln. Informationen müssen so formuliert werden, dass der andere sie aufnehmen kann. Nicht jeder kann die für uns selbstverständlichen Begriffe verstehen und Entscheidungen nachvollziehen. Zur Verständlichkeit sind manchmal Wiederholungen nötig. Selbst wenn Sie es zum hundertsten Mal sagen müssen, der andere hört es vielleicht wirklich zum ersten Mal. Oder: Als er es hörte, betraf es ihn nicht. Stellen Sie sich bitte vor, Sie hören eine Information, die Sie selber nicht brauchen. Würden Sie sich vier Wochen später noch daran erinnern? Unter Umständen sagen Sie: Das habe ich noch nie gehört.

Nicht zuständig?

Einen Satz möchte ich ganz aus den Amtsstuben verbannt wissen: „Dafür bin ich nicht zuständig." Gerade Eltern von behinderten Kindern müssen viele Anträge exakt ausfüllen und die jeweils zuständigen Behörden finden. Um diesen Eltern helfen zu können, müssen die in den Ämtern Beschäftigten wie Lotsen arbeiten. Sie müssen die Verwaltungswege und die jeweiligen Kompetenzen kennen, mit anderen Ämtern eng zusammenarbeiten, genaue und richtige Auskünfte erteilen und vielleicht durch einen Anruf den Eltern einen Weg ersparen. Integration von Behinderten kann auch bedeuten, die Eltern und Familien von Menschen mit Behinderung anzuhören, zu verstehen und zu entlasten. Das ist ein hoher Anspruch, den ich aber im Interesse unserer Bürgerinnen und Bürger erhebe.

Sicherung von Rechten

Jeder Mensch hat ein Recht auf Selbstbestimmung und Selbstvertretung, auch Menschen mit Behinderungen. Selbstbestimmung bedeutet auch, dass benötigte Hilfe immer als Begleitung oder Hilfe zur Selbsthilfe geschehen muss, damit Menschen mit Behinderung ein Stück unabhängiger von der Hilfe anderer werden. Im Freistaat existiert eine große Zahl von unterschiedlichen Formen der Selbsthilfe und der Mitwirkung von Behinderten auf den Ebenen der Gemeinden, der Landkreise und des Landes. In zunehmendem Maße entwickeln auch geistig behinderte Menschen Mitwirkungs- und Selbsthilfebereitschaft.

Förderung der Selbsthilfe

Der Sächsische Landtag hat 1993 das Gesetz zur Errichtung einer „Stiftung Sächsische Behindertenselbsthilfe - Otto Perl" beschlossen. Die Leistungen dieser Stiftung dienen der Förderung von Vorhaben der Behindertenselbsthilfe, wenn andere Hilfen nicht ausreichend oder nicht rechtzeitig oder gar nicht möglich sind. Eine dieser Leistungen ist die Förderung der Landesdolmetscherzentrale für Gehörlose in Zwickau. Im letzten Jahr beschloss der Stiftungsrat, die Errichtung eines Fachhochschulstudienganges für Gebärdensprachdolmetscher im Rahmen einer Stiftungsprofessur an der Westsächsischen Hochschule in Zwickau zu fördern. Im Jahr 1998 erreichten die durch die Otto-Perl-Stiftung bereitgestellten Förderungen ein Volumen von reichlich 1,3 Millionen DM.

Bewegungsfreiheit

Ein anderer wesentlicher Aspekt von Selbstbestimmung ist die Bewegungsfreiheit. Für viele Körperbehinderte wird diese durch unzählige Barrieren eingeschränkt. Zwar sind gegenwärtig z.B. von den öffentlichen Gebäuden im Zuständigkeitsbereich des sächsischen Finanzministeriums schon 172 barrierefrei, 679 müssen aber noch umgebaut werden. Das Sozialministerium hat den Aufbau von Beratungsstellen für barrierefreies Planen und Bauen angeregt. Für die Schaffung von mehr Barrierefreiheit stellte der Freistaat von 1993 bis 1998 jährlich jedem Landkreis und jeder kreisfreien Stadt etwa 100.000 DM zur Verfügung, wozu die Kommunen häufig noch erhebliche Mittel beisteuerten. Damit ermöglichen wir mehr

Bewegungsfreiheit, also mehr Selbstbestimmung, nicht nur für Gehbehinderte, sondern auch für viele ältere Menschen und für Eltern mit Kinderwagen.

Integrative Erziehung

Jeder Mensch hat ein Recht auf Entwicklung und Erziehung zu einer eigenverantwortlichen und gemeinschaftsfähigen Persönlichkeit, auch Menschen mit Behinderungen. Hier heißt Integration, unter Berücksichtigung der Anlagen, Fähigkeiten und Fertigkeiten des Einzelnen die bestmögliche Förderung anzubieten bei größtmöglichem Abbau von Benachteiligungen. Sich an den Fähigkeiten mehr als an den Defiziten des Menschen mit Behinderung zu orientieren, bleibt dabei das Grundprinzip.

Wenn behinderte mit nichtbehinderten Kindern gemeinsam in den Kindertageseinrichtungen ihre Interaktionsfähigkeiten ausbilden, können sie ihre Entwicklung ohne Ausgrenzung und Sonderstellung erfahren. Und wenn Kinder es dabei schaffen, von Gleichaltrigen nicht abgelehnt zu werden, sondern dazuzugehören und dabei eine eigene Identität zu entwickeln, dann ist dies eine ganz wichtige Erfahrung, die durch den Umgang mit Erwachsenen nicht zu ersetzen ist. Darum freue ich mich, dass zu Beginn dieses Jahres in Sachsen 2681 Kinder mit Behinderung in über 500 Kindertageseinrichtungen mit integrativem Ansatz aufgenommen waren. Ich unterstütze auch den Vorschlag, die heilpädagogischen Kindertageseinrichtungen für nichtbehinderte Kinder zu öffnen, damit auch dort verstärkt Integration geschehen kann.

Die Integrationsverordnung von 1993 stimulierte gewiss viele Erzieherinnen zu der angebotenen heilpädagogischen Zusatzqualifikation. Die gute Entwicklung führte dazu, dass wir uns 1996 zu dem dreijährigen Modellversuch „Integration von behinderten Kindern in Tageseinrichtungen" entschieden. Die heute bereits deutlich spürbaren positiven Wirkungen dieses Modellversuches auf die Kinder und deren Familien zeigen uns, dass wir auf dem richtigen Weg sind.

Gemeinsames Lernen

Neben der sozialen Integration ist das gemeinsame Lernen mit Gleichaltrigen besonders wichtig. Ich bewerte darum die Schulintegrationsverordnung des Kultusministeriums vom 3. März dieses Jahres sehr positiv. Sie schafft die gesetzliche Voraussetzung und beschreibt den möglichen Handlungsspielraum dafür, dass auch Kinder mit Behinderung in allgemeinbildende und berufsbildende Schulen aufgenommen werden können. Zudem gibt sie den Schulen Orientierungen, welche personellen, sächlichen und räumlichen Voraussetzungen notwendig sind, damit Kinder mit unterschiedlichsten Behinderungen erfolgreich lernen können. Dazu muss der spezifische Förder- und Betreuungsbedarf eines jeden Kindes gesichert werden durch heilpädagogische, therapeutische und medizinisch-pflegerische Maßnahmen.

Verantwortung übertragen – Berufsbildung und Arbeit

Eine weitere wichtige Integrationsmöglichkeit besteht in der Übertragung von Aufgaben und Verantwortung. Jeder Mensch sucht in nützlichem und verantwortlichem Tun Erfüllung und Bestätigung. Für Menschen mit Behinderung ist dies besonders wichtig. Aber eine Arbeitsstelle zu finden, ist für sie oftmals schwer. Darum sind weitere Verbesserungen der Berufsbildung und Qualifizierung für Menschen mit Behinderung unerlässlich.

Rehabilitationseinrichtungen und Berufsbildungswerke

In Sachsen sind neben verschiedenen Rehabilitationseinrichtungen drei Berufsbildungswerke tätig, die eine differenzierte und umfassende Berufsausbildung für Jugendliche mit Behinderung ermöglichen. Das Leipziger bietet 286 Plätze für Hör- und Sprachbehinderte, das Dresdner bietet 376 Plätze für Körperbehinderte und chronisch Erkrankte, und das Berufsbildungswerk in Chemnitz wird eine Kapazität von 160 Plätzen für Jugendliche mit Sehbehinderung haben. Den Ausbau dieser Zentren haben der Freistaat seit 1994 mit 17 Millionen DM, das Bundesministerium für Arbeit und Sozialordnung mit 81 Millionen DM und die Bundesanstalt für Arbeit mit 71 Millionen DM gefördert, d.h. insgesamt ca. 170 Millionen DM.

Werkstätten für Behinderte

Neben der Ausbildungsförderung bleiben andere Möglichkeiten der Einwirkung auf den ersten Arbeitsmarkt zugunsten von Menschen mit Behinderung. Werkstätten für Behinderte können helfen, Menschen mit Behinderung die Möglichkeit der Erwerbsarbeit oder gar Zugang zum ersten Arbeitsmarkt zu eröffnen. In den Werkstätten kann ihre Leistungsfähigkeit entwickelt, erhöht oder wiedergewonnen werden. Im Jahre 1998 waren in 56 sächsischen Werkstätten 9731 Werkstattbesucher beschäftigt. Ein flächendeckendes Netz von Werkstätten soll bis zum Jahre 2003 ausgebaut sein.

Integration auf dem ersten Arbeitsmarkt

Zur verstärkten Einstellung und Beschäftigung Schwerbehinderter fördert die Bundesanstalt für Arbeit Arbeitgeber durch zusätzliche Geldleistungen bis zu drei Jahren. In Sachsen wurden auf diese Weise im Zeitraum von 1991 bis 1998 2915 Schwerbehinderte in den ersten Arbeitsmarkt eingegliedert. Um die Vermittlung zu erhöhen, wurde 1993 der förderbare Kreis der Schwerbehinderten durch das sächsische Sonderprogramm zum Abbau der Arbeitslosigkeit Schwerbehinderter erweitert. Bis Ende 1998 konnten über dieses Programm 946 Schwerbehinderte zusätzlich eingestellt werden. Die Fördermittel stammen aus der Ausgleichsabgabe. Die Hauptfürsorgestelle hat im vergangenen Jahr Ausgleichsabgaben in Höhe von insgesamt 54 Millionen DM für Menschen mit Behinderung und ihre Integration in die Erwerbsarbeit verwenden können.

Kommunale Möglichkeiten der Hilfe

Hierzu möchte ich noch zwei Hinweise geben:
Das Oberlandesgericht in Heidelberg hat im Juni 1998 ein Ur-

teil gefällt, nach dem es rechtmäßig ist, wenn Kommunen in ihrem Haushaltsplan einen Titel aufnehmen für Aufträge, die ohne Ausschreibung an Firmen vergeben werden, in denen ein überproportionaler Anteil an Arbeitnehmern mit Behinderung der Jugendlichen oder zuvor Langzeitarbeitslosen beschäftigt ist. In der Begründung wird angeführt, dass der Gesetzgeber den Kommunen die Aufgabe zugesprochen hat, Langzeitarbeitslose, arbeitslose Jugendliche und Menschen mit Behinderung in die Gesellschaft zu integrieren.

In Chemnitz arbeitet der erste zertifizierte Recycling-Integrationsbetrieb in Deutschland, in dem von 12 Mitarbeitern acht schwerbehindert sind. Der Chemnitzer Stadtrat beschloss vor drei Jahren, die Recycling-Aufträge diesem Betrieb zu vergeben. Daraufhin hat der Betrieb, der im letzten Jahr von der Hauptfürsorgestelle 80.000 DM Fördermittel erhalten hat, im gleichen Jahr 90.000 DM Steuern und Sozialleistungen erwirtschaftet. Integration muss kein Zuschussgeschäft sein.

Ausblick und Dank

Mit den Themen „Einstieg ins Berufsleben für behinderte und benachteiligte Jugendliche", „Sicherung der Eingliederung Schwerbehinderter in Arbeit und Beruf" sowie „Frühförderung und Integration im Vorschulalter" wird sich je eine Arbeitsgruppe beschäftigen. Hier halte ich den Austausch von Erfahrungen und Möglichkeiten für besonders wichtig. Grundsätzlich muss die Zusammenarbeit der Behörden für Wirtschaft und für Soziales enger werden. Denn es ist sehr viel Fingerspitzengefühl notwendig, um Menschen mit Behinderung nur soviel Förderung wie nötig, aber soviel Normalität wie möglich angedeihen zu lassen. Genau darauf zielt Integration: Menschen mit Behinderung sind weniger behindert als von anderen verschieden. Und das ist normal. Das zu lernen, wünsche ich uns.

SACHSENS GESUNDHEITSWESENS IST ZUKUNFTSFEST

Fünf gesundheitspolitische Schwerpunkte

Am Ende der zweiten Legislaturperiode ist unsere gesundheitspolitische Bilanz bemerkenswert. Ich konzentriere mich auf fünf Bereiche: Nachholbedarf im Krankenhauswesen, Entwicklung der psychiatrischen Versorgung, Suchtberatung als Teil der Suchtkrankenhilfe, Krebsregister als Beitrag zur Krebsursachenforschung und schließlich Weiterentwicklung der Gesundheitsförderung als wesentliche Aufgabe des Öffentlichen Gesundheitsdienstes. Entscheidend bei der Bewältigung der zahlreichen Einzelprojekte und bei allen Einzelanstrengungen blieb für uns immer die Sicht auf das Ganze – auf das gesundheitliche Wohl des Einzelnen wie auf das Gemeinwohl. Dies zu fördern war und bleibt unser Ziel.

Enormer Fortschritt bei der Bewältigung des Nachholbedarfs im Krankenhauswesen

Jährlich 500 Millionen DM Bauinvestitionen

Das Investitionsgeschehen in sächsischen Krankenhäusern war geprägt von der Umsetzung des Sonderprogramms nach Artikel 14 Gesundheitsstrukturgesetz (GSG) zur Bewältigung des enormen baulichen und ausstattungsmäßigen Nachholbedarfs. Hiermit wurde eine im Gesundheitswesen in Deutschland bisher noch nie gekannte Aufbauleistung erbracht. Allein in Sachsen flossen bis heute über 5 Milliarden DM an Fördermitteln in die Krankenhäuser.

Auf Initiative Sachsens wurde beschlossen, dass in den Jahren 1995 bis 2004 Bund, Länder und Krankenkassen gemeinsam den Nachholbedarf in den Krankenhäusern der neuen Länder finanzieren. In Sachsen stehen seit 1995 dafür jährlich 500 Millionen DM für Einzelfördermaßnahmen zur Verfügung. Hinzu kommen Mittel für die Pauschalförderung der Krankenhäuser und Mittel für die Universitätskliniken.

Die Bürger erfahren die nachhaltige Verbesserung in der stationären medizinischen Versorgung

In der zurückliegenden Legislaturperiode hat die Staatsregierung alle Anstrengungen aus den ersten Jahren fortgesetzt, grundlegende Defizite in den Krankenhäusern abzubauen und die stationäre Versorgung der Bevölkerung wesentlich zu verbessern. Das betrifft die dringend notwendigen baulichen Erneuerungen ebenso wie die Veränderungen der hygienischen Verhältnisse und die Ausstattung mit modernen medizinischen Spezial- und Großgeräten. Für unsere Bürgerinnen und Bürger sind die nachhaltigen Verbesserungen, die wir bisher erreicht haben, unmittelbar erfahrbar.

Neuordnung der Krankenhausbetten bedarfsgerecht und fachspezifisch

Unsere Krankenhausplanung stand weiterhin vor der Aufgabe, die Überkapazitäten an Betten aus der DDR-Zeit, die auch mangels Pflegeheimplätzen und mangels teilstationärer Versorgung entstanden waren, flächendeckend bedarfsgerecht anzupassen. Fachplanungen spezifischer Versorgungsbereiche konnten weitergeführt werden. So geht noch in diesem Jahr das letzte bedarfsnotwendige Tumorzentrum in Betrieb. Die geriatrische Versorgung älterer kranker Menschen wurde durch die Errichtung von akutgeriatrischen Abteilungen in Schwerpunktkrankenhäusern deutlich verbessert. Der Freistaat Sachsen beteiligt sich zudem an einem Modell zur geriatrischen Rehabilitation in Dresden - Löbtau.

Fördermittel äußerst wirtschaftlich und kostengünstig eingesetzt

Ich bin stolz auf den sächsischen Weg in der Krankenhausförderung. Er basiert auf vier Bestandteilen: der so genannten Schnellen-Eingreif-Truppe zur Vorprüfung und zur Beratung der Krankenhausträger, der Festbetragsförderung, den Vorabfreigaben zum vorzeitigen Baubeginn nach verkürzter Prüfung und der Zwischenfinanzierung zum zeitlichen Vorziehen besonders dringlicher Vorhaben. Mit diesem Vorgehen ist es uns gelungen, große Krankenhausmaßnahmen in Zeiträumen zu verwirklichen, die bei der Hälfte der aus den alten Bundesländern gewohnten Zeiträume liegen und auf vergleichbarem Niveau sind, allerdings deutlich kostengünstiger.

Konnten in der ersten Legislaturperiode 31 große Krankenhausbaumaßnahmen mit einem Investitionsvolumen von 1,2 Milliarden DM bewilligt werden, so sind in der zweiten Legislaturperiode 50 weitere große Baumaßnahmen mit einem Volumen von insgesamt 2,0 Milliarden DM auf den Weg gebracht worden. Von diesen insgesamt 81 Vorhaben sind inzwischen 67 Baumaßnahmen abgeschlossen und die Einrichtungen in Betrieb genommen worden. Neun von ihnen sind komplette Ersatzneubauten, die übrigen konnten in größerem Umfang umgebaut oder saniert werden.

Medizinischer und medizintechnischer Standard auf hohem Niveau und mit eigenen Akzenten

Unsere Anstrengungen zeigen beachtliche Erfolge. Seit etwa zwei Jahren hat unsere medizinische und medizintechnische Ausstattung das Niveau der alten Bundesländer erreicht. Es war und ist aber nicht nur eine beispiellose „Aufholjagd". Vielmehr setzen wir hier in Sachsen auch eigene Maßstäbe – sowohl mit den großen Baumaßnahmen als auch mit den vielen hundert kleineren Förderungen. Bereits heute sind wir auch auf medizinischen Spezialgebieten, wie zum Beispiel der Strahlentherapie, flächendeckend abgesichert. Dennoch bleibt auch in Zukunft viel zu tun. Die entscheidenden Weichen dafür sind gestellt.

Entwicklung der psychiatrischen Versorgung

Achtung der Würde jedes Einzelnen

Nach wie vor ist es mir ein besonderes Anliegen, alle Möglichkeiten und Chancen zu nutzen, die dazu dienen, die Lebensqualität gerade der psychisch kranken Menschen zu heben.

Sie gehören bis heute zu oft zu den besonders Benachteiligten in unserer Gesellschaft. Bereits im Ersten Sächsischen Psychiatrieplan von 1993 haben wir unsere grundlegende Aufgabe formuliert: Es geht darum, die Situation psychisch kranker Mitbürgerinnen und Mitbürger in unserem Land nachhaltig zu verbessern. Dabei müssen wir alles tun, um ihre gesellschaftliche Ausgrenzung zu verhindern und ihre möglichst weitgehende soziale und berufliche Eingliederung zu gewährleisten. Leitlinie dafür ist eine fachgerechte professionelle Betreuung und Begleitung in selbstverständlicher Achtung der Würde jedes einzelnen Menschen. Bei der Umsetzung dieser wichtigen Aufgabe haben wir in den vergangenen Jahren beachtliche Fortschritte erzielen dürfen.

Dezentralisierung bei der stationären Behandlung

So konnten sowohl die Krankenhausbehandlung als auch die begleitenden Angebote ausgebaut und im Sinne einer bedarfsgerechten und effizienten Versorgung weiter modernisiert werden. Bei der Krankenhausversorgung lagen die Schwerpunkte auf der Dezentralisierung der Bettenkapazitäten und dem Aufbau von Tageskliniken. Damit wurden die Versorgungsstrukturen weiter den Bedürfnissen der Patienten angepasst. Im Laufe dieser nun zu Ende gehenden Legislaturperiode ist es gelungen, neben einer Reihe kleinerer Modernisierungsmaßnahmen sechs psychiatrische Krankenhäuser und Abteilungen zum Teil grundlegend umzubauen oder zu sanieren. In Glauchau und Zschopau wurden psychiatrische Abteilungen neu eröffnet.

Ausbau der sozialpsychiatrischen Hilfen

Das Netz der sozialpsychiatrischen Hilfen konnte dichter geknüpft und die personelle Ausstattung und damit die Leistungsfähigkeit der einzelnen Dienste weiter verbessert werden. In wichtigen Hilfebereichen – etwa bei Beratung und Behandlung sowie bei Hilfen in den Bereichen Kontaktstiftung, Tagesstrukturierung und Wohnen – steht den Betroffenen inzwischen sachsenweit ein dichtes Netz an sehr differenzierten

Hilfeangeboten zur Verfügung, angefangen von unterschiedlichen Beratungsstellen bis hin zu therapeutischen Wohnstätten.

Suchtberatung als Teil der Suchtkrankenhilfe

Großer Hilfebedarf suchtkranker Mitmenschen

Mit dem Thema Sucht verbinden viele unserer Mitbürgerinnen und Mitbürger bis heute ausschließlich den Bereich der illegalen Drogen. Demgegenüber habe ich in den vergangenen Jahren immer wieder auf die etwa 140.000 Alkoholabhängigen und 80.000 Medikamentenabhängigen in Sachsen aufmerksam gemacht. Eine unvorstellbare Größenordnung, der noch die unbekannte Zahl an Suchtgefährdeten zuzurechnen ist. Wir müssen uns bewusst werden, dass sich dahinter weit mehr als die addierten 220.000 direkten Einzelschicksale verbergen. Vielmehr sind davon auch Familien, Ehe- oder Lebenspartner, Kinder, Verwandte, Nachbarn, Freunde und Kollegen, ein weites soziales Umfeld mindestens mittelbar mit betroffen. Viele von ihnen sind in existenzielle Krisen gestürzt. Demgegenüber erscheint die Anzahl der etwa 1.000 Abhängigen von illegalen Drogen in Sachsen vergleichsweise gering. Doch auch hier geht es um ähnlich dramatische Schicksale. Insofern ist jeder Suchtkranke ein Suchtkranker zu viel.

Suchtberatungs- und Behandlungsstellen (SBB) als professionelles Hilfeangebot

Vor diesem Hintergrund gewinnen der bereits 1990 begonnene und seither konsequent weiter verfolgte strukturelle Aufbau eines flächendeckenden Netzes leistungsfähiger Angebote der Suchtprävention und der Suchtkrankenhilfe herausragende Bedeutung. Ich möchte an dieser Stelle hervorheben, dass es uns in den letzten Jahren gelungen ist, ein hoffentlich tragfähiges Netz von 52 Suchtberatungs- und Behandlungsstellen in Sachsen aufzubauen. In allen diesen Stellen arbeiten qualifizierte und erfahrene Fachkräfte, wie Ärzte, Psychologen und Sozialarbeiter.

Die Mitarbeiter sehen ihre vorrangige Aufgabe in der Beratung und Betreuung von Suchtkranken und Suchtgefährdeten sowie deren Angehörigen und Bezugspersonen. Sie bereiten die Suchtkranken auf ambulante oder stationäre therapeutische Maßnahmen vor. Sie begleiten die Patienten während einer stationären Entgiftungs- und Entwöhnungsbehandlung. Sie sorgen für die ambulante Nachbetreuung. Je nach Erfordernis verstehen sie ihre Aufgabe auch im Sinne aufsuchender und nachgehender Sozialarbeit und leisten bei Bedarf die nötige Krisenintervention. Und sie beraten ehrenamtliche Helfer und Selbsthilfegruppen. Einige dieser Stellen halten darüber hinaus ergänzende Angebote im Bereich der ambulanten Rehabilitation und Nachsorge oder sie betreuen Wohngemeinschaften oder Arbeitsprojekte.

Krebsregister als Beitrag zur Krebsursachenforschung

Die sächsische Staatsregierung hat sich in den vergangenen Jahren mehrmals mit der Errichtung und Führung eines Krebsregisters befasst.

Krebserkrankungen gehören heute neben den Herz- und Kreislauferkrankungen zu den häufigsten Todesursachen. Nur bei den wenigsten Krebsarten sind die Ursachen der Erkrankung bekannt. Der Verlauf eines Tumorleidens ist trotz modernster Behandlungsmethoden häufig nicht aufzuhalten.

Flächendeckend und bevölkerungsbezogen

Als Beitrag zur Krebsursachenforschung und Krebsbekämpfung sind die Länder durch das Krebsregistergesetz des Bundes verpflichtet, flächendeckend bevölkerungsbezogene Krebsregister einzurichten und zu führen. Aufbauend auf dem 1953 eingerichteten Krebsregister der DDR hat Sachsen mit den übrigen neuen Ländern ein Gemeinsames Krebsregister in Berlin errichtet. Durch den entsprechenden Staatsvertrag ist es seit dem 1. Januar 1999 juristisch abgesichert. Sachsen hat am Zustandekommen dieses Staatsvertrages maßgeblichen Anteil.

So sind in den Staatsvertrag ganze Passagen des Sächsischen Ausführungsgesetzes zum Krebsregistergesetz wörtlich aufgenommen worden.

Meldepflicht als sächsische Besonderheit

Während nach dem Krebsregistergesetz des Bundes nur ein Melderecht des Arztes vorgesehen ist, hat Sachsen sich bewusst für die Einführung einer Meldepflicht entschieden. Nach unserer Auffassung ist die Meldepflicht der einzige Weg, um die erforderliche Vollständigkeit der benötigten Daten zu erhalten. Dies kann nur erreicht werden, wenn es nicht im Ermessen des Arztes steht, ob er die Erkrankung meldet. Sachsen hat – gestützt vom sächsischen Datenschutzbeauftragten – hierbei eine Vorreiterrolle übernommen. Inzwischen ist Mecklenburg-Vorpommern unserem Beispiel gefolgt. Weitere Länder überlegen ebenfalls, ob sie eine Meldepflicht einführen wollen.

Gesundheitsförderung als wesentliche Aufgabe der Gesundheitspolitik

Eine wesentliche Aufgabe der Gesundheitspolitik besteht darin, die Bevölkerung vor Gefahren für die Gesundheit zu schützen und entsprechend aufzuklären.

Gezielte Vorsorge im Säuglingsalter kann Leid verhindern

Besonders froh bin ich darüber, dass wir in Sachsen die Vorsorgeuntersuchungen bei Neugeborenen entscheidend verbessern konnten. Im Rahmen solcher Untersuchungen ist es nämlich schon wenige Tage nach der Geburt wichtig, die Säuglinge auf angeborene Stoffwechselstörungen zu testen. Wenn diese Störungen nicht oder zu spät entdeckt werden, kann es zu schweren Krankheiten kommen.

Uns ist es nun in Sachsen gelungen, die entsprechenden Laboruntersuchungen auf zwei Screeningzentren an den Universitätskliniken Dresden und Leipzig zu konzentrieren. Dort können diese sehr seltenen Krankheiten auch direkt behandelt werden. Damit ist es gelungen, eine sehr hohe Effizienz der Untersuchungen zum Wohle unserer Kinder zu erreichen.

Diese Konzentration wurde durch eine gemeinsame Vereinbarung der Universitätskliniken mit den gesetzlichen Krankenversicherungen auf Betreiben meines Hauses gemeinsam mit dem Staatsministerium für Wissenschaft und Kunst ermöglicht.

Hygiene und Seuchenbekämpfung

Neben dem Krankenhausbereich und der ambulanten medizinischen Versorgung bildet der öffentliche Gesundheitsdienst die dritte Säule des Gesundheitswesens unseres Landes. Der Öffentliche Gesundheitsdienst ist bevölkerungsmedizinisch ausgerichtet. Er soll die Bevölkerung vor Gefahren für die Gesundheit schützen und entsprechend aufklären.

In dem schwierigen Feld der Eindämmung übertragbarer Krankheiten konnten wir in der zweiten Legislaturperiode einiges vorwärts bringen. So haben wir zum Schutz der Bürgerinnen und Bürger eine gezielte Erweiterung der Meldepflicht für übertragbare Krankheiten erreicht. Und wir haben mit den Krankenkassen eine Vereinbarung über die Erstattung von Impfstoffkosten getroffen.

Verbesserung der Schulgesundheitspflege

Auch die Schulgesundheitspflege konnten wir um einen wichtigen Baustein erweitern. Für Sachsen gilt, dass nun auch der Jugendzahnärztliche Dienst hier mit aufgenommen worden ist. Der Aufbau einer Gesundheitsberichterstattung im Kinder- und Jugendärztlichen Dienst der Gesundheitsämter ermöglicht eine exakte Auswertung der erhobenen Befunde. Damit konnten Defizite erkannt und die Qualität der erforderlichen Maßnahmen erhöht werden.

Dank für die gemeinsam geleistete Arbeit

Mit dieser kurzen Darlegung zur Gesundheitspolitik und zum Stand des Gesundheitswesens in Sachsen wollte ich gern am Ende dieser Legislaturperiode den Blick auf einige mir wichtig erscheinende Aspekte unserer gemeinsamen Arbeit zusammenfassend hinweisen. Ich betone: Es sind die Früchte gemeinsamer Anstrengung von vielen auf den unterschiedlichen Ebenen und in den vielfältigen Verantwortungsbereichen unseres Gemeinwesens. Rückblickend kann ich dankbar feststellen: Die vergangenen fünf Jahre waren für die sächsische Gesundheitspolitik gute Entwicklungsjahre. Unser Land ist auf die kommenden Herausforderungen gut vorbereitet. Sachsens Gesundheitswesen ist zukunftsfest.

Eine Gesellschaft für alle Lebensalter

Seien Sie alle ganz herzlich begrüßt hier in Neustadt zur Eröffnung des diesjährigen Sächsischen Seniorenfestspiels. Wir dürfen uns freuen, diese Festspieltage nun schon zum siebten Mal in jährlicher Folge zu begehen.

Mein Eindruck ist: In zunehmenden Maße erfreuen sich diese Tage großer Beliebtheit. Es hat sich schnell herumgesprochen, dass da ein lebendiger Austausch in Gang gekommen ist, durch den immer neue Kräfte und Initiativen freigesetzt werden, die jedem von uns und unserem Gemeinwesen insgesamt zugute kommen.

Es ist gleichgültig, an welcher Aufgabe Sie gerade mittun: Haben Sie alle ganz herzlichen Dank für Ihren Einsatz. Die Früchte Ihrer Arbeit werden wir in diesen Tagen hier sicher zu sehen bekommen. Mögen es frohe und bereichernde Tage werden.

Ich habe mich darauf gefreut, heute zu Ihnen zu sprechen. Es ist schön, gemeinsam mit Ihnen inne zu halten und nach dem Leben zu fragen. Was kann es uns mitgeben, das Leben der älteren Menschen? Worauf kann es uns aufmerksam machen in einer Gesellschaft, die ja alle Lebensalter umfasst und in der alle Lebensalter als gleichermaßen wertvoll und wichtig zur Geltung und zum Austausch kommen sollen?

Drei Gedanken möchte ich kurz entfalten. Ältere Menschen erzählen von der bunten Lebensvielfalt. Ältere Menschen sind Mit-Träger des gesellschaftlichen Fortschritts. Ältere Menschen sind Wegbegleiter, die mit den Jüngeren gehen und die ihnen zugleich voraus gehen.

Ältere Menschen erzählen von der bunten Lebensvielfalt

Wenn wir von älteren Menschen sprechen, dann verbinden wir in der Regel zweierlei damit: Erstens – diese Menschen befinden sich in einer Lebensphase, die nicht mehr durch unmittelbare Familienaufgaben mit eigenen heranwachsenden und in Ausbildung befindlichen Kindern geprägt ist. Und zweitens – diese Menschen befinden sich nahe an der Vollendung ihrer beruflichen Tätigkeit oder sind bereits im Ruhestand. Interessant ist, dass wir bis heute die älteren Menschen in unserer Gesellschaft von ihren vergangenen Aufgaben, Pflichten und Diensten her bestimmen.

Sie gehören deshalb zu den Älteren und Alten, weil sie bestimmte gesellschaftlich wichtige Aufgaben aus der vorausgegangenen Lebensphase gewissermaßen erledigt haben. Aber muss mit diesem traditionellen Bild vom älteren Menschen der Begriff des „alten Eisens" verbunden werden? Ich meine nicht!

Meines Erachtens wäre es doch viel nahe liegender, bewusst umgekehrt und positiv nach den Ressourcen von älteren Menschen zu fragen: Gerade weil sie nun frei von familiären oder beruflichen Pflichten sind, können sie sich frei für Neues, Unentdecktes, Brachliegendes einsetzen. Auf diese Weise werden ältere Menschen dann von ihren zukünftigen Möglichkeiten her bestimmt.

Und wir sollten sofort damit beginnen, auf die Frage, wer ältere Menschen eigentlich sind, so zu antworten: Es sind diejenigen, die sich aufgrund ihrer größeren Lebenserfahrung und aufgrund ihrer größeren zeitlichen Möglichkeiten frei für neue sehr unterschiedliche und vielfältige sowie lebensnotwendige Aufgaben einsetzen können und dies auch in hohem Maße tun.

Von hier aus wird deutlich: Ältere Menschen – das sind diejenigen, die unsere Gesellschaft mit einer fast unendlichen und bunten Lebensvielfalt beschenken und die deshalb unersetzlich sind. Das ist einfach so. Und das sollten wir deutlich sagen. Überall werden sie mit ihren ausgeprägten Kenntnissen, Fähigkeiten, Fertigkeiten und Erfahrungen benötigt: in den Familien, in den Nachbarschaften, in den Vereinen, in den Parteien, in den Kirchen, in den zahlreichen karitativen und diakonischen Diensten, in der gesamten politischen, sozialen und ökologischen Arbeit, um nur einige Stellen zu nennen. Wo bürgerschaftliches Engagement und soziale Verantwortung unerlässlich sind, gerade dort lassen sich ältere Menschen tatsächlich in neue Aufgaben und Dienste rufen.

So vielfältig die Aufgaben selbst sind, so vielgestaltig und so veränderbar ist auch die Art und Weise des Mittuns. Gerade darin liegen ja auch Chancen. Es sind Chancen sowohl für den Einzelnen, der mitmachen will, als auch für die Gemeinschaft, die sich ja immer in eine noch offene und unbekannte Zukunft entwickelt: Heute ist dieser Einsatz hier und morgen ein anderer Einsatz dort gefordert. Dabei dürfen wir dankbar bedenken: Das Mittun eines älteren Menschen in seinem ganzen Reichtum kann sich womöglich über zwei bis drei Jahrzehnte erstrecken, wenn wir einmal davon ausgehen, dass sich nicht wenige von Ihnen sicherlich im Alter von Mitte bis Ende Fünfzig haben ansprechen lassen. Der wirklich Hochbetagte ist keine Seltenheit mehr.

Die bunte Lebensvielfalt kommt in unserer Gesellschaft in ihrer ganzen Breite und Tiefe in hohem Maße gerade durch die älteren und alten Menschen zum Tragen. Dazu gehört wesentlich auch, die Lebensvielfalt in und mit der Krankheit und sogar die Lebensvielfalt im schwächer werdenden Leben in diesen Erfahrungsschatz mit hineinzunehmen und nicht auszuklammern. Auch das kranke, schwache und abnehmende Leben erzählt uns ja vom Dasein. Und vielleicht tut der einzelne Mann oder die einzelne Frau dies sogar gern und ganz bewusst.

Es wäre ein lebenswichtiger Dienst an der Gemeinschaft: die Erfahrung weiterzugeben vom Haushalten mit den Kräften, vom bewussteren Leben, vielleicht auch von Dankbarkeit, vom klareren Einordnen dessen, was wirklich wichtig ist und vom geduldigen Akzeptieren eigener Grenzen.

Wir haben Grund, den bunten Lebensstrauß nicht nur in spätsommerlicher Blüte zu beachten. Menschliches Leben ist in allen seinen Phasen höchstes Gut!

Ältere Menschen sind Mit-Träger des gesellschaftlichen Fortschritts

Auf den ersten Blick mag es befremden, wenn ich behaupte: Ältere Menschen sind wesentliche Mit-Träger des gesellschaftlichen Fortschritts. Fortschritt – das ist doch ein Attribut der Jugend und der kraftvoll nach vorn strebenden Eliten in unserer Gesellschaft. Das ist richtig. Aber das gilt nicht ausschließlich. Der Fortschritt einer Gesellschaft hat viele Mütter und Väter.

Heute will ich jene benennen, die nicht im Rampenlicht der Öffentlichkeit stehen und die gleichwohl einen unersetzlichen Beitrag am Fortschritt unserer Gesellschaft leisten. Es sind die älteren Mitbürgerinnen und Mitbürger. Damit wir uns nicht missverstehen: Ich meine nicht deren zurückliegende wichtige und beachtenswerte so genannte Lebensleistung durch Aufziehen der Kinder oder durch Erfüllung der Berufspflichten.

Nein, ich spreche von den unzähligen älteren Menschen, die sich heute in vielfältiger Weise für das Gemeinwohl einsetzen. Sie alle sind wegen dieses heutigen freiwilligen Einsatzes wesentliche Mit-Träger am gesellschaftlichen Fortschritt. Sie leisten etwas, das ohne Ihre Leistung überhaupt nicht entstehen könnte, weil es ein Dienst ist, der von keinem öffentlichen Haushalt bezahlt werden kann. Denken Sie nur an die unzähligen nachbarschaftlichen Hilfen in Alter, Krankheit oder bei zeitweiligen Beaufsichtigungen von Kindern. All diese Hilfen sind unbedingt notwendig – auch im Blick auf die Zukunftsfähigkeit unserer Gesellschaft.

Wir leben heute in einer pluralen Gesellschaft. Die Umstellung auf das Leben in einem ganz neuen Gesellschaftssystem war keineswegs leicht. Wir alle in den neuen Ländern haben da unsere Erfahrungen gemacht. Teilweise mussten ganz neue Grundorientierungen gefunden werden – verbunden mit vielen Verunsicherungen. Zurückschauend können wir aber dankbar feststellen: Es hat sich gelohnt. Hier in Sachsen und in den anderen neuen Ländern können wir feststellen, dass wir das vergangene Jahrzehnt wirklich genutzt haben, eine offene Gesellschaft mit all ihren kreativen Möglichkeiten und Chancen für den Einzelnen und für die Gemeinschaft aufzubauen. Auch durch den unermüdlichen Einsatz gerade vieler älterer Mitbürgerinnen und Mitbürger ist eine Gesellschaft entstanden, in der viele Lebensentwürfe nebeneinander bestehen und sich wechselseitig bereichern können.

Das alles hat auch eine enorme politische Dimension. Die älteren Menschen bestimmen heute in hohem Maße die politische und soziale Entwicklung im Land und in ihren Gemeinden mit. Sie engagieren sich in Gemeinderäten und Kreistagen und nehmen so unmittelbar Einfluss auf die Lebenswirklichkeiten vor Ort und gestalten und verändern sie mit.

Auch die im August diesen Jahres gegründete Landesseniorenvertretung Sachsen ist ein Zeichen dieses Selbstbewusstseins und des Willens der älteren Generation, den gesellschaftlichen Fortschritt mitzutragen und mitzugestalten. Dies begrüße ich ausdrücklich und danke allen, die hierzu beigetragen haben und weiter mitarbeiten werden. Denn hier geht es um einen Fortschritt, der auf das Zusammenleben aller gerichtet ist. Sein Maßstab ist die schöpferische Weiterentwicklung einer Gesellschaft für alle Lebensalter.

Ältere Menschen sind Wegbegleiter, die mit den Jüngeren gehen und die ihnen zugleich voran gehen

Jeder von uns befindet sich irgendwo auf seinem ganz persönlichen Lebensweg. Zurückschauend können wir diesen ziemlich klar beschreiben. Wir wissen, was wir wann und wo mit wem erlebt und erfahren haben. Nach vorn gerichtet ist unser Leben offen. Wir haben Wünsche, Hoffnungen, Sorgen, Sehnsüchte, aber keine Gewissheiten.

Als ältere Menschen leben wir mit Jüngeren zusammen, und wir erfahren uns als deren Wegbegleiter, mit denen wir unterwegs sind, und zwar in sehr unterschiedlichen Lebenssituationen, manchmal kürzer oder länger, intensiver oder eher beiläufig.

Welche Qualität haben Begegnungen zwischen Älteren und Jüngeren?

Ich möchte alle ermuntern, das gute und fruchtbare Gespräch mit Jüngeren zu suchen, das Zusammenleben mit Jüngeren bewusst zu gestalten, für Begegnungsmöglichkeiten offen zu sein und Konflikte fair auszutragen. Begreifen wir uns alle als Wegbegleiter der Jüngeren, als Partner, die ehrlich mit ihnen eine Strecke gemeinsam gehen. Hören wir zu, was unserem jüngeren Gegenüber wichtig ist und was er oder sie uns sagen will. Und teilen auch wir mit, was uns wichtig ist und wichtig war. Das braucht die Jugend. Das heißt: Der alte Mensch wird gebraucht. Seien wir neugierig auf das, woran uns die Jüngeren teilhaben lassen wollen, und geben wir von unseren Erfahrungen weiter.

Wir sollten uns immer bewusst sein, dass die Jüngeren ein Interesse an uns haben, an uns als Wegbegleiter, die gern zuhören und die gern von ihren Erfahrungen sprechen. Sie sind weniger an solchen Mitmenschen interessiert, die alles besser wissen und dadurch nur die Atmosphäre des gemeinsamen Weges belasten. Damit meine ich nicht, auf den engagierten Austausch von unterschiedlichen Standpunkten und Positionen zu verzichten. Im Gegenteil: Das Ringen um neue Einsichten und bessere Erkenntnisse im engagierten Austausch mit anderen ist lebenswichtig für uns alle über die Generationen hinweg.

Diese neue Qualität einer Kultur des Miteinander von älteren und jüngeren Mitbürgerinnen und Mitbürgern liegt mir besonders am Herzen. Wir Älteren sind es ja, die nicht nur mit den Jüngeren gehen, sondern wir gehen zugleich vor ihnen her, wir gehen ihnen voran. Es ist nicht gleichgültig, auf welche Weise und in welcher Haltung wir aus unserer größeren Lebenserfahrung heraus die Gegenwart meistern und jeden Tag neu in eine offene Zukunft gehen. Wir gehen vor ihnen her, und sie gehen uns nach. Wie sie ihren Weg weiter gehen, das liegt auch an uns.

EIN ERZIEHUNGSGEHALT ALS WEG ZU MEHR GERECHTIGKEIT FÜR DIE FAMILIE

Die Herausforderungen, vor denen die Familienpolitik steht, sind Grund genug, mit vereinten Kräften nach neuen, zukunftsfähigen Wegen zu suchen. Durch die Karlsruher Beschlüsse ist einerseits der Handlungsdruck deutlich erhöht worden. Andererseits ergeben sich durch die verfassungsgerichtlichen Vorgaben neue, politische Gestaltungsräume.

Anhand meines Modells für ein Erziehungsgehalt – das inzwischen unser gemeinsames Modell geworden ist – hat sich eine rege, auch kontroverse Diskussion entwickelt. In einem ersten Teil möchte ich die Eckpunkte des Modells kurz darstellen. Im zweiten Teil meiner Rede werde ich der Frage nachgehen, in welcher Weise ein Erziehungsgehalt zu mehr Gerechtigkeit für Familien beitragen würde.

Ich will meine Ausführungen mit einigen Anmerkungen zur Frage der Finanzierung eines Erziehungsgehaltes und zu dem Entwurf eines Leitantrages für den kleinen Parteitag abschließen.

Eckpunkte des Modells für ein Erziehungsgehalt

Der Vorschlag eines Erziehungsgehaltes ist nicht nur von mir bzw. von der CDA in die öffentliche Debatte eingebracht worden. Es gibt eine Vielzahl von Modellen; stellvertretend möchte ich nur die vom Deutschen Arbeitskreis für Familienhilfe e.V. initiierten Arbeiten nennen. Ich nehme allerdings für mich in Anspruch, durch die Veröffentlichung meines Diskussionspapiers im Februar letzten Jahres den Erziehungsgehaltsgedanken als Familienminister eines Landes in die politische Diskussion gebracht zu haben.

Stärkung der Entscheidungsfreiheit in den Familien

Das Erziehungsgehalt verstehe ich als einen Schritt in die Richtung, mehr Gerechtigkeit für Familien zu schaffen. Die sächsische Union ist auf diesem Weg schon vorangekommen. Wir haben diesen Vorschlag auch beim Bundesparteitag eingebracht. Grundsätzlich zielt der Vorschlag auf eine Stärkung der Entscheidungsfreiheit der Familien. Darin sehe ich eine Bedingung für mehr Gerechtigkeit. Meiner Meinung nach sollten wir die Freiheit des Einzelnen stärken, die Entscheidungsmöglichkeit erweitern. Es wäre falsch verstandene Solidarität, wenn wir als Staat den Familien vorgeben, was wir jeweils für richtig halten.

Verteilungsprinzipien

Das Erziehungsgehalt soll vorerst für jedes Kind unter drei Jahren in Höhe von 1.100 DM netto und für jedes Kind unter sechs Jahren in Höhe von 800 DM netto monatlich gezahlt werden. Damit kann der Verzicht auf einen Teil des elterlichen Einkommens zu Gunsten der persönlichen Kindererziehung erleichtert werden. Entscheiden sich die Eltern jedoch für eine Erwerbstätigkeit oder mit wachsendem Alter der Kinder wieder für eine zunehmende Erwerbstätigkeit, dann steht das Erziehungsgehalt zur Finanzierung einer Betreuung durch Dritte zur Verfügung. Das heißt, die bisher vom Staat an die Kindertageseinrichtungen überwiesenen Gelder werden in Form des Erziehungsgehaltes direkt an die Familien ausbezahlt.

Dabei gehe ich davon aus, dass die gleichzeitige Erziehung und Betreuung von drei Kindern ein durchschnittliches Nettoeinkommen ergibt. Betreuung und Erziehung von nur einem Kind ermöglicht nicht die Existenzsicherung.

Nach dem Sächsischen Gesetz zur Förderung von Kindern in Tageseinrichtungen erfolgt die Betreuung von Kindern unter drei Jahren in den Kinderkrippen durch eine Erzieherin für sechs Kinder. Mit einem Verhältnis 1 : 3 ist das Erziehungsgehalt deutlich günstiger und damit eine spürbare Anerkennung familiärer Leistungen. Die Erziehung und Betreuung von drei Kindern (für acht Stunden) wird mit dem Erziehungsgehalt eine Vergütung erbringen, die einem normalen Durchschnittseinkommen entspricht und zudem von der beruflichen Qualifikation der erziehenden Person unabhängig ist. Wir zahlen damit für eine Erziehungsleistung unabhängig davon, ob die Mutter eine Professorin oder der Vater Postbote ist.

Wie erwähnt, steht das Erziehungsgehalt zur Finanzierung der Betreuung durch Dritte zur Verfügung. Deshalb brauchen die Betriebskosten der Kindertageseinrichtungen nicht mehr durch öffentliche Mittel gefördert zu werden, da nun die Eltern voll kostendeckende Beiträge leisten können. Dazu möchte ich die Daten aus Sachsen nennen. Ein Krippenplatz kostet etwa 1.400 DM. Davon zahlen die Eltern ca. 270 DM, Kommune und Land zusammen ca. 1.100 DM. Ein Kindergartenplatz kostet bei uns 630 DM. Davon zahlen die Eltern etwa 160 DM, Kommunen und Land jeweils die Hälfte des Restes.

Ich möchte noch einmal hervorheben, dass das von mir vorgeschlagene Erziehungsgehalt unabhängig vom Umfang der Erwerbstätigkeit der Eltern geleistet wird. Das ist ganz entscheidend. Die Eltern können ganztägig arbeiten oder zu Hause bleiben. In jedem Fall ist es in die Verantwortung der Eltern gegeben, eigenverantwortlich die für Kinder und Eltern beste Betreuungslösung auszusuchen, die sie dann mit Hilfe des Erziehungsgehaltes finanzieren können.

Die Kritik, dass mit dem Erziehungsgehalt der Sozialstaat noch weiter aufgebläht wird und die Bürger in immer größere Abhängigkeit und Unselbstständigkeit geführt werden, ist falsch. Gerade durch die vielen Optionen, die Eltern durch das Erziehungsgehalt offen stehen, wird ihre Möglichkeit, eigenverantwortlich für das Kind und die ganze Familie zu entscheiden, verstärkt.

Dies ist der Kerngedanke des Erziehungsgehaltes. Modelle, die gezielt Eltern – damit nach wie vor meistens Frauen – aus dem Erwerbsprozess locken wollen, lehne ich ab. Sie sind aus frauenpolitischer Sicht sehr fragwürdig. Sie werden auch politisch keine Mehrheit finden. Grundsätzlich soll das Erziehungsgehalt in möglichst enger Parallele zum Erwerbseinkommen eine Entlohnung von geleisteter Arbeit sein. Entsprechend wären eine Besteuerung und eine Sozialabgabepflicht nahe liegend.

Die genannten Beträge von 1.100 bzw. 800 DM sind gegenwärtig als Nettobeträge ausgewiesen. Sollte das Erziehungsgehalt sozialabgaben- und steuerpflichtig ausgestaltet werden, was man ja durchaus machen kann, müssten die Bruttobeträge entsprechend höher ausfallen. Eine Besteuerung ist aber mit erheblichen praktischen Unwegbarkeiten in Bezug auf die Nettozahlungsbeträge verbunden. Damit alle Eltern wirklich mit dem Erziehungsgehalt eine außerhäusliche Betreuung finanzieren könnten, müssten die Bruttobeträge sehr differenziert ausgestaltet werden. Daher stehe ich einer Besteuerung derzeit eher kritisch gegenüber.

Verbesserung der eigenständigen sozialen Sicherung der Erziehenden

Ein zweites grundlegendes Ziel des Erziehungsgehaltes ist die Verbesserung der eigenständigen sozialen Sicherung der Erziehenden. Unumgänglich ist insbesondere eine Verbesserung der Rentenansprüche. Ob dafür eine Sozialabgabenpflicht die geeignetste Form ist, muss noch genauer geprüft werden. Meiner Meinung nach ist das der Fall. Diese könnte zum Beispiel ähnlich wie bei der Pflegeversicherung gestaltet werden.

Einkommensabhängig soll das Erziehungsgehalt nach meinen Vorstellungen nicht sein, da auch die Erziehungsleistung von Eltern mit hohem Einkommen eine gesellschaftlich bedeutsame Leistung ist, die Anerkennung verdient. Ich stehe daher einer Staffelung des Erziehungsgehaltes nach dem Einkommen der Eltern kritisch gegenüber, halte sie aber grundsätzlich für denkbar.

Häusliche und außerhäusliche Kinderbetreuung

Eltern, die ihr Kind in den ersten Jahren selbst betreuen und erziehen möchten, wird durch ein Erziehungsgehalt die Realisierung dieses Wunsches erleichtert. Väter „überlassen" den Anspruch auf Erziehungsurlaub oft der Mutter mit dem Hinweis auf ihr höheres Einkommen. Durch das Erziehungsgehalt wäre aber das väterliche Einkommen keineswegs mehr absolut unentbehrlich. Sicherlich bedarf es hier auch weiterhin der intensiven Überzeugungsarbeit durch die Partnerin. Aber mit einem Erziehungsgehalt hätten Frauen „gute Karten", um auch Väter zum Erziehungsurlaub zu bewegen. Dabei wäre dann für die Männer auch erlebbar, wie falsch der Begriff Erziehungs-„urlaub" de facto ist.

Entscheiden sich die Eltern für eine Form außerhäuslicher Betreuung des Kindes, dann kann und muss dies von den Eltern finanziert werden. Das heißt, die staatlichen und kommunalen Mittel zur Finanzierung der Betriebskosten für Kindertageseinrichtungen würden entfallen. Aus pädagogischen Gründen ist aus meiner Sicht jedoch eine Ausnahme für den Kindergarten notwendig. Eine vierstündige qualifizierte Betreuung im Kindergarten sollte allen Kindern zu den bisherigen geringen Beiträgen möglich sein. Denn gerade in den heute häufigen Ein- oder Zwei-Kind-Familien ist die Möglichkeit der Sozialisierung in der Gruppe besonders wichtig. Dies könnte mittels eines entsprechenden Betreuungsgutscheines geregelt werden. Anregungen hierzu gibt es zum Beispiel in Österreich und Finnland.

Stärkere Finanzkraft der Eltern

Ein wesentlicher Effekt des Erziehungsgehaltes sind die größeren Spielräume für die Familien. Bisher sind die Eltern oft eingezwängt zwischen den rigiden Anspruchsvoraussetzungen des Erziehungsgeldes, zu kurzen bzw. unflexiblen Öffnungszeiten von Kinderkrippen und Kindergärten und einem auf Vollerwerbstätigkeit fixierten Arbeitsmarkt. Es grenzt an ein Kunststück, eine für die Bedürfnisse aller Familienmitglieder passende Lösung zu finden.

Durch ein Erziehungsgehalt könnten Eltern nicht nur die persönliche Betreuung oder die klassische Kindertageseinrichtung finanzieren, sondern auch die Oma, die gern für die Enkel vorzeitig in Rente gehen will, eine Tagesmutter, die nach Hause kommt, oder eine Elterninitiative, die das pädagogische Konzept der Kinderbetreuung selbst bestimmen will. Auch die Betreuung des Kindes während einer Nachtschicht oder einer Dienstreise wird finanzierbar.

Durch die Finanzkraft der Eltern als Nachfrager wird sich mithin automatisch ein vielfältiges Angebot an Betreuungs- und Erziehungseinrichtungen herausbilden. Selbstverständlich müssen diese – wie bisher – der staatlichen Aufsicht unterstehen und die vorgeschriebenen pädagogischen, hygienischen, räumlichen und sonstigen Anforderungen erfüllen.

An dieser Stelle wenden besonders die Träger von Kindertageseinrichtungen ein, ein solcher Vorschlag würde zu einer Reduzierung des notwendigen Angebotes an Kindertageseinrichtungen führen. Meiner Meinung nach wird aber das Gegenteil der Fall sein. Der Wettbewerb zwischen unterschiedlichen Kinderbetreuungskonzepten wird darüber hinaus zu weiteren Qualitätsverbesserungen führen.

Missbrauch verhindern

Sehr oft werde ich auch mit der Kritik konfrontiert, dass Eltern das zusätzliche Einkommen für ihre eigenen, egoistischen Wünsche und nicht für das Kind ausgeben werden. Vom Alkohol bis zum Segelboot reichen die vorgetragenen Vermutungen. Dies ist ein Elternbild, das ich ablehne. Sicherlich wird es immer einzelne Eltern geben, die ihrer erzieherischen Verantwortung nicht gerecht werden – aber wollen wir uns wirklich an vielleicht 5 % Fehlverhalten orientieren? Dem Fehlverhalten versuchen wir durch die Möglichkeiten des Kinder- und Jugendhilfegesetzes zu begegnen. Ob dies schon immer ausreichend geschieht, wäre zu diskutieren. Trotzdem kann es nicht das Ziel einer zukunftsorientierten Familienpolitik sein, sich an einzelnen Eltern zu orientieren, die mit ihrer Verantwortung nicht zurecht kommen. Die Stärkung der Eigenverantwortung von Familien muss die Grundlinie der politischen Orientierung sein.

Wie würde ein Erziehungsgehalt zu mehr Gerechtigkeit in der Familie beitragen?

Ist das beschriebene Erziehungsgehalt nun ein Weg zu mehr Gerechtigkeit für die Familie?

Zunächst: Was ist hier unter Gerechtigkeit zu verstehen? Es gibt bekanntlich viele Formen von Gerechtigkeit, die für die Familienpolitik relevant sind. Heute möchte ich nur zwei davon näher betrachten: Die Leistungsgerechtigkeit und die gerechte Förderung verschiedener Lebensmodelle von Eltern.

Leistungsgerechtigkeit

Die Familien erbringen durch die Erziehung der nächsten Generation erhebliche Leistungen. Die Finanzierungsprobleme der Gesetzlichen Rentenversicherung zeigen sehr anschaulich, wie bedeutsam diese Leistungen für die gesamte Gesellschaft sind. Dies ist nur ein Bereich von vielen, in dem die Gesellschaft auf die Familien angewiesen ist. Es ist daher nur „recht und billig", wenn deren Leistungen nicht einfach hingenommen, sondern auch staatlich honoriert werden.

Ich möchte hier deutlich sagen, dass ich Familienglück primär nicht finanziell verstehe. Als Vater von vier Kindern weiß ich sehr wohl, wie viel Freude man an Kindern haben kann, auch wenn sie manchmal Kummer machen. Aber selbstverständlich, Kinder kosten nicht nur Kraft, sondern auch Geld.

Im Beschluss des Bundesverfassungsgerichtes vom 10. November 1998 wurde unmissverständlich festgestellt: Die Kinderbetreuung ist eine Leistung, die auch im Interesse der Gemeinschaft liegt und deren Anerkennung verlangt. Ich bin gerade durch dieses Bundesverfassungsgerichtsurteil in der Grundhaltung zum Erziehungsgehalt bestärkt worden. Auch die sächsische Ausgestaltung des Landeserziehungsgeldes, auf die ich später noch eingehe, findet eine Bestätigung im Urteil.

Das derzeitige Bundeserziehungsgeld reicht als Anerkennung der Erziehungsleistung nicht aus. Es wird nur zwei Jahre lang und zudem nur für untere und mittlere Einkommensgruppen gezahlt. Durch ein Erziehungsgehalt könnten die familialen Leistungen wesentlich angemessener und damit gerechter honoriert werden. Sicherlich sind 1.100 bzw. 800 DM in den ersten sechs Lebensjahren noch keine leistungsgerechte Entlohnung für die elterliche Erziehung, auch wenn für das Erziehungsgehalt nur ca. acht Stunden Betreuung während des Tages in Blick genommen werden. Aber es ist zumindest ein Anfang. Und es wäre das Ende der gesellschaftlichen Fixierung auf die Erwerbstätigkeit als allein „entlohnungswürdige" Tätigkeit.

Wir müssen unser Verständnis von Arbeit wieder erweitern und die ganze Realität wahrnehmen. Gerade die Erziehung von Kindern gehört, wie z.B. auch ehrenamtliches Engagement, Hausarbeit und privat ausgeführte Reparaturen, zu den gesellschaftlich unverzichtbaren Arbeiten. Das Erziehungsgehalt würde die angemessene Wertschätzung für die elterliche Erziehungsarbeit fördern.

Die gerechte Förderung verschiedener Lebensmodelle von Eltern

Die derzeitige Förderung von Erziehung ist aus meiner Sicht ungerecht, weil die außerhäusliche, die institutionelle Betreuung von Kindern finanziell wesentlich stärker gefördert wird als die elterliche Erziehung. Damit werden massive Anreize gesetzt, die faktisch in die Entscheidungsfreiheit der Eltern eingreifen.

Zuerst sind die gravierenden Unterschiede zwischen Ost- und Westdeutschland zu nennen. Die Betreuung von Kindern unter drei Jahren in Kinderkrippen ist in den Altbundesländern auch heute noch eine Ausnahme. Häufig wird sie ausschließlich von den Eltern finanziert. Der Anteil der Kinder, die betreut werden, liegt bei 1 bis 5 % eines Jahrganges.

In Sachsen – ähnlich ist es auch in den anderen neuen Bundesländern – werden gegenwärtig 33 % der ein- bis dreijährigen Kinder in Krippen betreut. Vom sächsischen Staat werden dafür monatlich 1.100 DM zugezahlt. Die Eltern aber, die ihre Kinder zu Hause erziehen, bekommen in Sachsen im dritten Lebensjahr ihres Kindes ein Landeserziehungsgeld in Höhe von 600 DM. Damit liegt der Freistaat an der Spitze aller Bundesländer, vor Bayern, Baden-Württemberg, Thüringen und Mecklenburg-Vorpommern. Insofern spielen die Verfassungsgerichtsbeschlüsse für uns eine andere Rolle als in den alten Bundesländern. Denn ich rechne mit Klagen von den Eltern, die ihre Kinder zu Hause betreuen und nur 600 DM bekommen, wohingegen Eltern, deren Kind in einer Einrichtung in kommunaler oder freier Trägerschaft betreut wird, mit 1.100 DM unterstützt werden. Einige werden, wenn sie die Verfassungsgerichtsbeschlüsse und ihre Begründung lesen, diese Differenz in Höhe von 500 DM einklagen.

Dieses Problem gibt es im Westen so nicht. Wenn z.B. die Bayern die Kinderkrippen nicht staatlich fördern oder wenn es gar keine Krippen gibt, dann gibt es auch dieses Problem nicht. In-

sofern sind die Verhältnisse in Ost- und Westdeutschland unterschiedlich.
Dasselbe gilt, wenngleich abgeschwächt, für Kindergärten. Nicht so deutlich deshalb, weil z.B. bei uns in Sachsen 98 % aller Kinder zwischen drei und sechs Jahren in Kindergärten betreut werden. Nicht alle Kinder acht oder neun Stunden; zum Teil auch sechs oder vier Stunden. Ungefähr 60 % der Kinder sind ganztags in einer Einrichtung. Die Betreuung wird also in unterschiedlichem Umfang staatlicherseits gefördert.
Damit wird deutlich, dass bei uns im Wesentlichen ganz andere Verhältnisse herrschen als in den Altbundesländern. Wir bieten in Sachsen vom ersten bis zum zehnten Lebensjahr bedarfsdeckend institutionelle Kinderbetreuung an. Insgesamt werden die laufenden Kosten der Kindertageseinrichtungen mit rund einer halben Milliarde DM aus Landesmitteln gefördert. Einen ähnlich hohen Betrag steuern die Kommunen bei.
Über dieses bedarfsdeckende Angebot freuen wir uns, da es ein wesentlicher Beitrag zur notwendigen und angestrebten Vereinbarkeit von Familie und Beruf ist. Entsprechend lehne ich familienpolitische Vorschläge ab, deren Ziel die Reduktion dieses Angebotes und der damit verbundenen Kosten ist.
Es ist aus meiner Sicht ungerecht, dass die elterliche Betreuung mit wesentlich geringeren Beträgen gefördert wird. Dadurch werden Eltern beeinflusst und in ihrer Wahlfreiheit beeinträchtigt. Auch hierzu lohnt es sich, die genannte Entscheidung des Bundesverfassungsgerichts zu zitieren: „Der Staat hat ... dafür Sorge zu tragen, dass es Eltern gleichermaßen möglich ist, teilweise und zeitweise auf eine eigene Erwerbstätigkeit zugunsten der persönlichen Betreuung ihrer Kinder zu verzichten wie auch Familientätigkeit und Erwerbstätigkeit miteinander zu verbinden."
Dies wäre durch ein Erziehungsgehalt, so wie ich es vorgeschlagen habe, jederzeit gewährleistet. Und weiter sagt Karlsruhe: „Das Wächteramt des Staates (Art. 6 Abs. 2 Satz 2 GG) berechtigt den Staat nicht, die Eltern zu einer bestimmten Art und Weise der Erziehung ihrer Kinder zu drängen." Auch nicht indirekt durch die Förderung der Institutionen. Schließlich heißt es: „Neben der Pflicht, die von den Eltern im Dienst des Kindeswohl getroffene Entscheidung anzuerkennen und daran

keine benachteiligenden Rechtsfolgen zu knüpfen, ergibt sich aus der Schutzpflicht des Artikel 6 Absatz 1 GG auch die Aufgabe die Staates, die Kinderbetreuung in der jeweils von den Eltern gewählten Form in ihren tatsächlichen Voraussetzungen zu ermöglichen und zu fördern." Diese Ermöglichung kann aber nicht so aussehen, dass der Staat die eine Form fördert und die andere nicht fördert und damit eine Entscheidung gewissermaßen erzwingt.

Mit unserem Erziehungsgehalt wären alle Forderungen dieses Verfassungsgerichtsbeschlusses sehr gut zu erfüllen. Damit werden die Eltern maßgeblich unterstützt, ohne dass ihre Verantwortung für das Kind beeinträchtigt wird. Gerade die Stärkung der Eigenverantwortung von Eltern für die Erziehung ihrer Kinder wird durch die Entscheidung des Bundesverfassungsgerichtes nachdrücklich betont. Dies gilt auch für die Entscheidung, wann und in welcher Form eine außerhäusliche Betreuung des Kindes gut und sinnvoll ist.

Finanzierungsmodelle für das Erziehungsgehalt

Die Kosten des Erziehungsgehalts belaufen sich auf ca. 53 Milliarden DM für die genannten Nettobeträge. Gleichzeitig ergeben sich im Bereich der Kindertageseinrichtungen, des Erziehungsgeldes und auch der Sozialhilfe Einsparungen von insgesamt ca. 21 Milliarden DM. Netto belaufen sich die Ausgaben damit auf ca. 32 Milliarden DM.

Ich bin überzeugt, dass trotz des beachtlichen Finanzvolumens das Erziehungsgehalt der richtige Weg für die zukunftsorientierte Familienpolitik ist. Der Beschluss aus Karlsruhe hat uns in unserer Überzeugung bestärkt, dass die erzieherische Leistung von Eltern wesentlich besser honoriert werden muss und dabei keine Beeinflussung der elterlichen Entscheidung erfolgen darf. Die Kosten des Bundesverfassungsgerichtsbeschlusses werden vergleichsweise auf mindestens 20 Milliarden DM beziffert, manche sprechen von bis zu 80 Milliarden.

Frau Hendricks, Staatssekretärin im Bundesfinanzministerium, ging in ihrer Pressemitteilung nur von bescheidenen 2,3 Milliarden DM im ersten Schritt und 8,1 Milliarden DM im zweiten Schritt aus und nannte in diesem Zusammenhang die Steuerabzugsfähigkeit von Schulgeld und das Erziehungsgeld als Kompensationsquellen. Dass das Bundeserziehungsgeldgesetz eingeführt worden ist, ist eine große CDU-Leistung. Wenn die SPD sich auf eine Minimallösung zurückzieht und sogar das Erziehungsgeld zur Disposition stellt, werden wir als CDU energisch unseren Protest erheben müssen.

Nach den Beschlüssen des Bundesverfassungsgerichtes sind politische Entscheidungen notwendig. Aus meiner Sicht kann unser Modell des Erziehungsgehaltes so modifiziert werden, dass es eine Antwort auf die Vorgaben aus Karlsruhe ist. Über die Leistungsdauer und eine mögliche stärkere Staffelung nach dem Kindesalter wird ebenso zu diskutieren sein, wie über die Höhe des Erziehungs- und Betreuungsaufwands in den einzelnen Altersgruppen. Schließlich wird auch darüber nachgedacht werden müssen, ob die genannten Beträge über einen Gesamtleistungszeitrahmen von 16 oder von 18 Jahren gewährt werden. Aber diese Details müssen wir nicht heute in Augenschein nehmen. Entscheidend ist, dass dieser Vorschlag Kernelement einer Neukonzeption der Familienpolitik als Reaktion auf die Beschlüsse von Karlsruhe sein kann.

Unabhängig davon, in welcher Form das Erziehungsgehalt umgesetzt wird, immer werden alle Finanzebenen betroffen sein. Ziel des Erziehungsgehaltes ist nicht die einseitige Belastung des Bundes zur Entlastung der Länder und der Kommunen. Eine faire Verteilung der Lasten muss über den Finanzausgleich erfolgen.

Das Erziehungsgehalt muss mit weiteren politischen Rahmensetzungen verbunden werden, die ebenfalls vom Leitbild der Wahlfreiheit der Eltern geprägt sind. Dazu zählen insbesondere alle Maßnahmen zur Förderung der Vereinbarkeit von Familie und Beruf. Hier habe ich sowohl die gleichzeitige Vereinbarkeit als auch den Wechsel zwischen Beruf und Erziehung bzw. Erziehung und Beruf im Blick.

Wichtig sind hierfür beispielsweise die Erhaltung der beruflichen Qualifikation während der Erwerbspause, die Unterstützung beim beruflichen Wiedereinstieg nach einer Erwerbspause und die Flexibilisierung der Arbeitszeit bzw. die Zunahme an Teilzeitarbeitsplätzen.

Doch gerade letzteres kann durch die Politik nur mittelbar gefördert werden.

Aber ich hoffe, dass mehr und mehr Unternehmen den Mut finden, bestehende und bewährte Beispiele nachzuahmen. Auch im Sächsischen Sozialministerium, sind inzwischen 30 % der Beschäftigten teilzeiterwerbstätig. Dabei hat nahezu jede der rund 90 Teilzeitkräfte ein eigenes Arbeitszeitmodell, das ihren Wünschen weitmöglichst entgegen kommt.

Ein Erziehungsgehalt als ein Weg zu mehr Gerechtigkeit für Familien. Wie auch immer die finanzielle Förderung in der Zukunft aussehen wird, lassen Sie uns gemeinsam weitergehen auf dem Weg, der zu mehr finanzieller Würdigung für Familienarbeit, aber auch zu mehr Anerkennung in der Gesellschaft führt.

DER 18. MÄRZ 1990 – UNSER TAG DER FREIHEIT

Im Bewusstsein der Bevölkerung ist er nicht, dieser 18. März 1990. Er hat auch nicht die Bedeutung des 9. Novembers. Aber dieser 18. März war es, der unserem Land die Würde wieder geschenkt, der unsere neue Ordnung konstituiert und den Grundstein für die Einheit unseres Vaterlandes gelegt hat. Wir könnten ihn ausgiebig feiern – wenn wir nur könnten. Treffend notiert Günter de Bruyn: „Die Nation hat schlechte Laune. Sie ist vereint, aber nicht glücklich." Menschen mit großen Erwartungen haben enttäuscht werden müssen, weil man von Alltagssorgen und Marktwirtschaft nichts wusste. Dann die Überforderung durch Neuheit und Freiheit. Dann die anderen Verhältnisse: am selben Ort anderes Geld – sehnlichst erwünscht. Aber: andere Werte, andere Gesetze, sogar andere Zeitungs- und Behördensprachen.

Mancher fühlte: Aus einer bevormundeten Sicherheit war man in eine risikoreiche Selbstverantwortung entlassen worden. Ich frage: entlassen worden? War es damals wirklich so, dass wir an diesem 18. März 1990 entlassen wurden? War es der Tag unserer Entlassung? Richtig ist: Selbstverantwortung wurde uns zurückgegeben. Der 18. März 1990 ist der Tag der Entlassung der SED. Sie wurde aus der Amtsanmaßung entlassen. Wir, das Volk, haben die alte DDR-Nomenklatur aus ihren Ämtern entlassen. Und wir haben ihr Unterdrückungssystem endgültig abgeschafft.

Nach vierzigjähriger wahrheitswidriger Bezeichnung „Deutsche Demokratische Republik" haben wir, die Menschen in Ostdeutschland, die Chance ergriffen und unserem Staat damals Würde und Echtheit verliehen – erstmals. Wir haben der Volkskammer, unserem Parlament, erstmals ermöglicht, das zu sein, was ihr Name besagt: Kammer des Volkes. Darauf dürfen wir genau so stolz sein, wie wir auf diejenigen stolz sind, die am 17. Juni 1953 mit dem Ruf nach Freiheit durch Berlin zum Brandenburger Tor und durch viele andere Städte in der DDR gezogen sind.

Der Volksaufstand damals wurde blutig niedergeschlagen. 36 Jahre später herrschte in Moskau nicht mehr Stalin, sondern regierte Gorbatschow. In der DDR hatten sich Bürgerinnen und Bürger an vielen Orten und in vielen Gesprächskreisen bereits ein Jahrzehnt lang in Friedensseminaren, Friedensgebeten und auch in mannigfaltigen Formen des Widerstands engagiert, zivilen Ungehorsam gelebt. Das war aus heutiger Sicht die Vorbereitung auf die Montagsdemonstrationen, auf den Fall der Mauer und auf den 18. März.

Zwar bleibt die Friedlichkeit der Revolution ein Wunder, aber wir waren vorbereitet und standen nicht sprachlos da. Vielmehr konnten wir das Wunder annehmen und unseren Staat umgestalten. Wie zügig dies mitunter geschah, ist heute hier schon gesagt worden. Ich will ein Beispiel nennen: Bei der Vorbereitung der konstituierenden Sitzung der frei gewählten Volkskammer mussten wir entscheiden, dass wir keinen Vorsitzenden des Verteidigungsrates mehr wählen wollten; deswegen mussten wir nicht nur den dieses Amt betreffenden Artikel, sondern auch einige andere Artikel der Verfassung streichen, bevor wir weiter handeln konnten.

Der 18. März 1990 mit unserem Bekenntnis zur frei gewählten Volkskammer und zu einer wirklich demokratischen Regierung bedeutete zugleich die Übernahme von Verantwortung. Er bedeutete Zustimmung zu schwierigen Gestaltungsaufgaben in einer offenen Gesellschaft. Das war ein klares Ja zu dem, was Günter de Bruyn „risikoreiche Selbstverantwortung" nennt. Es war die entschiedene Absage an „bevormundete Sicherheit", die wir satt hatten.

Wer nach dem 9. November den radikalen Neubeginn wollte, musste die Chance nutzen. Den demokratischen Aufbruch haben wir alle erstrebt. Für meine damalige Partei haben wir ihn sogar als Namen gewählt. Eigentlich hätten wir zur Formulierung unserer Ziele viel mehr Zeit benötigt; auch das ist heute schon vielfältig reflektiert worden. Aber die Chance der Erneuerung war da, und sie musste genutzt werden.

Wir traten gegen das ganze alte Herrschaftssystem an. Wir waren über die Rolle der Blockparteien verunsichert, die die SED und ihr System der Nationalen Front fast vierzig Jahre lang gestützt hatten. Daher kämpften wir Neuen energisch um eine parlamentarische Mehrheit für unser jeweils eigenes Programm. Bei der Vielfalt der Visionen hinsichtlich der notwendigen politischen Erneuerung zeigte sich aber bald, dass die Menschen mehrheitlich die parlamentarische Demokratie und das Grundgesetz der Bundesrepublik als politische Grundorientierung auch für Ostdeutschland ansahen. Jedenfalls hat die parlamentarische Demokratie mit der Wahl am 18. März 1990 einen grandiosen Sieg errungen. Das war das wichtigste Wahlergebnis, der Beginn einer wirklich demokratischen DDR.

Weniger als sieben Monate war die DDR demokratisch regiert. Parlament und Regierung mussten ein enorm großes Arbeitspensum bewältigen. Die Arbeit war in den Abläufen so dicht, dass die normale parlamentarische Arbeit eines Monats in einer Woche zu bewältigen war.

Warum war damals so große Eile im Hinblick auf das politische Handeln geboten? Ich rufe einige Aspekte in Erinnerung: Der nicht abreißende Flüchtlingsstrom seit der Öffnung des Eisernen Vorhanges an der österreichisch-ungarischen Grenze, der Städte und Dörfer entvölkerte, die immer lauter werdenden Rufe „Kommt die D-Mark nicht zu uns, kommen wir zur D-Mark!" – an diesen Ruf wurde heute schon erinnert – und die unsichere Lage in der Sowjetunion, deren Soldaten in der DDR stationiert waren, ließen keine Zeit für langes Beraten.

Zur schnellen Verwirklichung der Wirtschafts-, Währungs- und Sozialunion gab es trotz der ernst zu nehmenden fachlichen Bedenken keine wirkliche Alternative. Ziel war es, eine tragfähige Grundlage für ein möglichst gerechtes Zusammenwachsen aller Bürgerinnen und Bürger in einem geeinten Deutschland zu schaffen. Wir sind dankbar, dass wir den Bankrott der DDR nicht wirklich ein halbes oder ein ganzes Jahr haben erleben müssen – mit all den Zusammenbrüchen und ohne Sicherung im Bereich der Rente und der medizinischen Versorgung.

Dabei kam es für uns darauf an, die Anliegen der ostdeutschen Bevölkerung entschieden zu vertreten. Wir haben viel erreicht. In Ostdeutschland wurden über Nacht eine stabile soziale Sicherung und bessere Verhältnisse aufgebaut. Ich rufe einige Veränderungen in Erinnerung und zwar gerade die Dinge, die uns damals und heute durchaus zufrieden und froh sein lassen können: eine generelle Verkürzung der Wochenarbeitszeit von 43 3/4 auf 40 Stunden – daran denkt heute kaum noch jemand

– die Anhebung der Mindestrenten zum 1. Juli 1990 von 330 Mark auf 495 D-Mark – es war eine ganz wesentliche Anpassung an unsere Verhältnisse, dass man den betroffenen Menschen diese Erhöhung um 165 D-Mark nicht über das umständliche Sozialhilferecht, sondern über die Mindestrente zur Verfügung stellte – die Einführung der gegliederten Sozialversicherung ab 1991 mit all den Vorteilen einer guten medizinischen Versorgung, den vielfältigen Leistungen der gesetzlichen Unfallversicherung und der dynamischen Rente sowie der Einführung der Kriegsopferversorgung, womit eine 45jährige Ungerechtigkeitsphase behoben worden ist. – Noch ein Hinweis zur Rentenversicherung: Die Durchschnittsrente von 493 Mark am 30. Juni 1990 lag ab 1. Juli 1990 bei 654 D-Mark und ein Jahr später bereits bei 864 D-Mark.

Bei der jetzigen Debatte über die Neustrukturierung der Rente sollte man sich immer in Erinnerung rufen, dass 1990 das Durchschnittseinkommen eines Rentnerhaushaltes in der DDR bei 37% des Durchschnittseinkommens eines Erwerbstätigenhaushaltes lag. Aus diesen 37% sind schon Anfang 1991 58% geworden.

Ich nenne weiterhin den Rechtsanspruch auf einen Kindergartenplatz, der bei uns gesichert werden konnte, noch bevor er in ganz Deutschland eingeführt wurde. Der Bund hatte sich verpflichtet, bis Mitte 1991 die dafür anfallenden Kosten zu übernehmen. Damit wurde den Berufs- und Lebensbiographien von ostdeutschen Müttern entsprochen, die mit den Gegebenheiten und Bedürfnissen in den alten Bundesländern nicht vergleichbar waren. Kindergeld und Erziehungsgeld wurden bei uns ohne Abschlag, also in gleicher Höhe wie in der alten Bundesrepublik, eingeführt.

Aber im Besonderen möchte ich an etwas anderes erinnern, nämlich an die segensreiche Wirkung des neuen Rechts für die Behinderten. Die Kategorien „bildungsunfähig" und „förderunfähig" wurden mit der Einheit Deutschlands abgeschafft, also die Klassen in einer klassenlosen Gesellschaft, die besonders menschenunwürdig lebten. Das Sofortprogramm der Bundesregierung zur Verbesserung der ambulanten Versorgung älterer und behinderter Menschen in der DDR hat dies ermöglicht.

Mit besonderer Sensibilität musste die Frage des wirksamen Schutzes des ungeborenen Lebens und des Schwangerschaftsabbruchs behandelt werden. Der Einigungsvertrag legte hierzu fest, es sei Aufgabe des gesamtdeutschen Gesetzgebers, eine Regelung zu treffen, die insbesondere Beratung und soziale Hilfen besser gewährleistet, als dies damals in beiden Teilen Deutschlands der Fall war. Dies war – wie manch andere – eine Aufgabe, die der gesamtdeutsche Gesetzgeber sehr wohl erfüllt hat.

In diesem Zusammenhang nenne ich beispielsweise die Sonderprogramme für den Aufbau der Krankenhäuser und der Pflege- und Altenheime und die entsprechenden Gesetze. Ich denke, damit ist der gesamtdeutsche Gesetzgeber den Aufgaben, die im Einigungsvertrag verankert sind, in erheblichem Maße nachgekommen.

Es gibt auch Regelungen, die schmerzhaft sind – das ist heute schon gesagt worden –, die den Prozess der inneren Einigung erschwert und die Entwicklung verzögert haben. Ich denke dabei an den Grundsatz „Rückgabe vor Entschädigung".

Aber im Ganzen gesehen können wir sagen, dass dieses gewaltige Einigungswerk, das mit den freien Wahlen zur Volkskammer am 18. März 1990 begann, etwas ist, was in der Welt bisher noch nie vorgekommen ist. Die Leistungen der frei gewählten Volkskammer und der demokratischen Regierung sind ohne Beispiel. Daran dürfen wir uns heute ebenso dankbar erinnern wie an die Fairness der Bundesregierung, das Gemeinschaftswerk Aufbau Ost und den Solidarpakt. Diese Zeit wird mit den Namen Lothar de Maizière und Wolfgang Schäuble, mit den Namen Helmut Kohl und Günther Krause dauerhaft verbunden bleiben.

Ich möchte auch daran erinnern, dass manche von denen, die den Weg damals mit uns gegangen sind, heute nicht mehr leben. Ich danke Richard Schröder dafür, dass er schon an Detlev Rohwedder erinnert hat. Ich möchte für die Volkskammer stellvertretend Ilse Nierade vom Bündnis 90 und aus dem Bereich der Verwaltung der Bundesregierung den Staatssekretär Chory nennen. Er hat uns damals in unvergleichlicher Weise geholfen, den Einigungsvertrag zu formulieren. Ich schätze dies bis heute und halte es für eine außergewöhnliche Leistung.

Wir erinnern uns in Dankbarkeit an die Zeit vor zehn Jahren. Vertreiben wir die „schlechte Laune", die Günter de Bruyn diagnostiziert hat! Erkennen wir in der dankbaren Erinnerung zugleich den Auftrag, verantwortlich an dem weiterzubauen, was damals so segensreich begonnen wurde.

Die Bedeutung innovativer Bürgerarbeit für die Wissensgesellschaft des 21. Jahrhunderts

Ich bin dankbar, dass wir hier Gelegenheit finden, gemeinsam ein wenig nachzudenken über die Frage: Welche Bedeutung kann innovative Bürgerarbeit für die Wissensgesellschaft des 21. Jahrhunderts bekommen?

Neugestaltung aus Erfahrungen in Ost und West

Erfahrungen mit der friedlichen Revolution

Ich gehöre zu denen, die seit nunmehr fast 10 Jahren hier im Osten Deutschlands immer wieder auf die vitale Bedeutung ehrenamtlichen Engagements in der Gesellschaft hinweisen. Ich gehöre zu denen, die Mut machen und dafür werben wollen. Möglichst viele Mitbürgerinnen und Mitbürger sollen gewonnen werden, sich freiwillig für eine gemeinwohlorientierte Aufgabe einzusetzen. Dieses freiwillige Ja für andere Menschen oder für eine gute Sache – das ist es, was unsere Gesellschaft von innen heraus trägt, was sie erneuert und woraus sie die Kraft finden wird, die Zukunft zu gestalten.

Ich blicke zehn Jahre zurück und erinnere uns alle daran, welch eine gewaltige Kraft der vielen einzelnen Menschen und kleinen Gruppen – freiwillig, nicht von oben gesteuert – sich in unserem Land entwickelt hatte. Im wahrsten Sinn des Wortes waren es Bürger-Bewegungen. Die Bürger der damaligen DDR haben eine große Bewegung in Gang gesetzt. Der Drang nach Veränderung, nach Freiheit und nach Selbstbestimmung – auch wenn viele das damals so nicht bezeichnet hätten – dieser Drang war ganz stark ausgeprägt.

Die Menschen hatten es satt, dass andere über sie bestimmten und ihnen ständig Grenzen setzten – in jeder Hinsicht. Dies wollten die Menschen ändern. Nicht nur der Drang nach Bananen und der D-Mark.

Aus diesem Drang nach Veränderung ist dann – über einige Schritte, die ich hier nicht im Einzelnen darstellen will – eine freie und rechtsstaatliche Ordnung entstanden. Freilich waren die geopolitischen Umstände günstig. Aber es wäre nichts geworden, wenn wir uns nicht bewegt hätten.

Diese existenzielle Erfahrung gehört zu den ganz wesentlichen Teilen unserer jüngeren Geschichte. Die Freiheit haben wir errungen. Viele sind erschrocken und sind noch heute verunsichert über die Freiheit, entscheiden zu können, ja entscheiden zu müssen bzw. Verantwortung zu haben. Nun waren und sind wir bei unserem Selbstverständnis und den Gestaltungsaufgaben angekommen, die sich daraus ergeben. Das war und ist nicht wenig. Immerhin geht es nach wie vor darum, den tiefgreifenden gesellschaftlichen und ökonomischen Wandel als positive Herausforderung anzunehmen.

Und es geht darum zu sagen: Wir wollen mitgestalten. Das ist uns im Alltag nicht immer leicht gefallen. Dieses Annehmen und Mitgestalten haben wir in den neuen Ländern in den vergangenen Jahren wirklich lernen müssen.

Um nur ein Beispiel zu nehmen: Viele haben sich beruflich selbständig gemacht. Etliche davon haben es nicht gepackt. Aber der Mut, sich selbständig zu machen, womöglich aus der Arbeitslosigkeit heraus in die Selbständigkeit zu gehen und die Bereitschaft mitzubringen, hart zu arbeiten, um „Durststrecken" zu überwinden: Ich denke, dieser Mut ist im Osten vielleicht schon deutlicher ausgeprägt als im Westen.

Die notwendigen gesellschaftlichen und ökonomischen Veränderungen haben bei vielen Menschen tiefe Spuren hinterlassen, bei manchen auch Wunden. Wir alle wissen das. Ich will nichts beschönigen. Aber im Ganzen gesehen, dürfen wir doch die Entwicklung unserer vergangenen zehn Jahre insgesamt als wirklich positiv bewerten. – Sie hat die Möglichkeiten eröffnet, dass der Einzelne seine Fähigkeiten nutzen und einbringen kann, nicht zentral organisiert und vorgegeben, sondern in eigener Entscheidung und Würde, das heißt menschenwürdig – menschlicher.

Erfahrungen im freien Teil Deutschlands – auch mit dem Ehrenamt

Unsere Erfahrungen mit Befreiung haben die Menschen in den alten Bundesländern in dieser Form nicht gemacht. Sie verfügen über Freiheitserfahrungen ganz anderer Art:

Jahrzehnte Leben in einem freien Land, freiwilliges Engagement und ehrenamtliche Mitarbeit in der Gesellschaft und für das Gemeinwohl. Nicht nur vom Staat toleriert, sondern von ihm gewünscht und erbeten. Eingeladen mitzugestalten. Diese Erfahrungen haben die Menschen in den alten Ländern gemacht.

Nun gilt es, diese Erfahrungen zusammenzuführen. Und da bin ich bei einem Gedanken, den ich seit zehn Jahren versuche weiterzugeben, aber auch selbst zu leben in meinen Begegnungen zwischen Ost und West: sich gegenseitig erzählen von den Erfahrungen, den Erlebnissen, die einen geprägt haben, auch von den Narben, aber auch von den Erwartungen und von den Hoffnungen. Wir alle müssen uns in dem gemeinsamen Bemühen finden, voneinander lernen zu wollen, um mit dieser Kraft unsere Zukunft zu gestalten. Dann kann es uns gelingen, den Umbau unserer Gesellschaft zur Bürgergesellschaft deutlich voran zu bringen.

Die Zeichen der Zeit

Mehr Bürgergesellschaft, weniger Sozialstaat

Wir wollen mehr Bürgergesellschaft. Dann brauchen wir weniger Sozialstaat. Ich möchte keinen Sozialabbau. Vielmehr möchte ich einen Verantwortungsumbau. Hier spreche ich gern von der Wiederentdeckung und Neubelebung des Subsidiaritätsprinzips – ein Wort, das wir zu DDR-Zeiten nicht kannten – weder dem Namen noch dem Inhalt nach. Ein Wort, das in seiner Bedeutungstiefe von den DDR-Oberen mit allen Mitteln verhindert worden ist. Im Kern besagt es dies: Was der Einzelne oder die kleine Gemeinschaft, die Familie etwa oder eine Gruppe oder eine andere kleine Gemeinschaft, leisten kann, das soll sie selber leisten. Der Staat soll, wenn nötig, Hilfe zur Selbsthilfe geben, aber die Aufgabe nicht selber übernehmen, wenn sie genauso gut oder sogar besser von kleineren Einheiten erledigt werden kann.

Wir erkennen leicht: Das ist ein sehr geeigneter Weg, die Eigenverantwortung und damit auch die gesellschaftliche Verantwortung zu stärken, den Wohlfahrtsstaat aber auf das notwendige Maß zu begrenzen. Es ist ein Weg, vor dem die DDR-Machthaber Angst haben mussten. Denn er hinterfragt ganz entschieden staatliche Macht.

Das Subsidiaritätsprinzip ist das Anwendungsprinzip des Solidaritätsprinzips. Aus ihm entspringt es. Solidarische Entscheidungen in personaler Freiheit – darum geht es. Das ist etwas ganz anderes als das, was uns in der DDR mit dem Etikett „Solidarität" bis zum Überdruss beigebracht werden sollte. Keine Soli, sondern Brot für die Welt! Deshalb konnte ich mich in der ersten Zeit auch gar nicht mit dem Gedanken anfreunden, diesen Begriff wieder zu verwenden, obwohl er doch zu den Ordnungsprinzipien der Christlichen Gesellschaftslehre zählt – Solidarität steht hier ja in einer Reihe neben Personalität und Subsidiarität.

Solidarität von Personen – darauf kommt es an: Solidarität von Bürgern, von Gemeindegliedern, von Familienmitgliedern – oder auch von Genossenschaftsmitgliedern, wie in Ihrem Fall. Wenn dies vorausgesetzt werden kann, dann funktioniert es. Nur dann! Wer wüsste es besser als Sie, die Sie seit 75 Jahren dieses Modell leben. Ganz offensichtlich mit segensreicher Wirkung.

Genau das wollen wir für die gesamte Gesellschaft. Wir wollen die Gesellschaft solidarischer und partnerschaftlicher Bürger. Je besser uns dies gelingt, desto weniger benötigen wir den Wohlfahrtsstaat. Mitverantwortung für das soziale Ganze soll mehr gelebt und weniger verordnet werden. Wir wollen, dass Solidarität eine neue Qualität erfährt. Sie muss von unten neu entdeckt und gestaltet werden. Was es heißt: Aufbruch von unten – das können wir aus unseren Erfahrungen beisteuern.

Unsere Gesellschaft – davon bin ich überzeugt – verfügt über sehr viele ungenutzte Ressourcen, die brach liegen. Dabei denke ich nicht nur an die große Zahl Arbeitsloser. Ich denke auch an die große Lebens- und Berufserfahrung älterer Menschen, und ich denke an die breite soziale Kompetenz von Müttern und Vätern. Und ich glaube an die Lust vieler junger Menschen, nachmittags oder abends miteinander etwas Sinnvolles zu tun, statt nur herumzugammeln. Aber unser System tut sich unheimlich schwer, diese frei liegenden Potenzen überhaupt zu entdecken und gewissermaßen positiv einzufangen, um sie dann als wirkliche Bereicherung in unser Gemeinwesen einzubringen.

Damit dies aber gelingen kann, und zwar besser als bisher, ist es erforderlich, Fantasie zuzulassen und zu entwickeln und kreative Wege zu ermöglichen und sie auch zu beschreiten.

Chancen der Wissensgesellschaft

Schon heute sprechen Experten von der Wissensgesellschaft des 21. Jahrhunderts. Damit wird ein Charakteristikum für unsere Gesellschaft gegeben, in welche Richtung sie sich in allernächster Zukunft mit rasanter Beschleunigung entwickeln wird. Die Wissensgesellschaft wird mehr und mehr unser Leben in allen seinen Bezügen prägen.

Der Faktor Wissen hat im gesamten wirtschaftlichen Wertschöpfungsprozess erheblich zugenommen und wird sich weiter entwickeln. Immer mehr Bürgerinnen und Bürger werden immer intensiver daran partizipieren.

Das ist auch eine Frage der Bildung, und zwar sowohl der Bildungsinhalte als auch der Bildungsorganisation und nicht zuletzt der Bildungsverantwortung. Und hier brauchen wir ebenso eine Öffnung hin zu mehr Raum für Eigenverantwortung.

Wir sind nicht mehr die arbeitnehmerzentrierte Industriegesellschaft. Wissen entwickelt sich zum entscheidenden Produktionsfaktor. Bildung ist der Schlüssel zum Wissen. Wir sind auf dem Weg zur unternehmerischen Wissensgesellschaft. Sie zeigt sich darin, dass der Einzelne viel stärker als bisher Eigenverantwortung übernimmt – auch für seine Erwerbsarbeit, auch für seine Bildung und Weiterbildung, die hier eng zusammen gedacht werden müssen – und auch für seine Daseinsvorsorge.

Hier treffen sich die Ideen der Wissensgesellschaft und die der Bürgergesellschaft. Denn: mehr Eigenverantwortung für das eigene Leben und die eigene Familie und mehr freiwillige soziale Verantwortung wahrnehmen – das ist ja die zentrale Botschaft der Bürgergesellschaft. Es wird entscheidend darum gehen, den neuen bedeutsamen Faktor Wissen unter Einschluss von Bildung und Erziehung für den Aufbau einer eigenverantwortlichen und mitverantwortlichen Bürgergesellschaft nutzbar zu machen. Zugleich wird sich umgekehrt dabei die Bedeutung innovativer Bürgerarbeit für die sich entwickelnde Wissensgesellschaft zeigen.

Vielfalt der Freiwilligenarbeit

Wenn ich im Folgenden einige Anstöße zu innovativer Bürgerarbeit gebe, dann geschieht dies vor zwei Hintergründen:
Der erste: Was sich in unserer Gesellschaft, besonders in den ostdeutschen Ländern im vergangenen Jahrzehnt, an ehrenamtlichen Diensten und an Freiwilligenarbeit in den unterschiedlichsten Feldern gemeinwohlorientierter Aufgaben entwickelt hat, und zwar quer durch alle Altersgruppen und quer durch alle Schichten unserer Bevölkerung, verdient Respekt, ja sogar Bewunderung.

Nur ein Beispiel hierzu: Seit 1991 entstehen in Sachsen schrittweise Hospizdienste, die wesentlich von ehrenamtlichen Mitarbeiterinnen und Mitarbeitern getragen werden – jedenfalls in der ganz praktischen Begleitung von schwerkranken Menschen. Wir stellen fest, dass sich gerade junge Menschen, z. B. Studenten, nach ihrem Zivildienst oder nach einem Freiwilligen Sozialen Jahr, für diese Aufgaben zur Verfügung stellen oder Mitmenschen, die einer vollen Berufstätigkeit nachgehen. Das zeigt doch den Wunsch vieler: Trotz allen Engagements in Beruf und Familie sucht man nach einer Aufgabe darüber hinaus.

Fragen wir uns selbst: Geht es uns allen nicht ähnlich? Suchen wir nicht auch nach einer zusätzlichen Aufgabe, die uns neben Beruf und Familie sinnvoll erscheint? Wenn da etwas dran ist, dann sollten wir dies gesellschaftlich betrachtet als Chance begreifen. Und wir sollten Räume eröffnen, die helfen, dass diese Wünsche verwirklicht werden können – auch die Wünsche nach mitmenschlicher Verbundenheit, nach Begegnung und auch nach Austausch unter Gleichgesinnten.

Zwar ändern sich die Formen ehrenamtlichen Engagements, auch die zeitlichen Verpflichtungen, aber das Ehrenamt ist da. Und es lebt. Zwar weniger in Form von vierzigjähriger treuer aktiver Mitarbeit im Verein, aber verstärkt projektbezogen über einen vorher vereinbarten bestimmten Zeitraum, in dem ein konkretes Ziel angestrebt wird. So höre ich davon, dass neuerdings etliche Kirchenchöre nicht mehr dauerhaft jahraus jahrein wöchentlich zum Proben zusammen kommen, sondern sich als Projektchöre von Zeit zu Zeit zu bestimmten Anlässen treffen. Man probt auf ein Ziel hin, man übt für bestimmte Aufführungen. Und dann ist für einige Zeit erst einmal Ruhe. Das sind Zeichen von Veränderung. Die müssen wir wahrnehmen.

Dann können wir auch denen mit Argumenten begegnen, die sagen: Der freiwillige Einsatz für andere Menschen oder für eine gute Sache gehe bei uns zurück. Ich bin da anderer Meinung. Ich glaube eher, dass manche alte Hilfeform, etwa das jahrzehntelange aktive Vereinsleben, zurück geht. Es bilden sich aber zugleich neue Engagements in neuen Feldern, die wir gestern noch gar nicht so im Blick hatten, wie etwa im Hospizdienst. Ohnehin müssen wir sehr sensibel wahrnehmen, wie sich Veränderungen im sozialen Verhalten vor allem bei jungen Leuten zeigen. Ihr Verhalten zeigt sich oft anders als wir es womöglich erwarten, es ist aber nicht weniger sozial ausgeprägt.

Wir haben genügend lebendige Zeugnisse dafür, dass wir nicht eine Gesellschaft von Egoisten sind, wie manche uns einreden wollen. Wir leben nicht in einer Ellenbogengesellschaft. Damit streite ich nicht ab, dass es dieses Verhalten gibt. Ich streite auch nicht ab, dass uns dieses Verhalten zu oft begegnet.

Aktion 55 als Weiterentwicklung von Freiwilligenarbeit

Der zweite Hintergrund, vor dem wir innovative Bürgerarbeit in Sachsen weiter denken und entwickeln können, ist die Aktion 55. Mit ihr haben wir schon konkrete erste Erfahrungen in Sachen Bürgerarbeit. Die Aktion 55 ist eine echte Neuentdeckung. Zugleich kann sie auch als Weiterentwicklung traditioneller ehrenamtlicher Dienste gelten. Mit Hilfe dieser Aktion ist es bereits seit 1993 gelungen, das praktische Engagement der sogenannten „jungen Alten" zu mobilisieren.

Es sind dies ältere aus dem Erwerbsleben vorzeitig ausgeschiedene Arbeitnehmer, die bereit sind, sich regelmäßig für ein paar Stunden in der Woche gemeinwohlorientiert bei einem Verein oder Verband oder bei der Kirche einzusetzen. Der Einzelne erfährt durch sein Tun die Wertschätzung und die Anerkennung derer, mit denen er und für die er seinen Dienst tut. Und er bekommt dafür eine kleine Aufwandsentschädigung.

Das Interesse, sich in dieser Weise für die Gemeinschaft einzusetzen, war und ist groß.

Allein im vergangenen Jahr haben sich fast 10.000 Frauen und Männer in Sachsen daran beteiligt. Seit 1993 hat der Freistaat für Aufwandsentschädigungen mehr als 180 Mio. DM zur Verfügung gestellt. Monatlich bekamen diese Helfer zunächst 200 DM, seit 1997 150 DM.

Ein ganz erfreuliches Ergebnis: Immerhin ein Drittel derer, die sich in der Aktion 55 engagieren, tun dies nach ihrem 60. Geburtstag weiter, obwohl es dann keine Aufwandsentschädigung mehr gibt, z.B. für das Basteln mit Kindern am Nachmittag oder für die Mitarbeit in der Begegnungsstätte einer Landfrauengruppe oder für die Betreuung von Jugendlichen in kirchlichen Posaunenchören.

Neue Formen bürgerschaftlichen Engagements

Was verstehe ich nun unter innovativer Bürgerarbeit? Ich verstehe darunter neue Formen eines auf Gemeinschaft und Zusammenhalt ausgerichteten Bürgersinns. Nicht ich lebe für mich allein, sondern ich selbst habe viel davon, wenn ich über meinen eigenen Zaun schaue. Und ich erfahre: Wir alle können besser leben, wenn wir uns gegenseitig in einer ganz neuen Weise helfen und unterstützen.

Voneinander „profitieren"

Ein Beispiel: Gelegentlich können wir in Einfamilienhaus-Neubausiedlungen beobachten, was da in Eigenarbeit und in nachbarschaftlicher Kooperation entsteht. Jeder profitiert von der Mitarbeit des anderen. Das ist es, was wir noch mehr entdecken müssen.

Das „Profitieren" dürfen wir dabei durchaus in einem wirklich ganzheitlichen Sinn verstehen: Über das gemeinsame Tun im gegenseitigen Helfen lernen wir uns nämlich als Nachbarn überhaupt erst einmal kennen. Und wir lernen uns schätzen.

Wir schließen vielleicht Freundschaften. Eine ganze Siedlung wird auf diese Weise lebendig. Kinderfeste, Nachbarschaftsfeiern gehören in den Jahreslauf selbstverständlich mit hinein. Die Überraschung: Jeder hat an der Lebensqualität in dieser Siedlung mit gebaut.

Wenn Sie so wollen: Man hat begonnen, mit nachbarschaftlicher Hilfe zu bauen, um Geld zu sparen. Nun erfahren alle: Wir haben an unserem Miteinander gebaut.

Und dieses Miteinander wird sich weiter entwickeln und vertiefen. Das meine ich, wenn ich sage: Es kommt darauf an, neue Formen eines auf Gemeinschaft und Zusammenhalt ausgerichteten Bürgersinns zu entdecken und zu entwickeln.

Freiwilligen-Agenturen und Social Sponsoring

In ähnlicher Weise können ganz neue Organisationsformen wie Freiwilligen-Agenturen entstehen. So etwas können auch die Wohlfahrtsverbände entwerfen. Aber wir sollten es ihnen nicht allein überlassen. Alle Ideen und Initiativen sind gefragt, neue wichtige Aufgaben zum Wohle des Ganzen mit zu übernehmen. Freiwilligen-Agenturen und neue soziale Netzwerke würden verstärkt einen bislang erst wenig ausgeprägten Ansatz in das soziale Arbeitsfeld einbringen – neue soziale Netzwerke etwa in Ergänzung zu unserer herkömmlichen Kindertagesbetreuung oder in Ergänzung zu den Angeboten in der Seniorenarbeit. Hier würden womöglich Selbsthilfe-Ressourcen mobilisiert, an die wir heute noch gar nicht recht zu glauben wagen. Solche Ressourcen zu entdecken und zu fördern – das wäre Bürgerarbeit.

Wir müssen bei uns auch viel stärker über Möglichkeiten und Anreize für ein besseres „Social Sponsoring" nachdenken. In den USA, wo der Sozialstaat gering ausgebaut ist, hat sich ein erhebliches Social Sponsoring herausgebildet. Von daher betrachtet gibt es dort in dieser Hinsicht eine viel stärker ausgeprägte „Sozialkultur" als bei uns.

Ein bei uns weit verbreitetes Vorurteil besagt, eine verstärkte Individualisierung, verbunden mit individueller Selbstsorge, untergrabe Gemeinsinn-Orientierungen. Amerikanische Untersuchungen zeigen hierzu deutlich etwas anderes, nämlich wie sehr die Möglichkeiten, individuelle Ziele verfolgen zu können und selber wählen zu können, die Grundlage für gemeinschaftsorientiertes Handeln bilden. Individualisierung entzieht danach nicht den wichtigen Gemeinsinn-Orientierungen den Boden, sondern schafft neue Voraussetzungen dafür.

Gemeinwohl - Unternehmen

Wir sprechen hier von innovativer Bürgerarbeit. Damit soll zugleich etwas Spontanes, Kreatives, Hoffnungsvolles angezeigt werden. Aber wie kann dies organisiert und konkretisiert werden?

Mir scheint: Die Schlüsselidee des Modells Bürgerarbeit ist, dass hierfür das Unternehmerische mit der Arbeit für das Gemeinwohl verbunden werden kann. Auf diese Weise entsteht der Typus des Gemeinwohl-Unternehmers. Soziale Unternehmer oder Gemeinwohl-Unternehmer kombinieren in ihrer Person und in ihrem Können das, was sich in unserem herkömmlichen Denken auszuschließen scheint: Sie setzen ihre Fertigkeiten und ihre Kunst für soziale und gemeinnützige Zwecke ein.

Ich bin davon überzeugt: Von diesen Menschen-Typen gibt es in unserer Gesellschaft viel mehr als wir ahnen. Ihnen wollen wir Mut machen.

Ich hoffe, dass ich an dieser Stelle sehr nah an Ihre Profession herangekommen bin. Ich denke, dass Sie gut verstehen können, worum es mir geht. Das, was Sie mit Ihrer Genossenschaft innerkirchlich zu gestalten und weiter zu entwickeln in der Lage sind, soll anderen Gemeinwohlunternehmern außerhalb von Kirche oder von traditionellen Wohlfahrtsverbänden ebenso – auf je eigene Weise – erschließbar sein. Ich möchte dazu einladen, zu solchen Initiativen Ja zu sagen. Der ganze Reichtum an Ideen soll eingebracht werden können. Wir brauchen das soziale Engagement des Gemeinwohl-Unternehmers, und wir brauchen genauso sein unternehmerisches Engagement.

Bereicherung der demokratischen Kultur

Die Wertschöpfung, die durch Bürgerarbeit erbracht wird, liegt vor allem in der Bereicherung der demokratischen Kultur und in der Erschließung von Kreativität und Spontaneität zur Lösung der anstehenden Zukunftsaufgaben. Bürgerarbeit trägt dazu bei, unser Wohlfahrtssystem zu erneuern und die Bürgergesellschaft zu bauen und zu vitalisieren. Dabei entstehen keine zusätzlichen Kosten.

Hinzu kommt, dass der neuen Bedeutung des Einzelnen als Träger gesellschaftlicher Verantwortung angemessen Rechnung getragen wird. Unser Ministerpräsident sagt das so: „Was wir wieder entdecken müssen, ist ein neues Gleichgewicht zwischen der Individualisierung der Gesellschaft und der Verantwortung der einzelnen Mitglieder der Gesellschaft. Es geht um die Wiedergewinnung einer gesellschaftsbezogenen Verantwortung." Und weiter sagt Professor Biedenkopf:

„Wir haben die Chance, die kulturellen Dimensionen unseres Lebens zu aktivieren und zu erweitern und dadurch die Kräfte freizusetzen, mit denen wir die Herausforderungen unserer freiheitlichen Zukunft meistern können."

Die Landeskirchliche Kredit-Genossenschaft Sachsen ist seit 1925, also seit ihrer Gründung, diesem Ziel verpflichtet. Ich bin zuversichtlich, dass Sie in den vor uns liegenden Zeiten wichtiger Weichenstellungen, in den kommenden 25 Jahren bis zu Ihrer Feier des 100. Gründungsjubiläums, in diesem Sinne engagiert weiter arbeiten werden. Und ich wünsche Ihnen und uns Erfolg in diesem Mühen.

Verzeichnis der Reden und Beiträge

Soziale Berufe – menschliche Zuwendung und Dienstleistung
Vortrag unter dem Titel: „Soziale Berufe sozial aufwerten: Dienstleistungen an der Würde des Menschen in attraktiven Laufbahnen angemessen vergüten und gesellschaftlich achten" auf der Fachtagung der Konrad-Adenauer-Stiftung am 25.4.1991 in Sankt Augustin

Familie ist Zukunft
Mündliches Grußwort zum Internationalen Familienkongress vom 3. – 6.10.1991 in Dresden

Ein Jahr soziale Neugestaltung in Sachsen
Vortrag auf der Fachtagung des Vereins für öffentliche und private Fürsorge mit dem Originaltitel: „Soziale Probleme in den neuen Bundesländern" am 13.11.1991 in Dresden

Christen in der Politik
Referat anlässlich der Gründungsveranstaltung des Evangelischen Arbeitskreises in Sachsen am 16.1.1993 in Dresden

Die neuen Bürger und der neue Staat – Erwartungen aus ostdeutscher Perspektive
Vortrag unter dem Titel: „Was erwartet das neue Deutschland von seinen Bürgern – Was erwartet der Bürger vom neuen Deutschland? – Aufgabenstellungen und Zielsetzungen aus ostdeutscher Sicht" anlässlich der Expertentagung „Lebensqualität und Lebensperspektiven im geeinten Deutschland" am 2.5.1993 im Deutschen Hygiene-Museum in Dresden

Eingeladen zum Neuaufbau sind alle Menschen guten Willens
Rede anlässlich der Großen Anfrage der Fraktion Linke Liste/PDS „Zur Lebenslage und zu den Lebensperspektiven der Bürgerinnen und Bürger vom 45. Lebensjahr bis zum Rentenalter im Freistaat Sachsen" am 28.04.1994 im Sächsischen Landtag (Drucksache 1/4339)

Privates Krankenhaus-Management – eine Chance für die neuen Bundesländer
Festvortrag anlässlich des Bundeskongresses der Deutschen Privatkrankenanstalten am 3.6.1994 in Dresden

Soziale Verpflichtung eines demokratischen Gemeinwesens
Diskussionsforum des Evangelischen Arbeitskreises zum Thema: „Mitgestalten in der Demokratie" am 18. 06. 1994 in Dresden

Umbau des Sozialstaats
Vorlesung an der Evangelischen Fachhochschule am 3.5.1995 in Dresden

Die Liebe Gottes weitergeben
Rede auf der Akademie des St. Adalbertstiftes in Wittichenau anlässlich ihres 100-jährigen Bestehens am 22.08.1995

Solidaritätsverpflichtungen und Freiheitsrechte als politische Gestaltungsaufgabe
Grundsatzvortrag vor der Mitgliederversammlung der Deutschen Evangelischen AG für Erwachsenenbildung e.V. am 5.3.1996 im Haus der Kirche in Dresden

Schwerter zu Pflugscharen – Seelsorge in der Bundeswehr – Kirchliche Friedensethik
Beitrag zum Gesprächsforum „Demokratie und evangelische Kirche – Nähe und Distanz", veranstaltet von der Landesgruppe Bayern „Sicherung des Friedens" am 5. und 6. Juni 1996 in Trebsen bei Grimma

Ossi, Wessi, Wossi? – sieben Jahre nach der Wende
Rede vor der Aktion „Gemeinsinn" unter dem Titel: „Ossi, Wessi, Wossi? – Zustandsbeschreibungen, Probleme, Perspektiven der „inneren" Vereinigung im 7. Nachwendejahr" am 14.12.1996 in Krummenhennersdorf

Soziales Handeln der Bürger – soziales Handeln für die Bürger
Rede zum Vortrags- und Diskussionsabend in der Hermann-Ehlers-Akademie im Zusammenwirken mit dem EAK-Landesverband Schleswig-Holstein am 12.3.1998 in Kiel

Medizinethik und christliche Verantwortung
Forum unter dem Titel: „Medizinethik und christliche Verantwortung zum Wohl des Menschen mit allen Mitteln? Medizin zwischen Menschlichem und Möglichem" am 30.9.1998 in der Evangelischen Akademie Meißen

Die Verantwortung des Einzelnen für die Gesellschaft – die Verantwortung der Gesellschaft für den Einzelnen
Vortrag aus Anlass des 40-jährigen Jubiläums der Wilhelm-Münker-Stiftung Hilchenbach am 16.11.1998 in Siegen

Integration – eine Aufgabe nicht nur für Behinderte
Rede auf der 9. Sozialkonferenz am 29.4.1999 in Zwickau

Sachsens Gesundheitswesen ist zukunftsfest
„Positive Bilanz zur sächsischen Gesundheitspolitik", in: Information & Dokumentation, 007/1999

Eine Gesellschaft für alle Lebensalter
Grußwort zur Eröffnungsveranstaltung der 7. Seniorenfestspiele des Freistaates Sachsen am 23.9.1999 in Neustadt in Sachsen

Ein Erziehungsgehalt als Weg zu mehr Gerechtigkeit für die Familie
Rede auf der Familienpolitischen Konferenz im Augustinuswerk „Werkstatt für Behinderte" am 3.11.1999 in Lutherstadt Wittenberg

Der 18. März 1990 – unser Tag der Freiheit
Rede anlässlich der Sonderveranstaltung des Deutschen Bundestages zum 10. Jahrestag der ersten freien Volkskammerwahl der DDR am 17.3.2000 im Reichstagsgebäude in Berlin

Die Bedeutung innovativer Bürgerarbeit für die Wissensgesellschaft des 21. Jahrhunderts
Rede anlässlich des 75 - jährigen Jubiläums der Landeskirchlichen Kredit-Genossenschaft Sachsen eG am 24. 05. 2000 in der Dreikönigskirche in Dresden.

Die Deutsche Bibliothek – CIP-Einheitsaufnahme
Hans Geisler: Gemeinwohl gestalten. Gesellschafts- und Sozialpolitik aus christlichen Wurzeln; Reden und Beiträge./- Halle (Saale): mdv, Mitteldt. Verl., 2000

ISBN 3-89812-070-8

1. Auflage 2000
© mdv Mitteldeutscher Verlag GmbH, Halle (Saale)
Lektorat: Ulrike Wegener
Umschlaggestaltung: Peter Hartmann, Leipzig
Printed in Germany